주식으로 자산 36억을 만든 샐러리맨 출신 투자자의 비법 대공개

결산서 3분 속독으로 "10배株주" 찾는 법

핫샨 지음

- 투자자VTuber · 개인투자자-

이정은 옮김

지상사 Jisangsa

증거는~ 바로 이겁니다.
자산현황을 2011년부터
순서대로 블로그에
올리고 있습니다.

3,520,000,000

35억
30억
20억
20억
15억
10억
5억

증권계좌

금융계좌

2012/01 2013/01 2014/01 2015/01 2016/01 2017/01 2018/01 2019/01 2020/01 2021/01

그런데 주식투자라고 하면,
늘 주가를 확인하며
'싸게 사서 비싸게 파는 사람'이라고
생각하는 사람이 많을 겁니다.

1,000원   10,000원

만약 그렇다면 직장에서도
늘 주가를 봐야겠죠?
하지만, 저는 다릅니다.
성격상 본업에 집중하지 못하게
될 테니까요.

3

그렇다면 '실적도 좋고 성장성도 좋은 회사'는 어떻게 찾을까요?

제 대답은 '결산서 분석'하기

결산보고서
.....

짜잔!

결산서라고 하면 '용어가 어렵다' '숫자 확인하기 귀찮다' '어딜 봐야 할지 모르겠다'라는 사람도 많으실 겁니다.

하지만 결산서를 처음부터 끝까지 모두 볼 필요는 없습니다.

아주 작은 작업 한 번만 실행하면, 10배주(株) 후보를 만날 기회가 훨씬 많아질 겁니다.

결산서 첫 페이지 서두에서 매출과 경상이익을 확인

5년 전부터 시간 순서대로 얼마나 성장했는지 3분 안에 확인

주가와 실적의 연동성을 5초 안에 확인

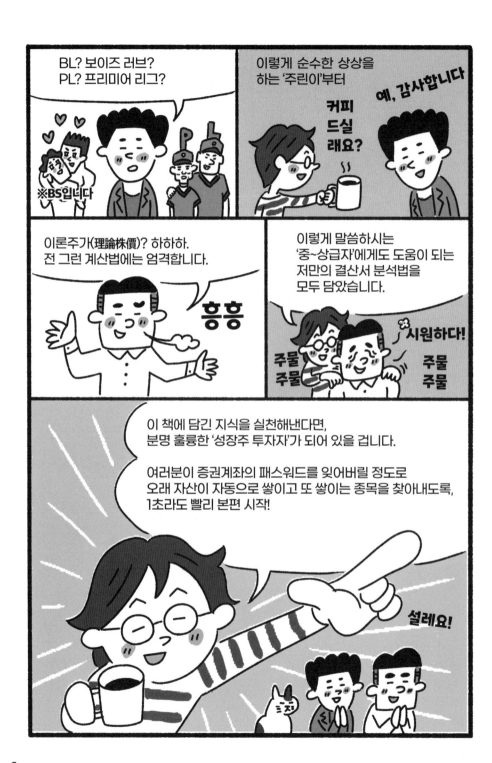

들어가기에 앞서

안녕하세요. 투자자VTuber 핫산입니다.

제가 주식투자로 쌓아 올린 금융재산은 2021년 8월 5일 기준으로 3억 6,146만 엔[1]입니다. 실적과 주가가 연동하며 우상향하는 성장 기업에 장기 투자한 결과입니다.

이 책은 저 핫산이 **'결산서'**를 바탕으로 **'주가 10배주(텐배거)'**가 기대되는 유망 성장주 찾는 방법을 집대성한 결과물이기도 합니다.

당연한 말이지만, 주식에는 **'오르는 주식'**과 **'오르지 않는 주식'**이 있습니다. 자, 이 둘은 뭐가 다를까요?

그림1에 소개한 두 개의 주식 차트를 보면 왼쪽은 크게 상승 중이고 오른쪽은 횡보하며 하락 중입니다.

그림1 '오르는 주식'과 '오르지 않는 주식'의 차이는?

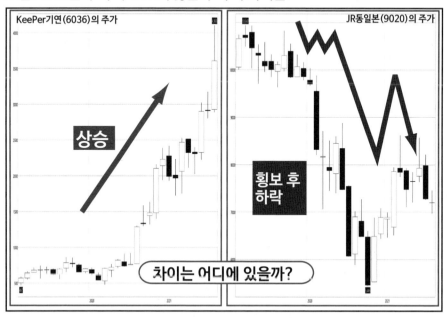

---

(1) 한화 약 35억 2천만 원

이렇게 '오르는 주식'과 '오르지 않는 주식'의 차이는 실적에 있습니다. **그림2**를 봐 주십시오.

주식 차트에 상향 조정 등의 이벤트도 메모해 두었습니다. 한쪽 주식은 실적이 호조를 보이며 상승 중이고, 다른 한쪽은 실적이 악화하는 동시에 하락하고 있다는 걸 알 수 있습니다.

또한 '오르는 주식'에도 '단기로 끝나는 주식'과 **'장기로 오르는 성장주'**의 두 종류가 있습니다. 여러분은 '짧게 끝나는 주식'과 '오래 성장하는 성장주' 중 어느 쪽을 매수하시겠습니까?

이러한 두 종류 주식의 차이도 실적에 있습니다. 실적호조가 일시적인 현상으로 끝나는 '단기로 끝나는 주식'과 실적호조가 5년, 10년간 지속하는 '장기로 오르는 성장주'입니다. 전문 기관 투자자나 중상급 이상의 개인투자자는 대개 실적을 보고 주식을 매수합니다. 여기서 말하는 실적이 바로 결산서입니다.

그림2 '오르는 주식'과 '오르지 않는 주식'에서 일어난 실적 이벤트

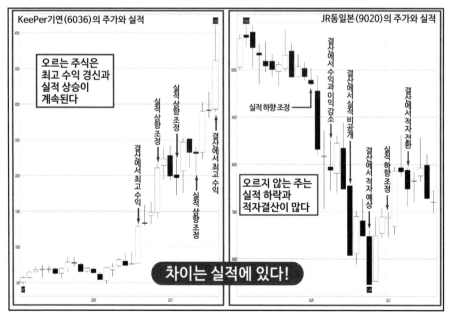

KeePer기연(6036)의 주가와 실적

오르는 주식은 최고 수익 경신과 실적 상승이 계속된다

실적 상향 조정

실적 상향 조정

결산에서 최고 수익

실적 상향 조정

결산에서 최고 수익

JR동일본(9020)의 주가와 실적

결산에서 수익과 이익 감소

실적 하향 조정

결산에서 실적 비공개

결산에서 적자 예상

실적 하향 조정

결산에서 적자 전환

오르지 않는 주는 실적 하락과 적자결산이 많다

차이는 실적에 있다!

이 책은 성장주 투자자인 핫샨이 초보 투자자의 실력 향상을 위해 쓴 **'성장주 투자를 위한 입문서'**입니다.

지금까지 결산서의 입문서라고 하면 경리나 경영을 위한 전문서 혹은 결산서 분석을 전제로 한 **'밸류**(Value, 가치=사는 게 이익이라는 의미) **투자자'**를 위한 책은 있었지만, '주식에서 성장주 투자자용' 책은 없었습니다.

사실 가치 투자와 성장주 투자는 '결산서를 본다'라는 점에서 크게 다릅니다. 이 책에서는 초보 투자자가 결산서를 통해 성장주 투자를 지향하는 데 도움이 될만한 입문서로 내용을 채웠습니다.

마치 교과서처럼 기초적인 내용부터 시작하여 조금씩 실력을 쌓아 가는 구성입니다.

IT화가 진행된 2000년 이후, 결산서가 데이터화 되어 곧바로 업데이트되고 공유할 수 있게 되면서 저평가된 기업의 주식을 매수하는 일종의 가치 투자로 이익 내기가 어려워졌습니다. '저평가된 기업을 찾는 가치 투자'에서 **'미래의 기업가치를 선점하는 성장주 투자'**로 시장 트렌드가 바뀌고 있다는 의미이기도 합니다.

이 책을 통해 성장주를 찾기 위한 결산서 보는 법을 기초부터 익혀서 '오래오래 꾸준히 오르는 성장주'를 스스로 찾아낼 줄 아는 성장주 투자자가 되어봅시다!

이 책의 내용에 대해서

주식투자에서 결산서는 투자에 필요한 펀더멘털(fundamental=경제활동 상황을 나타내는 기초적인 요인. 기업이라면 실적이나 재무상황 등) 정보를 알려주는 교과서적인 존재입니다.

주가가 상승하는 원동력은 실적이므로 전문 기관 투자자와 비교하면 정보량이 적은 우리 개인투자자들이 '실적이 좋고 성장이 기대되며 주가가 오를만한 회사'를 찾아내는 지름길은 결산서를 볼 줄 알게 되는 것밖에 없습니다.

물론 결산서를 처음부터 끝까지 전부 읽을 필요는 없습니다.

- **결산서 1페이지 서두의 매출과 경상이익 확인**
- **5년 전부터 시간 순서대로 성장성을 3분 안에 확인**
- **주가와 실적의 연동성을 5초 안에 확인**

– 아주 작은 분석 한 번으로 실적이 우수하고 성장이 예상되는 성장주 후보에 만날 기회가 많아질 겁니다.

이 책은 이제 갓 주식투자를 시작한 주린이도 성장주 투자에 필요한 기업 분석법, 실적을 바탕으로 주가 예측, 성장주 발굴 등에 도전해볼 수 있게 꾸몄습니다.

말미에는 2021년 전반기를 마무리하며 핫샨이 엄선한 유망 성장주 후보도 실어두었습니다.

결산서라고 하면 '어려운 용어가 많아서 모르겠다.' '숫자가 너무 많아서 어렵다.' '어디를 봐야 할지 모르겠다'라는 독자분도 많으실 겁니다.

이 책에서는 실제로 **주가가 10배 이상 오른 스타 성장주**의 5년 전 결산서부터 보면서 최소한의 점검 요소를 소개했습니다. 익숙해지면 한 종목당 3분 정도면 성장주 후보인지 판단할 수 있게 될 겁니다.

　다음으로 결산 내용을 요약한 **'결산보고서'**(2) 1페이지를 중심으로 속독하며 유망주인지 더욱 면밀하게 점검하는 방법을 '결산서 속독 10계명'이라고 명명하여 설명하였습니다.

　또한 **'대차대조표(BS: Balance Sheet)' '손익계산서(PL: Profit And Loss Statement)' '현금흐름표(CF: Cash Flow Statement)'**로 구성된 **'재무제표'**를 통해 결산서를 제대로 읽고 분석할 줄 아는 투자자를 지향합니다.

　구체적으로는 저 핫샨이 인터넷에서 무료 공개 중인 '주식 초급자 결산서 비주얼 분석 도구'를 활용하여 재무제표 '시각화' 방법을 소개합니다.

　이 책을 출판하면서 새롭게 작성된 '엑셀 시트'를 사용한 본격적인 결산서 분석 방법에도 도전하여 혼자 힘으로 **미래의 기업가치를 분석하는 방법**도 상세히 실어두었습니다.

　이 책을 끝까지 읽으십시오. 그러면 결산서를 보고 성장주 후보를 발굴하여 투자 여부를 판단하는 결산서 분석 기술을 본격적으로 익힐 수 있게 됩니다.

　이 책이 결산서와 기업분석에 관심을 두고 스스로 분석하고 판단할 줄 아는 훌륭한 투자자가 되는 데 일말의 도움이라도 된다면 좋겠습니다.

※ 이 책에 실린 QR코드의 사이트 운영에 서점과 도서관, 출판사는 아무런 관계가 없습니다. 불명확한 점이 있으시다면 트위터 '핫샨 투자자VTuber@trader_hashang'에 댓글 등으로 문의해 주시기 바랍니다. 또 사이트로의 접근은 인터넷 환경이 필요합니다. 또한 운영 중인 사이트는 예고 없이 서비스가 종료될 수도 있습니다. 양해 바랍니다.

---

(2) 일본에서 기업들은 분기별로 '결산단신(決算短信)'이라는 공통된 양식에 따라 결산보고서를 작성합니다. 독자의 이해를 돕고자 '결산보고서'라는 이름으로 통일했습니다.

차 례

KESSANSHO「3PUN SOKUDOKU」KARA NO "10BAI KABU" NO SAGASHIKATA
© hashang 2021
First published in Japan in 2021 by KADOKAWA CORPORATION, Tokyo.
Korean translation rights arranged with KADOKAWA CORPORATION, Tokyo
through ENTERS KOREA CO., LTD.

제 1 장

10배주 후보,
'3분 만에 확인하는 법'
~과거 5년, 경영 실적 보고서로 성장 스토리 간접 체험~

성장주 후보를 3분 만에 판단하는 방법

제1장에서는 실제로 10루타(ten-bagger)를 기록한 스타 성장주를 사례를 보면서 3분 만에 성장주 후보를 확인하는 방법을 소개한다.

- ● **결산서 1페이지 서두의 매출과 경상이익 확인**
- ● **5년 전부터 시간 순서대로 성장성을 3분 안에 확인**
- ● **주가와 실적의 연동성을 5초 안에 확인(제2장에서 소개)**

참고로 함께 확인해 둘 부분도 소개하겠지만, 익숙해지면 한 종목당 3분이면 성장주 후보인지 충분히 파악할 수 있게 된다.

성장 기업의 과거 5년간 결산과 주가의 추이를 보면

반도체 검사 장치 제조사인 레이저테크(Lasertec Corp, 6920)는 2016년 7월에 주가가 306엔(※(3)주식분할 고려)이라는 저가를 기록한 후로 2021년 8월에 24,160엔까지 치솟으며 고점을 찍었다. 5년간 약 79배 상승했다.

다음 두 페이지에 걸쳐 소개한 **그림4**는 지난 5년간 레이저테크의 실적을 소개한 결산보고서다. 참고로 결산에 중요한 정보를 기록한 결산보고서 서두의 1~2페이지는 '**서머리**(summary, 개요)'라고 부르는데, 이 부분만 봐도 보고서의 90%를 알 수 있다.

결산보고서는 레이저테크의 웹사이트(http://www.lasertec.co.jp/)를 검색하여 'IR(기업정보)' → 'IR자료실' → '최신 IR자료'로 들어가서 결산연도를 풀다운 방식으로 변환하면 2002년 결산보고서까지 열람할 수 있다.

2021년 6월 결산보고서 1페이지 전체를 이전의 4개 분기에 대해서는 각 보고서 1페이지 서두의 '경영성적' 페이지를 발췌하여 게재했다.

---

(3) (저자 주) '※'표시가 있는 주가는 이후 실시된 주식 분할을 고려하여 재계산한 가격이다. 이하 같다.

과거 실적을 검토할 때는 **결산보고서 1페이지 서두에 있는 경영성적 페이지의 '매출과 이익'**, 그중에서도 **'전년도 동기 대비 신장률'**에 주목한다. 만일 여기에 괄목할 정도로 수입과 이익이 증가했다면, 경영실적 보고서 4페이지 이후의 **'경영성적 등의 개요'**를 참고하여 실적이 오른 이유도 확인하자.

레이저테크의 주가가 79배나 오르기까지

6월에 결산하는 레이저테크의 2016년부터 2021년 결산까지 매출과 경상이익 그리고 주가(**그림3**)의 신장률을 시간 순서대로 훑어보자.

레이저테크는 2016년 6월 결산 시 매출은 보합세였고 경상손익은 1.2%※였다. 주가도 2015년 6월 종가에서 27%※[4]나 하락했다.

그림3 레이저테크의 과거 5년간(2016년 7월~2021년 8월) 주가 추이

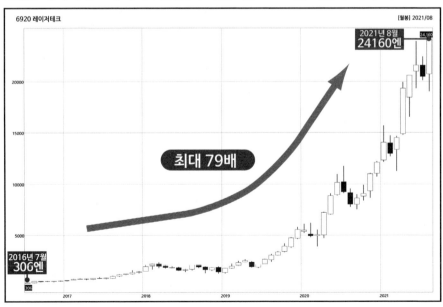

────────────────────────────

(4) (저자 주) ※매출과 이익의 신장률과 금액(억 단위)은 소수점 두 자리 이하를 반올림하여 표시한다. 주가의 상승률과 배율도 표시된 숫자 이하의 부분은 반올림했다. 이하 같다.

그림(표)4 레이저테크의 과거 5년 경영실적 보고서의 매출과 이익 추이

2021년 6월 결산기 경영실적 보고서(일본 기준) (연결)

2021년 8월 6일
상장거래소 도쿄

상장회사명　　　　　레이저테크 주식회사
코드번호　　　　　　6920　　URL http://www.lasertec.co.jp/
대표자　　　　　　(직급) 대표이사사장　　　　　　　(이름) 오카바야시 마코토(岡林 理)
문의책임자　　　　(직급) 상무이사관리본부장　　　(이름) 우치야마 시게루(内山 秀) TEL 045-478-7111
정기주주총회 개최예정일　　2021년 9월 28일　　　배당금 지급 개시예정일　2021년 9월 29일
유가증권보고서 제출예정일　2021년 9월 29일
결산 보충설명자료 작성의 유무:　유
결산설명회 개최의 유무:　　　　유　　(애널리스트, 기관투자자용)

(백만 엔 미만 절사)

1. 2021년 6월 결산 연결 실적 (2020년 7월 1일~2021년 6월 30일)
(1) 연결 경영 성적

(% 표시는 전기대비 증감률)

	총매출		영업이익		경상이익		지배주주 귀속 당기 순이익	
	백만 엔	%	백만 엔	%	백만 엔	%	백만 엔	%
2021년 6월 결산	70,248	65.0	26,074	73.1	26,438	74.9	19,250	77.9
2020년 6월 결산	42,572	48.0	16,062	89.7	15,115	92.9	10,823	82.4

(주의) 포괄이익 2021년 6월 결산 20,251백만 엔(86.4%)　　2020년 6월 결산 10,863백만 엔(88.4%)

	1주당 당기순이익	잠재주식조정 후 1주당 당기순이익	자기자본 당기순이익률	지배주주 귀속 당기 순이익	총매출 영업이익률
	엔 전	엔 전	%	%	%
2021년 6월 결산	213.47	213.29	40.8	26.4	37.1
2020년 6월 결산	120.02	119.92	30.8	22.9	35.4

(참고) 지분법 투자손익　　2021년 6월 결산　　1백만 엔　　2020년 6월 결산　　1백만 엔
(주의) 당사는 2019년 11월 25일에 개최한 이사회에서 2020년 1월 1일부로 보통주 1주당 2주 비율로 주식분할을 시행하기로 결의하였다.
　　　따라서 전 연결회계연도 기수에 해당 주식분할이 시행되었다고 가정하고 1주당 당기순이익 및 잠재주식조정 후 1주당 당기순이익을
　　　계산하였다.

(2) 연결재정상태

	총자산	순자산	자기자본비율	1주당 순자산
	백만 엔	백만 엔	%	엔 전
2021년 6월 결산	118,725	55,188	46.5	611.76
2020년 6월 결산	81,794	39,175	47.9	434.19

(참고) 자기자본　　2021년 6월 결산　55,166백만 엔　　2020년 6월 결산　39,154백만 엔

(3) 연결 현금흐름 상황

	영업활동에 의한 현금흐름	투자활동에 의한 현금흐름	재무활동에 의한 현금흐름	현금 및 현금성자산 기말잔고
	백만 엔	백만 엔	백만 엔	백만 엔
2021년 6월 결산	10,488	△3,703	△4,242	27,849
2020년 6월 결산	16,486	△2,038	△2,800	24,660

2. 배당상황

	연간배당금					배당금총액 (합계)	배당성향 (연결)	순자산배당 율(연결)
	1분기말	2분기말	3분기말	기말	합계			
	엔 전	엔 전	엔 전	엔 전	엔 전	백만 엔	%	%
2021년 6월 결산	-	31.00	-	27.00	-	3,832	35.4	10.9
2020년 6월 결산	-	20.00	-	55.00	75.00	6,763	35.1	14.3
2022년 6월결산(예상)	-	32.00	-	50.00	82.00		35.2	

(주의) 당사는 2019년 11월 25일에 개최한 이사회에서 2020년 1월 1일부로 보통주 1주당 2주 비율로 주식분할을 시행하기로 결의하였다.
　　　따라서 2020년 6월 결산 이후 1주당 배당금은 주식분할을 고려한 금액으로 기재하였다. 만약 주식분할을 고려하지 않는다면 2020년
　　　6월 결산기말 1주당 배당금은 54엔이 된다. 또한 2020년 6월 결산 합계 1주당 배당금은 주식분할 실시에 따라 단순계산할 수 없으므
　　　로 표시하지 않는다.

그림(표)4에 이어서

2016년 6월 결산	매출 0.7% 증가 경상이익 1.2% 감소
2017년 6월 결산	매출 13.6% 증가 경상이익 9.0% 증가

1. 2017년 6월 결산 연결 실적(2016년 7월 1일~2017년 6월 30일)
(1) 연결 경영 성적

(% 표시는 전기대비 증감률)

	총매출		영업이익		경상이익		지배주주 귀속 당기 순이익	
	백만 엔	%	백만 엔	%	백만 엔	%	백만 엔	%
2017년 6월 결산	17,369	13.6	4,960	12.0	4,989	9.0	3,554	10.1
2016년 6월 결산	15,291	0.7	4,428	△6.2	4,575	△1.2	3,227	9.3

2018년 6월 결산	매출 23.0% 증가 경상이익 14.9% 증가

1. 2018년 6월 결산 연결 실적(2017년 7월 1일~2018년 6월 30일)
(1) 연결 경영 성적

(% 표시는 전기대비 증감률)

	총매출		영업이익		경상이익		지배주주 귀속 당기 순이익	
	백만 엔	%	백만 엔	%	백만 엔	%	백만 엔	%
2018년 6월 결산	21,252	23.0	5,685	16.0	5,706	14.9	4,336	23.5
2017년 6월 결산	17,278	–	4,901	–	4,964	–	3,534	-

2019년 6월 결산	매출 35.4% 증가 경상이익 37.3% 증가

1. 2019년 6월 결산 연결 실적(2018년 7월 1일~2019년 6월 30일)
(1) 연결 경영 성적

(% 표시는 전기대비 증감률)

	총매출		영업이익		경상이익		지배주주 귀속 당기 순이익	
	백만 엔	%	백만 엔	%	백만 엔	%	백만 엔	%
2019년 6월 결산	28,769	35.4	7,941	39.7	7,834	37.3	5,933	35.9
2018년 6월 결산	21,252	23.0	5,685	16.0	5,706	14.9	4,336	23.5

2020년 6월 결산	매출 48.0% 증가 경상이익 92.9% 증가

1. 2020년 6월 결산 연결 실적(2019년 7월 1일~2020년 6월 30일)
(1) 연결 경영 성적

(% 표시는 전기대비 증감률)

	총매출		영업이익		경상이익		지배주주 귀속 당기 순이익	
	백만 엔	%	백만 엔	%	백만 엔	%	백만 엔	%
2020년 6월 결산	42,572	48.0	15,062	89.7	15,115	92.9	10,823	82.4
2019년 6월 결산	28,769	35.4	7,941	39.7	7,834	37.3	5,933	35.9

2021년 6월 결산	매출 65.0% 증가 경상이익 74.9% 증가

1. 2021년 6월 결산 연결 실적(2020년 7월 1일~2021년 6월 30일)
(1) 연결 경영 성적

(% 표시는 전기대비 증감률)

	총매출		영업이익		경상이익		지배주주 귀속 당기 순이익	
	백만 엔	%	백만 엔	%	백만 엔	%	백만 엔	%
2021년 6월 결산	70,248	65.0	26,074	73.1	26,438	74.9	19,250	77.9
2020년 6월 결산	42,572	48.0	15,062	89.7	15,115	92.9	10,823	82.4

2017년 6월 결산 시에 매출은 전기대비 13.6% 증가, 경상이익도 9% 증가, 주가는 2.5배 이상 상승했다. 이때 결산보고서 내 '경영성적 등의 개요' 페이지를 보면, IoT(사물인터넷화)와 AI(인공지능), 데이터 베이스 수요 증가로 메모리 제조사나 파운드리(Foundry, 반도체 전문 제조사)의 적극적인 설비투자로 반도체 제조 관련 장치가 전년도 대비 크게 신장했다고 설명하고 있다.

실적은 2019년 6월 결산기에 들어서면서 본격적으로 상승했다.

매출(賣出), 경상이익 모두 이전 분기 대비 30%대로 성장했는데, 주가는 2016년 6월 말부터 2018년 6월 말까지 2년간 다섯 배나 오르다 보니, 2018년 6월 말부터 2019년 6월 말까지 1년간은 37% 상승에 그쳤다.

참고로 핫샨이 레이저테크를 성장주로 꼽아서 자체 운영하는 **'성장주 워치(成長株 Watch)'**(http://kabuka.biz/growth/) 내 **'성장주 랭킹'**에서 다루기 시작한 때가 2019년 6월경이다.

 핫샨이 꼽은 성장주 후보를 보려면

'성장주 Watch' 내
'성장주 랭킹'
http://kabuka.biz/growth/ranking.php

바로 이 2019년 6월 결산 당시 결산보고서 개요 페이지에 처음으로 레이저테크 주가를 크게 끌어올린 'EUV(극자외선)[5] 리소그래피[6]'라는 말이 등장한다.

'대형 파운드리에서 차세대 EUV(극자외선) 리소그래피에 대처하기 위한 투자를 시작했다'라는 문장 한 줄에 불과했지만, 최첨단 기술인 EUV에 대처한 반도체 검사 장치가 이 회사의 실적을 약진시킨 원동

---

[5] Extreme Ultraviolet, EUV 또는 XUV) 극자외선 또는 고에너지 자외선 복사는 일종의 전자기파이다.

[6] Lithography, 집적 회로 제작 시 실리콘칩 표면에 만들고자 하는 패턴을 빛으로 촬영한 수지를 칩 표면에 고정한 후 화학 처리나 확산 처리하는 기술이다.

력이 되었다.

2020년 6월 결산기에 들어서서 실적은 더욱 비약하여 매출은 전 분기 대비 48.0% 상승, 경상이익은 전 분기 대비 92.9%까지 증가했다. 이때부터 레이저테크는 시장참가자의 관심을 한꺼번에 끌며 '스타주'가 되었고, 주가는 1년 만에 4.8배나 상승했다.

개요에는 '반도체 업계에서는 (중략) 리모트워크,[7] e-커머스, 온라인 게임의 증가와 함께 통신량 증대에 따른 DC(데이터센터)용 수요가 확대되었다. (중략) 로직 디바이스 제조사의 최첨단 분야에서는 차세대 EUV 리소그래피를 이용한 반도체 양산이 시작되었고, 대형 디바이스 제조사와 마스크 블랭크[8] 제조사가 연이어 EUV 관련 분야에서 생산 확대를 위한 투자를 계속하고 있다.'라고 설명하고 있다.

주가와 실적 추이로 알 수 있는 10배주로 '급부상'한 순간

그림5는 2016년 6월 결산부터 2021년 6월 결산까지의 실적과 주가 추이를 나타내고 있다.

5년간 매출이 약 4.6배, 경상이익이 약 5.8배나 오르는 동안 주가는 약 79배나 상승해서 양자의 세로축을 따로 두었다.

2019년 6월 결산까지 경상이익과 주가의 상승이 비슷한 기울기가 되도록 세로 1축과 2축을 조정하면, 2020년 6월 결산에 들어서부터 주가 상승이 실적 상승을 크게 따돌리고 있다.

레이저테크의 주가는 2019년 6월 결산까지 3년간 첫 번째 스테이지와 2020년 6월 결산부터 2021년 6월 결산까지 두 번째 스테이지를 거치며 크게 올랐다고 볼 수 있다.

---

(7) Remote-work, 자신의 업무 스타일에 맞춰 다양한 장소와 공간에서 자유롭게 일하는 방식으로 '원격근무'의 한 형태이다.

(8) Blank mask, 반도체와 TFT-LCD의 리소그래피 공정에 쓰이는 포토마스크의 원재료다.

그림5 레이저테크의 과거 5년간 실적과 주가 추이

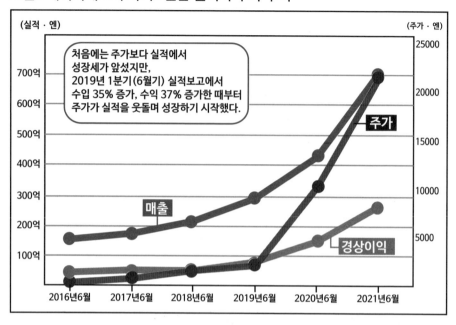

스타 성장주에는 마치 '별의 순간'을 잡기라도 한 것처럼 성장 단계가 바뀌며 **주가 상승이 실적을 크게 웃도는 순간**이 있다.

주가 상승에 속도가 붙으며 2년간 10배나 올랐다. 여기에는 세계 시장점유율 100%인 EUV(극자외선) 리소그래피용으로 제작된 반도체 검사 장치가 견인차 구실을 했다.

'이익이 2배가 되면, 주가도 2배'가 기본 중의 기본

개략적으로 레이저테크의 성장 스토리를 훑어보았다. 실제로 주가가 10배나 오른 스타주(株)의 과거를 간접적으로나마 경험하여 실적이 상승할 때 어떻게 속도가 붙고 주가가 상승하는지 알아두어야 한다. 이것이 경영실적 보고서를 통해 텐배거를 찾아내기 위한 첫걸음이다.

성공사례를 모르면 과성노 상상해내기 힘들다. **실제로 기회를 밋딕 뜨려도 모르게 된다.** 이제부터 대표적인 스타 성장주를 소개하려고 한다. 여러분도 한번 관심 있는 성장 기업의 5년 전 경영실적 보고서부터 훑어보며, '성공'을 추체험(追體驗)해보기 바란다. 그래야 성장주 투자에 대한 감각을 익히게 된다.

레이저테크의 경우, 실적 신장률과 비교하면 주가는 그 이상 10배 가까이 상승했다는 점에서 최소한 다음처럼은 말할 수 있겠다.

'매출이 2배가 되면 이익은 2배가 되고 주가도 2배가 된다.'

이 말은 성장주 투자의 기본 중의 기본으로 이 책에서도 자주 등장하므로 반드시 기억해야 한다.

10배주(倍株), 성장 스토리 간접 체험

제조업종인 레이저테크가 텐배거 자리에 올랐듯이, 텐배거를 달성한 성장 기업은 다양한 업종과 분야에서 만들어지고 있다.

개인투자자에게도 **친근한 소매업** 중에는 '일본의 코스트코'라고 불리는 고베물산(KOBE BUSSAN Co. Ltd., 3038), '워크맨플러스(ワークマンプラス)'로 여성층에도 인기가 높은 워크맨(Workman Co. Ltd., 7564) 등이 있다.

IT업계에서는 의사를 위한 SNS를 오픈한 엠쓰리(M3,Inc., 2413), 중소기업을 위한 클라우드 서비스를 전개 중인 라쿠스(RAKUS Co.,Ltd., 3923) 등 많은 10배주(倍株)가 탄생했다.

컨설팅 분야에서는 상장기업을 위한 서비스를 제공하는 IR재팬홀딩스(IR Japan Holdings Ltd., 6035), 아웃소싱 중에는 재팬 엘리베이터 서비스 홀딩스(Japan Elevator Service Holdings Co. Ltd., 6544)가 **틈새시장**에서 약진했다.

또 성장주 투자에서 피할 수 없는 것이 강력한 경쟁자 출현, 시대에 뒤처진 비즈니스모델, 사업 자체 리스크가 높다는 등을 이유로 성장이 멈추기도 한다. 이를 '**부실 성장**'이라고도 표현하는데, 이러한 기업으로는 '생각나면, 스테이크!'로 세상을 풍미했던 페퍼푸드 서비스, 지자체용 전력공급사업으로 급성장한 호프 에너지(HOPE Energy, 6195)의 흥망성쇠를 살펴보자.

기업에 따라 다양한 성장 스토리와 열의가 담긴 '경영실적'을 읽는다는 건, 기업 성장의 '성장 과정을 이해한다'라는 측면에서 매우 귀중하다.

고베물산, 성장 스토리 돌아보기

레이저테크와 같은 반도체주는 사실 개인투자자들이 사업내용을 속속들이 알 수 없다는 점이 문제다.

반면에 일반 소비자를 상대로 한 **소매, 유통, 외식, 패션**과 같은 섹터(業種)는 업무 내용도 이해하기 쉽고 개인투자자가 목표로 삼기에도 가장 적합한 분야 중 하나로 꼽을 수 있다.

이런 개인투자자에게 이해하기 쉬운 비즈니스모델로 10루타를 쳐낸 곳이 '매일, 살수록 이익'[9]이라는 콘셉트로 식재료와 PB상품을 저렴하게 판매하는 '업무용 식자재마트' 고베물산이다.

그림(표)6 고베물산의 웹사이트에 게재된 과거 5년간 결산보고서 1페이지 서두의 '연결경영성적'을 캡처한 자료다. 10월 결산인 고베물산의 2017년 10월 결산부터 2020년 10월 결산까지의 실제 실적, 2021년 10월 결산은 기업의 예상치다.

소매업이라는 업종 성격상 점포확장 속도에 맞춰 매출이 착착 상승하는 동시에 이익도 순조롭게 신장하는 형태로 수입과 수익이 증가하고 있다. 어느 날 갑자기 매출과 이익이 2배가 되지는 않지만, 2019년 10월 결산부터 회사 예상대로 2020년 10월 결산까지 3년간에 걸쳐 20% 넘게 이익이 상승했다는 점이 주목할만하다.

---

(9) 매일, 살수록 이익(毎日がお買い得)

그림(표)6 고베불산의 과거 5년간 경영실적 보고서에서 읽는 매출과 이익 추이

2017년 10월 결산   매출 5.1% 증가 경상이익 80.8% 증가

1. 2017년 10월 결산 연결실적(2016년 11월 1일~2017년 10월 31일)
(1) 연결 경영 성적   (% 표시는 전기대비 증감률)

	매출		영업이익		경상이익		지배주주 귀속 당기 순이익	
	백만 엔	%	백만 엔	%	백만 엔	%	백만 엔	%
2017년 10월 결산	251,503	5.1	14,606	23.4	15,778	80.8	8,346	83.0
2016년 10월 결산	239,266	4.7	11,833	74.0	8,729	3.0	4,560	9.2

2018년 10월 결산   매출 6.2% 증가 경상이익 0.3% 증가

1. 2018년 10월 결산 연결실적(2017년 11월 1일~2018년 10월 31일)
(1) 연결 경영 성적   (% 표시는 전기대비 증감률)

	매출		영업이익		경상이익		지배주주 귀속 당기 순이익	
	백만 엔	%	백만 엔	%	백만 엔	%	백만 엔	%
2018년 10월 결산	267,175	6.2	15,722	7.6	15,831	0.3	10,363	24.2
2017년 10월 결산	251,503	5.1	14,606	23.4	15,778	80.8	8,346	83.0

2019년 10월 결산   매출 12.1% 증가 경상이익 22.8% 증가

1. 2019년 10월 결산 연결실적(2018년 11월 1일~2019년 10월 31일)
(1) 연결 경영 성적   (% 표시는 전기대비 증감률)

	매출		영업이익		경상이익		지배주주 귀속 당기 순이익	
	백만 엔	%	백만 엔	%	백만 엔	%	백만 엔	%
2019년 10월 결산	299,616	12.1	19,239	22.4	19,434	22.8	12,056	16.3
2018년 10월 결산	267,175	6.2	15,722	7.6	15,831	0.3	10,363	24.2

2020년 10월 결산   매출 13.8% 증가 경상이익 21.7% 증가

1. 2020년 10월 결산 연결실적(2019년 11월 1일~2020년 10월 31일)
(1) 연결 경영 성적   (% 표시는 전기대비 증감률)

	매출		영업이익		경상이익		지배주주 귀속 당기 순이익	
	백만 엔	%	백만 엔	%	백만 엔	%	백만 엔	%
2020년 10월 결산	340,870	13.8	23,851	24.0	23,646	21.7	15,047	24.8
2019년 10월 결산	299,616	12.1	19,239	22.4	19,434	22.8	12,056	16.3

2021년 10월 결산 예산   매출 5.0% 증가 경상이익 26.9% 증가

2021년 10월 결산 제2분기 시점
3. 2021년 10월 결산 연결실적 예산(2020년 11월 1일~2021년 10월 31일)   (% 표시는 전기대비 증감률)

	매출		영업이익		경상이익		지배주주 귀속 당기 순이익		1주당 당기순이익	
	백만 엔	%	백만 엔	%	백만 엔	%	백만 엔	%		%
통산	358,000	5.0	29,400	23.3	30,000	26.9	20,000	32.9		92.84

(注)최근 공표된 실적 예상에서 수정의 유무: 유

그림7 고베물산의 과거 5년(2016년 7월~2021년 8월)의 주가 추이

‘길거리나 TV를 통해 "업무형 식자재마트"가 눈에 띄더라’라는 사람이 많을 것이다. 이렇게 인지도에서도 알 수 있듯이 주가도 순조롭게 상승하고 있다. (그림7)

특히 2019년 10월 결산 시점은 전기대비 수익이 12.1%, 경상이익이 22.8% 증가하며 실적 향상에 탄력이 붙기 시작한 시점이기도 하다.

해당 시점 결산보고서의 경상이익 성적 등 개요를 보면, ‘관동지역과 규슈지역으로의 출점을 중심으로 신규 출점이 진행’됐다는 것이다. ‘PB상품이 미디어에 등장하는 등 새로운 고객에게 점포 방문의 계기를 마련’했다는 점에 실적이 탄탄하게 향상하는 요인으로 분석된다.

같은 시기 고베물산의 ‘월간 IR뉴스’를 보면, 거의 매월 ‘타피오카 드링크(밀크티)’ ‘인스턴스 타피오카’의 판매량이 호조를 보였다고 한다.

독자 중에는 2019년에 대만식 타피오카 드링크의 대유행을 기억하는 사람도 많을 것이다. 이러한 타피오카 붐에 편승하여 고베물산이 약진했다고 알려져 있다.

더욱이 2020년에는 신종 코로나-19 대유행으로 전 세계가 **충격**을 받았다. 긴급사태 선언 등으로 외식점포가 휴업하고 자취하는 사람이 많아진 덕분에 실적은 더욱 증가했다.

가장 최근인 2021년 10월 결산의 2분기 매출은 전년동기대비 0.2% 증가로 미미했으나, 경상이익은 21.9% 증가하며 이익은 20%대 성장을 유지하고 있다.

개요에는 지금까지의 결산보고서에도 자주 등장한 '업무용 식자재마트의 매력인 자체브랜드 상품이 다수의 미디어에 노출되어 대형 식자재마트의 인지도 향상과 신규고객의 증가로 이어졌다'라는 문장이 반복되고 있을 정도로 PB상품의 판매증가가 이익률 증가로 이어진 듯하다.

만약 결산보고서에서 이러한 최신 정보를 접했다면, '그래? "업무형 식자재마트"의 PB상품 중에 최근에 가장 인기가 높은 상품이 뭘까?'하며 인터넷을 통해 판매 동향을 조사하거나 실제로 점포를 방문해보고 매스컴이나 SNS에서 화제를 불러일으키고 있는지를 확인하는 것도 성장주의 특징이나 강점을 아는 데 도움이 된다.

반도체나 컨설팅과는 다르게 일반 소비자=개인투자자가 고객이므로 스스로 다방면에 걸쳐 조사하여 투자하기 쉽다는 게 소매주(小賣株)의 매력이다.

워크맨, 성장 스토리 돌아보기

워크맨은 건설직 종사자용 고기능 작업복을 판매하는 의류제조업체로 홈센터 '카인즈' 등도 전개하는 베이시어(Beisia)그룹의 핵심 기업이다. 2018년에 대중을 위한 지럼힌 개주얼 점포 '워그맨 플러스'를 전개하기 시작했고 실적이 향상되면서 주목을 받게 됐다.

그림(표)8은 과거 5년간 실적 추이다. '워크맨플러스'의 기여로 2019년 3월 결산부터 3년 연속 약 15%~38% 매출 증가, 20%대부터

40%에 달하는 경상이익 증가로 2018년 3월 말 2,472엔※이었던 주가가 2021년 3월 말 7,930엔을 기록하며 3년 만에 3.2배나 올랐다. 특히 2020년 3월 결산에는 37.8% 수익증가, 40.1% 경상이익 증가를 기록하며 성장주에서 흔히 보이는 '비약의 해'가 되었다.

이때 결산보고서의 개요를 보면 이익률이 높은 PB상품의 확충과 더불어 호조를 보이던 '워크맨플러스'만 신규 출점계획을 세웠다는 점, 프랜차이즈 스토어가 지난해 동기 대비 100점포나 늘었다는 점 등을 보고하고 있다.

이 회사는 직영점이 적은 대신 90% 이상이 프랜차이즈 점포다. 프랜차이즈 전개 방식은 점포 운영의 리스크를 낮추는 대신 프랜차이즈 점주와 이익을 나누는 비즈니스모델이다. 그 때문에 패션업계 중에서는 **매우 이익률이 높다**는 점이 특색이다.

2021년 3월 결산에는 매출(영업총수익) 1058.2억 엔인 데 반해, 경상이익은 254.1억 엔으로 경상이익률은 24%에 달한다.

앞서 고베물산 사례에서도 알 수 있듯이, 저가 상품을 파는 소매업은 일반적으로 이익률이 낮다. 따라서 24%는 엄청난 이익률이다.

예를 들어 패션업계 중에서 이익률이 높기로 유명한 '유니클로'의 패스트리테일링(Fast Retailing Co.,Ltd., 9983)의 2021년 8월 결산의 2분기는 매출수익 1조 2028.6억 엔인 데 반해, 세전 분기 이익은 1714.8억 엔이므로 이익률은 14%다. 이를 크게 웃도는 높은 이익률이 워크맨의 강점이다.

실제 점포 위주의 판매 방식이면서 코로나 팬데믹으로 인해 충격이 컸던 2021년 3월 결산에도 수익은 14.6% 증가, 경상수익도 22.9%나 확보했다. 결산보고서 개요를 보면 종래 작업복 판매와 '워크맨플러스'에 더해 새로운 업종인 '#워크맨여자'의 개발과 도쿄걸즈컬렉션 참가를 통해 젊은 층에 어필, 코로나 팬데믹 중에도 유행한 캠핑용 아웃도어 굿즈 개발 등, 캐주얼 의류에 진출하며 질주하겠다는 방침을 세우고 있다.

그림(표)8 워크맨의 과거 5년 걸산보고시에서 본 매출괴 이익 추이

2017년 3월 결산

매출 5.0% 증가 경상이익 7.9% 증가

1. 2017년 3월 결산 실적(2016년 4월 1일~2017년 3월 31일)
(1) 경영성적

(% 표시는 전년동기 대비 증감률)

	영업총매출		영업이익		경상이익		당기 순이익	
	백만 엔	%	백만 엔	%	백만 엔	%	백만 엔	%
2017년 3월 결산	52,077	5.0	9,553	8.5	10,735	7.9	7,142	14.6
2016년 3월 결산	49,577	2.4	8,807	5.6	9,948	5.1	6,233	6.1

2018년 3월 결산

매출 7.7% 증가 경상이익 10.4% 증가

1. 2018년 3월 결산 실적(2017년 4월 1일~2018년 3월 31일)
(1) 경영성적

(% 표시는 전년동기 대비 증감률)

	영업총매출		영업이익		경상이익		당기 순이익	
	백만 엔	%	백만 엔	%	백만 엔	%	백만 엔	%
2018년 3월 결산	56,083	7.7	10,603	11.0	11,856	10.4	7,844	9.8
2017년 3월 결산	52,077	5.0	9,553	8.5	10,735	7.9	7,142	14.6

2019년 3월 결산

매출 19.4% 증가 경상이익 25.4% 증가

1. 2019년 3월 결산 실적(2018년 4월 1일~2019년 3월 31일)
(1) 경영성적

(% 표시는 전년동기 대비 증감률)

	영업총매출		영업이익		경상이익		당기 순이익	
	백만 엔	%	백만 엔	%	백만 엔	%	백만 엔	%
2019년 3월 결산	66,960	19.4	13,526	27.6	14,755	24.5	9,809	25.1
2018년 3월 결산	56,083	7.7	10,603	11.0	11,856	10.4	7,844	9.8

2020년 3월 결산

매출 37.8% 증가 경상이익 40.1% 증가

1. 2020년 4분기 실적(2019년 4월 1일~2020년 3월 31일)
(1) 경영성적

(% 표시는 전년동기 대비 증감률)

	영업총매출		영업이익		경상이익		당기 순이익	
	백만 엔	%	백만 엔	%	백만 엔	%	백만 엔	%
2020년 3월 결산	92,307	37.8	19,170	41.7	20,666	40.1	13,369	36.3
2019년 3월 결산	66,960	19.4	13,526	27.6	14,755	24.5	9,809	25.1

2021년 3월 결산

매출 14.6% 증가 경상이익 22.9% 증가

1. 2021년 3월 결산 실적(2020년 4월 1일~2021년 3월 31일)
(1) 겅역성적

(% 표시는 전년동기 대비 증감률)

	영업총매출		영업이익		경상이익		당기 순이익	
	백만 엔	%	백만 엔	%	백만 엔	%	백만 엔	%
2021년 3월 결산	105,815	14.6	23,955	26.0	25,409	22.9	17,039	27.6
2020년 3월 결산	92,307	37.8	19,170	41.7	20,666	40.1	13,369	36.3

그림9 워크맨의 과거 5년간(2016년 7월~2021년 8월) 주가 추이

주가(그림9)는 2020년 3월 결산 시 결산 호조로 상승한 후, 조정기에 접어들었다고 보인다. 이러한 캐주얼한 노선으로 전환한 결과가 향후 방향을 결정하게 될 것 같다.

엠쓰리(M3), 성장 스토리 돌아보기

그림(표)10은 웹상에서 의사들을 위한 SNS서비스를 제공하는 엠쓰리(M3)의 과거 5년 결산서 서두에 실린 경영실적을 발췌한 것이다. 엠쓰리는 2020년 코로나 팬데믹으로 주목을 받은 원격진료사업에도 참여 중이며, 소니그룹(SONY Group Corp., 6758)이 주식을 34% 소유하고 있는 소니계열사이다.

엠쓰리의 매출은 최근 5년간 매년 10%대 후반에서 20%대로 꾸준하게 성장하고 있다.

그림(표)10 엠쓰리의 과거 5년간 결산보고서에서 보는 매출과 이익 추이

2017년 3월 결산 — 매출 20.9% 증가 세전이익 25.1% 증가

1. 2017년 3월 결산 연결결산(2016년 4월 1일~2017년 3월 31일)
   (1) 연결경영성적   (% 표시는 전년동기 대비 증감률)

	매출수익		영업이익		세전이익		당기이익		지배주주 귀속 당기이익		당기포괄이익 합계액	
	백만 엔	%	백만 엔	%	백만 엔	%	백만 엔	%	백만 엔	%	백만 엔	%
2017년 3월 결산	78,143	20.9	25,050	25.1	24,959	25.1	16,938	25.5	16,004	28.0	15,893	21.6
2016년 3월 결산	64,660	25.9	20,022	24.7	19,950	23.3	13,493	29.4	12,508	28.2	13,067	15.2

2018년 3월 결산 — 매출 20.9% 증가 세전이익 19.0% 증가

1. 2018년 3월 결산 연결결산(2017년 4월 1일~2018년 3월 31일)
   (1) 연결경영성적   (% 표시는 전년동기 대비 증감률)

	매출수익		영업이익		세전이익		당기이익		지배주주 귀속 당기이익		당기포괄이익 합계액	
	백만 엔	%	백만 엔	%	백만 엔	%	백만 엔	%	백만 엔	%	백만 엔	%
2018년 3월 결산	94,471	20.9	29,713	18.6	29,700	19.0	20,783	22.7	19,684	23.0	19,575	23.2
2017년 3월 결산	78,143	20.9	25,050	25.1	24,959	25.1	16,938	25.5	16,004	28.0	15,893	21.6

2019년 3월 결산 — 매출 19.7% 증가 세전이익 12.6% 증가

1. 2019년 3월 결산 연결실적(2018년 4월 1일~2019년 3월 31일)
   (1) 연결경영성적   (% 표시는 전년동기 대비 증감률)

	매출수익		영업이익		세전이익		당기이익		지배주주 귀속 당기이익		당기포괄이익 합계액	
	백만 엔	%	백만 엔	%	백만 엔	%	백만 엔	%	백만 엔	%	백만 엔	%
2019년 3월 결산	113,050	19.7	30,800	12.1	30,942	12.6	21,346	11.0	19,577	8.0	21,414	9.4
2018년 3월 결산	94,471	20.9	27,486	–	27,472	–	19,225	–	18,172	-	19,575	23.2

2020년 3월 결산 — 매출 15.8% 증가 세전이익 11.9% 증가

1. 2020년 3월 결산 연결결산(2019년 4월 1일~2020년 3월 31일)
   (1) 연결경영성적   (% 표시는 전년동기 대비 증감률)

	매출수익		영업이익		세전이익		당기이익		지배주주 귀속 당기이익		당기포괄이익 합계액	
	백만 엔	%	백만 엔	%	백만 엔	%	백만 엔	%	백만 엔	%	백만 엔	%
2020년 3월 결산	130,973	15.8	34,337	11.5	34,610	11.9	24,153	13.1	21,635	10.5	22,331	4.3
2019년 3월 결산	113,050	19.7	30,800	12.1	30,942	12.6	21,346	11.0	19,577	8.0	21,414	9.4

2021년 3월 결산 — 매출 29.2% 증가 세전이익 68.3% 증가

1. 2021년 3월 결산 연결결산(2020년 4월 1일~2021년 3월 31일)
   (1) 연결경영성적   (% 표시는 전년동기 대비 증감률)

	매출수익		영업이익		세전이익		당기이익		지배주주 귀속 당기이익		당기포괄이익 합계액	
	백만 엔	%	백만 엔	%	백만 엔	%	백만 엔	%	백만 엔	%	백만 엔	%
2021년 3월 결산	169,196	29.2	57,972	68.8	58,264	68.3	41,198	70.6	37,822	74.8	43,766	96.0
2020년 3월 결산	130,973	15.8	34,337	11.5	34,610	11.9	24,153	13.1	21,635	10.5	22,331	4.3

결산보고서의 개요를 보면, 엠쓰리의 효자상품은 'm3.com'이라는 의사를 위한 SNS인데, '임상씨'(10) 'QOL씨'(11) 'MR씨'(12) 등으로 명명하여 의사를 위한 정보를 제공하거나 제약회사의 경영활동을 돕는 유료서비스를 제공 중이다. 이들 사업이 성장의 중추를 담당하고 있음을 알 수 있다.

2004년 상장 직후부터 해외 진출을 모색하여 매수한 자회사를 통해 치료시험 프로젝트 등 에비던스솔루션(13) 사업에도 참여했다. 그림(표)10 이전인 2015년 3월 결산에는 매출 40% 증가, 이익 16% 증가(세전 이익), 2016년 3월 결산에서는 매출 26% 증가, 이익 23% 증가라는 뛰어난 성과를 이뤄냈다. 2017년~2019년은 성장 속에 숨 고르기가 이어지며 주가가 1,300엔~2,300엔으로 정체되었다. (**그림11**) 성장률은 둔화했어도 사업 자체가 정체되지는 않았다.

그림11 엠쓰리의 과거 5년간(2016년 7월~2021년 8월) 주가 추이

(10) 임상시험의 준말. 원서에는 '治験君'으로 표현하고 있다.

(11) quality of life, 삶의 질 혹은 생명의 질.

(12) medical representative, 의약정보담당자. 약에 대한 지식과 정보를 의사와 약제사에게 제공하는 제약회사 영업담당자.

그 이후 2020년 코로나 팬데믹이 온라인에서 의료 사업을 돕는 엠쓰리에게는 순풍이 되어, 2020년~2021년에 주가가 급상승했다.

엠쓰리의 매력은 무엇보다도 2021년 3월 결산 시 매출의 25%를 차지한 해외사업이다. **일본 국내만으로는 시장규모에 한계**가 있으나, 해외시장 개척을 통해 크게 비약할 것으로 기대된다.

IR재팬 홀딩스, 성장 스토리 돌아보기

다음 페이지의 **그림(표)12**는 IR재팬홀딩스의 과거 5년 동안 결산보고서다. IR재팬홀딩스는 상장기업의 투자자용 IR 활동, 기업인수합병(M&A) 및 주식공개매수(TOB) 대책을 지도하는 컨설팅 기업이다. 매출 및 경상이익 모두 순조롭게 성장 중이며, 2017년 3월 결산부터 2021년 3월 결산까지 4년간 매출은 38.4억 엔에서 82.85억 엔까지 약 2.2배이다. 경상이익은 10.1억 엔에서 40.7억 엔으로 약 4배나 증가했다.

컨설팅이라는 업종의 특성상 이익률이 높다는 점도 주목할만하며 2021년 3월 결산을 보면 매출 대비 경상이익률은 약 49%에 달한다.

과거 5년간 실적 성장 속에서 2020년 3월 결산의 매출이 전기대비 59.1% 증가, 경상이익 149.5% 증가하며 2.5배나 늘었다는 점이 눈이 띈다.

해당 결산서의 개요를 보면, 이 기업의 중추적인 사업은 '액티비스트'라고 부르는 펀드나 타사의 적대적 매수, 인수합병에 대항하기 위한 컨설팅 업무임을 알 수 있다. IR재팬홀딩스는 위임장 쟁탈전 업무나 적대적 주식공개매수 대처에서 '유일무이한 완전독립 엑퀴티[14] 컨설팅 회사'임을 자인하고 있다.

---

(13) EBM(evidence-based medicine. 증거중심의학(증거바탕의학, 치료 효과, 부작용, 예후의 임상연구 등 과학적 결과에 의거하여 시행하는 의료)을 바탕으로 하는 비즈니스모델.

(14) equity finance의 준말, 여러 기업의 자금조달 방법 중 주식과 관련한 자금조달 방법을 말한다. 주식의 시가발행, 전환사채나 신주인수권부사채발행 등을 통한 자금조달이 이에 해당된다.

그림(표)12 IR재팬홀딩스의 과거 5년간 결산보고서에서 본 매출과 이익 추이

2017년 3월 결산　　매출 10.6% 증가　경상이익 29.4% 증가

1. 2017년 3월 결산 연결실적(2016년 4월 1일~2017년 3월 31일)
   (1) 연결경영실적　　　　　　　　　　　　　　　　　　　(% 표시는 전기대비 증감률)

	총매출		영업이익		경상이익		지배주주 귀속 당기 순이익	
	백만 엔	%	백만 엔	%	백만 엔	%	백만 엔	%
2017년 3월 결산	3,836	10.6	1,009	29.4	1,008	29.4	694	56.1
2016년 3월 결산	3,469	8.1	780	42.0	779	41.4	445	21.8

2018년 3월 결산　　매출 7.7% 증가　경상이익 14.7% 증가

1. 2018년 4분기 연결실적(2017년 4월 1일~2018년 3월 31일)
   (1) 연결경영실적　　　　　　　　　　　　　　　　　　　(% 표시는 전기대비 증감률)

	총매출		영업이익		경상이익		지배주주 귀속 당기 순이익	
	백만 엔	%	백만 엔	%	백만 엔	%	백만 엔	%
2018년 3월 결산	4,133	7.7	1,156	14.5	1,157	14.7	821	18.2
2017년 3월 결산	3,836	10.6	1,009	29.4	1,008	29.4	694	56.1

2019년 3월 결산　　매출 16.8% 증가　경상이익 25.1% 증가

1. 2019년 3월 결산 연결실적(2018년 4월 1일~2019년 3월 31일)
   (1) 연결경영실적　　　　　　　　　　　　　　　　　　　(% 표시는 전기대비 증감률)

	총매출		영업이익		경상이익		지배주주 귀속 당기 순이익	
	백만 엔	%	백만 엔	%	백만 엔	%	백만 엔	%
2019년 3월 결산	4,827	16.8	1,434	24.0	1,447	25.1	976	18.9
2018년 3월 결산	4,133	7.7	1,156	14.5	1,157	14.7	821	18.2

2020년 3월 결산　　매출 59.1% 증가　경상이익 149.5% 증가

1. 2020년 3월 결산 연결실적(2019년 4월 1일~2020년 3월 31일)
   (1) 연결경영실적　　　　　　　　　　　　　　　　　　　(% 표시는 전기대비 증감률)

	총매출		영업이익		경상이익		지배주주 귀속 당기 순이익	
	백만 엔	%	백만 엔	%	백만 엔	%	백만 엔	%
2020년 3월 결산	7,682	59.1	3,626	152.8	3,611	149.5	2,445	150.3
2019년 3월 결산	4,827	16.8	1,434	24.0	1,447	25.1	976	18.9

2021년 3월 결산　　매출 7.8% 증가　경상이익 12.7% 증가

1. 2021년 3월 결산 연결실적(2020년 4월 1일~2021년 3월 31일)
   (1) 연결경영실적　　　　　　　　　　　　　　　　　　　(% 표시는 전기대비 증감률)

	총매출		영업이익		경상이익		지배주주 귀속 당기 순이익	
	백만 엔	%	백만 엔	%	백만 엔	%	백만 엔	%
2021년 3월 결산	8,284	7.8	4,080	12.5	4,070	12.7	2,802	14.6
2020년 3월 결산	7,682	59.1	3,626	152.8	3,611	149.5	2,445	150.3

기업매수라고 하면 '최근 경제뉴스 등에서 자주 봤다'라고 느끼는 사람들도 있을 것이다. 이처럼 **시대적 요구를 잘 이해하여 급성장을 이뤄낸 혜성과 같은 성장주**가 출현하기도 하는데, 바로 IR재팬홀딩스가 대표적인 사례라고 하겠다.

최근 2021년 3월 결산에는 매출 7.8% 증가, 경상이익 12.7% 증가로 전 분기의 성장이 컸던 만큼 매출과 경상이익 모두 성장률이 떨어졌으며 주가(그림13)도 높은 가격대를 형성했지만 더는 뚫고 나가지 못하는 형세다. 컨설팅 업종의 특성상 설비투자비는 낮은 편이지만, 사람에 의존하는 **노동집약적 비즈니스모델**이라는 점에서 급성장의 발목을 잡히는 사례도 있다.

다만 도시바(TOSHIBA Corp., 6502)가 2021년 6월에 개최한 주주총회에서 대표이사 재임 안건이 부결되는 등의 최근 뉴스를 봐도 상장 리스크에 대한 기업의 요구는 아직도 높은 편인 듯하다.

이처럼 상장기업을 둘러싼 경제뉴스에 어두우면, 기업 간 매매라는 틈새시장에서 고수익을 올리는 IR재팬의 '어디가 대단한 거지?' '아직

그림13 IR재팬홀딩스 과거 5년간(2016년 7월~2021년 8월) 주가

성장 여력이 남아 있을까'하는 부분을 알 리 없다. '모르니까 투자하지 않는 것'도 **'관심을 두고 더 알아보는 것'**도 선택지 중 하나다.

결산보고서를 찾아본다는 건, **자신에 맞는 성장주를 찾아 투자의 폭을 넓히는 동시에 나만의 분야를 키워간다**는 의미에서도 매우 중요한 과정이다.

라쿠스, 성장 스토리 돌아보기

텐배거 출현이 빈번한 IT업계도 살펴보자.

그림(표)14는 클라우드형 경리 소프트웨어 '라쿠라쿠정산'[15]이 주력 상품인 라쿠스의 실적추이다.

2015년 12월에 신규 상장하며 시초가 221엔※으로 출발한 라쿠스는 2020년 3월 결산 시 주가가 2,134엔으로 5년간 약 9.7배가 되었다.

라쿠스는 중소기업 경리부분 DX(디지털 트랜스퍼포메이션)이나 외주화에 앞장선 업체로 테마주라는 측면에서도 주목받는 종목이다.

'테마'란 AI(인공지능)와 자율운전 같은 **신기술**이나 코로나 팬데믹으로 인한 비대면 수요나 DX와 같은 **사회적 및 경제적 변화**, 움직임 개혁, 재생에너지, SDGs[16] (지속 가능한 발전 목표) 과 같은 **국가정책 및 세계적인 정책 트렌드**를 가리킨다.

이러한 테마주는 뉴스가 순풍이 되어 중장기적으로 실적 호조를 유지하는 사례가 많고 결과적으로 주가도 상승하기 쉽다.

성장주 후보를 찾을 때는 '해당 기업의 강점과 배경이 되는 테마'라는 관점도 중요하다. 일시적으로 인기가 오른 것인지, **지속적인 성장과 이익을 창출할만한 테마**인지 살펴보자.

---

(15) 楽楽精算, '楽楽'는 '라쿠라쿠'라고 읽으며, '편하게'라는 뜻이다.

(16) Sustainable Development Goals, 2000년부터 2015년까지 시행된 밀레니엄개발목표 (MDGs)를 종료하고 2016년부터 2030년까지 새로 시행되는 유엔과 국제사회의 최대 공동 목표로 인류의 보편적 문제(빈곤, 질병, 교육, 성평등, 난민, 분쟁 등)와 지구환경문제 (기후변화, 에너지, 환경오염, 물, 생물다양성 등), 경제 사회문제(기술, 주거, 노사, 고용, 생산 소비, 사회구조, 법, 대내외 경제) 등을 가리킨다.

그림(표)14 라쿠스 과거 5년간 결산보고서에 보는 매출 및 이익 추이

2017년 3월 결산   매출 21.0% 증가 경상이익 25.3% 증가

1. 2017년 3월 결산 연결실적(2016년 4월 1일~2017년 3월 31일)
   (1) 연결경영실적

(% 표시는 전기대비 증감률)

	총매출		영업이익		경상이익		지배주주 귀속 당기순이익	
	백만 엔	%	백만 엔	%	백만 엔	%	백만 엔	%
2017년 3월 결산	4,932	21.0	975	24.3	972	25.3	731	39.0
2016년 3월 결산	4,077	19.4	784	76.3	776	73.4	526	39.0

2018년 3월 결산   매출 29.9% 증가 경상이익 28.3% 증가

1. 2018년 3월 결산 연결실적(2017년 4월 1일~2018년 3월 31일)
   (1) 연결경영실적

(% 표시는 전기대비 증감률)

	총매출		영업이익		경상이익		지배주주 귀속 당기순이익	
	백만 엔	%	백만 엔	%	백만 엔	%	백만 엔	%
2018년 3월 결산	6,408	29.9	1,241	27.2	1,247	28.3	874	19.6
2017년 3월 결산	4,932	21.0	975	24.3	972	25.3	731	39.0

2019년 3월 결산   매출 36.4% 증가 경상이익 18.2% 증가

1. 2019년 3월 결산 연결실적(2018년 4월 1일~2019년 3월 31일)
   (1) 연결경영실적

(% 표시는 전기대비 증감률)

	총매출		영업이익		경상이익		지배주주 귀속 당기순이익	
	백만 엔	%	백만 엔	%	백만 엔	%	백만 엔	%
2019년 3월 결산	8,743	36.4	1,468	18.3	1,474	18.2	1,018	16.4
2018년 3월 결산	6,408	29.9	1,241	27.2	1,247	28.3	874	19.6

2020년 3월 결산   매출 32.8% 증가 경상이익 20.1% 감소

1. 2020년 3월 결산 연결실적(2019년 4월 1일~2020년 3월 31일)
   (1) 연결경영실적

(% 표시는 전기대비 증감률)

	총매출		영업이익		경상이익		지배주주 귀속 당기순이익	
	백만 엔	%	백만 엔	%	백만 엔	%	백만 엔	%
2020년 3월 결산	11,608	32.8	1,174	△20.0	1,177	△20.1	799	△21.5
2019년 3월 결산	8,743	36.4	1,468	18.3	1,474	18.2	1,018	16.4

2021년 3월 결산   매출 32.6% 증가 경상이익 229.7% 증가

1. 2021년 3월 결산 연결실적(2020년 4월 1일~2021년 3월 31일)
   (1) 연결경영실적

(% 표시는 전기대비 증감률)

	총매출		영업이익		경상이익		지배주주 귀속 당기순이익	
	백만 엔	%	백만 엔	%	백만 엔	%	백만 엔	%
2021년 3월 결산	15,387	32.6	3,898	232.0	3,881	229.7	2,936	267.3
2020년 3월 결산	11,608	32.8	1,174	△20.0	1,177	△20.1	799	△21.5

라쿠스의 결산서를 보면, 약 4년간 연간 매출이 30%대 전후로 성장 중이다.

매출과 이익 성장의 주축은 '편하게 정산'인데, 해당 서비스의 매출과 세그먼트 이익이 이전 분기 대비 30~40%대로 성장하는 것만 봐도 해당 경비 정산 시스템이 세상의 니즈를 잘 꿰뚫었다는 점을 알 수 있다. 또 다른 사업 분야인 IT인재 파견사업도 순조롭게 10~20%대 성장을 이어가고 있다.

그러나 2020년 3월 결산에는 경상이익이 전년도 동기 대비 약 20% 감소했다. 당시 결산보고서에도 언급하고 있듯이, IT인재 사업의 엔지니어와 클라우드 서비스의 영업사원을 중심으로 채용을 강화하고 인원 확보에 나섰으며, 마케팅 강화에 착수하는 등 적극적으로 성장을 위한 투자에 나섰기 때문이었다.

해당 분기를 포함하여 2018년 3월 결산부터 2021년 3월 결산까지 라쿠스는 '연평균 성장률 30%'라는 목표를 세우고 달성하기 위해 투자가 필요했다고 개요에 '열정적'으로 설명하고 있다.

급성장한 신흥 기업은 인재채용과 설비투자로 인한 일시적 이익 감소('**그리치**〈glich=계획 착오〉'라고 부른다)는 장기적으로 보면 되레 호재가 되기도 한다.

투자를 통해 비즈니스 규모가 확대되면 당연히 향후 매출이 더욱 커지고 이익도 금세 회복될 것으로 기대되기 때문이다.

이를 설명한 것이 다음의 2021년 3월 결산이다. 매출은 전년 대비 32.6% 증가, 경상이익도 이전 분기의 감소분을 메우고도 남는 229.7% 증가라는 서프라이즈를 기록했다. 주가(**그림15**)도 1년간 약 3배 상승, 5년간 주가는 약 36배나 달성했다.

'일시적 계획 착오'인지 '성장 부도'인지 예측하기란 어렵지만, 그럴수록 더욱 **투자자의 판단이 기회가 되기도** 한다.

'Tough times bring opportunity. (고난이 기회)'라는 말을 기억해 두시라.

그림15 라쿠스 과거 5년간(2016년 7월~2021년 8월) 주가 추이

재팬엘리베이터, 성장 스토리 돌아보기

틈새시장이자 평범한 분야에서 새로운 서비스 도입을 통해 착실하게 매출과 이익을 얻으며 10루타를 친 기업도 있다.

그중 하나가 엘리베이터 제조사를 대신하여 엘리베이터 유지보수를 제공하는 일종의 제조서비스의 아웃소싱이라고 해도 과언이 아닌 재팬엘리베이터 서비스 홀딩스다.

재팬엘리베이터의 결산보고서상 매출과 이익 추이는 **그림(표)16**에서 보는 그대로다. 지금까지 살펴본 10배주와 비교하면 매출 증기율이 10%대로 특이사항 하나 없이 평범하지만, 주가는 착착 상승 중이다.

그림(표)16 재팬엘리베이터 과거 5년간 결산보고서에서 본 매출과 이익 추이

2017년 3월 결산   매출 13.9% 증가 경상이익 24.6% 감소

1. 2017년 3월 결산 연결실적(2016년 4월 1일~2017년 3월 31일)
(1) 연결경영실적

(% 표시는 전기대비 증감률)

	총매출		영업이익		경상이익		지배주주 귀속 당기 순이익	
	백만 엔	%	백만 엔	%	백만 엔	%	백만 엔	%
2017년 3월 결산	13,544	13.9	611	△16.2	527	△24.6	271	△32.5
2016년 3월 결산	11,891	13.3	729	24.0	699	22.2	402	27.1

2018년 3월 결산   매출 13.2% 증가 경상이익 154.0% 증가

1. 2018년 3월 결산 연결실적(2017년 4월 1일~2018년 3월 31일)
(1) 연결경영실적

(% 표시는 전기대비 증감률)

	총매출		영업이익		경상이익		지배주주 귀속 당기 순이익	
	백만 엔	%	백만 엔	%	백만 엔	%	백만 엔	%
2018년 3월 결산	15,326	12.3	1,351	121.2	1,339	154.0	848	211.8
2017년 3월 결산	13,544	13.9	611	△16.2	527	△24.6	271	△32.5

2019년 3월 결산   매출 16.8% 증가 경상이익 49.4% 증가

1. 2019년 3월 결산 연결실적(2018년 4월 1일~2019년 3월 31일)
(1) 연결경영실적

(% 표시는 전기대비 증감률)

	총매출		영업이익		경상이익		지배주주 귀속 당기 순이익	
	백만 엔	%	백만 엔	%	백만 엔	%	백만 엔	%
2019년 3월 결산	17,900	16.8	2,034	50.5	2,001	49.4	1,265	49.2
2018년 3월 결산	15,326	13.2	1,351	121.2	1,339	154.0	848	211.8

2020년 3월 결산   매출 19.2% 증가 경상이익 35.1% 증가

1. 2020년 3월 결산 연결실적(2019년 4월 1일~2020년 3월 31일)
(1) 연결경영실적

(% 표시는 전기대비 증감률)

	총매출		영업이익		경상이익		지배주주 귀속 당기 순이익	
	백만 엔	%	백만 엔	%	백만 엔	%	백만 엔	%
2020년 3월 결산	21,339	19.2	2,717	33.6	2,703	35.1	1,700	34.4
2019년 3월 결산	17,900	16.8	2,034	50.5	2,001	49.4	1,265	49.2

2021년 3월 결산   매출 14.9% 증가 경상이익 37.4% 증가

1. 2020년 3월 결산 연결실적(2020년 4월 1일~2021년 3월 31일)
(1) 연결경영실적

(% 표시는 전기대비 증감률)

	총매출		영업이익		경상이익		지배주주 귀속 당기 순이익	
	백만 엔	%	백만 엔	%	백만 엔	%	백만 엔	%
2021년 3월 결산	24,521	14.9	3,612	32.9	3,175	37.4	2,362	38.9
2020년 3월 결산	21,339	19.2	2,717	33.6	2,703	35.1	1,700	34.4

이 기업은 원래 세공해 온 보수관리뿐 아니라 노후화된 엘리베이터의 리뉴얼 사업을 시작하며 주목을 받은 모양이다.

과거 5년 결산에서는 매출 신장을 훨씬 웃도는 경상이익 증가율에 주목해 볼 만하다. 매출 성장은 한 번도 20%를 넘기지 못했지만, 경상이익은 2017년 3월 결산 시 24.6%나 감소한 후 이듬해 2018년 3월 결산에는 154.0%나 대폭 성장했다. 이후로도 30%대에서 40%에 이르기까지 높은 성장률을 달성하고 있다.

실제로 자사 건물이 있는 기업이 엘리베이터 보수관리를 외주화할 니즈는 있어 보이며, 구축 아파트의 증가로 엘리베이터 리뉴얼도 늘 것 같다.

엘리베이터 보수라는 한정된 시장에서 잠재수요를 개척하여 매출과 이익에서 성장을 거듭하며 올린 실적이 4년 만에 주가를 약 27배나 끌어올린 원동력이 되었다고 하겠다. **(그림17)**

그림17 재팬엘리베이터 과거 4년(2017년 3월~2021년 8월) 주가 추이

45

이처럼 틈새 분야에서 승리한 기업을 '온리원 기업'이라고도 부르는데, 10배주에서 흔히 보이는 패턴으로 **명확한 경쟁상대가 없다**는 게 특징이다. 그 결과 장기간에 걸쳐 안정적으로 성장하는 경향이 있다. 성장주 후보 사례로 참고할만하다.

부실 성장, 페퍼푸드서비스가 주는 교훈

외식으로 약진했으나 무리한 점포확장, 해외 진출 실패로 성장세가 꺾인 페퍼푸드서비스다.

그림(표)18은 과거 2016년 12월 결산부터 2020년 12월 결산까지 5년 동안 결산서를 반추해 본 내용이다. 페퍼푸드는 2017년~2018년에 걸쳐 매출 60~70% 달성했다. 2017년 12월 결산 경상이익은 전기 대비 약 2.4배나 되었다.

당시 실적이 약진하게 된 원동력은 기존의 '페퍼런치' 사업에 추가하여 2013년 12월에 시작한 새 사업 '생각나면, 스테이크!(いきなり！ステーキ)'다.

2017년 12월 결산 개요에는 '페퍼런치'의 기존점포 매출이 62개월 연속 전년동기 대비 100% 이상을 기록하고 '생각나면, 스테이크' 점포 수가 72곳이 늘어서 188곳이나 되었고, 2017년 2월에는 미국에 첫발을 내딛게 되었다고 보고하고 있다.

그러나 사업이 주춤하면서 2019년 12월 결산에는 493곳에 이르던 점포 수가 '생각나면! 스테이크'가 '점포 간 경쟁으로 의한 기존 점포 부진의 영향'으로 급감, 점포 대량 정리까지 감행하며, 경상이익은 3,400만 엔 적자를 기록했다.

2020년은 코로나 팬데믹으로 더욱 큰 부진의 늪에 빠졌고, 2020년 6월에는 '생각나면, 스테이크!'보다 실적 면에서 건투하던 '페퍼런치' 사업의 매각을 결정하는 등, 경영도 혼란이다. 2020년 12월 결산은 매출 반감, 39억 엔 이상 경상 적자에 빠졌다.

그림(표)18 페퍼푸드서비스의 과거 5년간 결산서에서 보는 매출 및 이익 추이

2016년 12월 결산

1. 2016년 12월 결산 연결실적(2016년 1월 1일~2016년 12월 31일)
   (1) 연결경영실적
   (% 표시는 전기대비 증감률)

	총매출		영업이익		경상이익		지배주주 귀속 당기 순이익	
	백만 엔	%	백만 엔	%	백만 엔	%	백만 엔	%
2016년 12월 결산	22,333	–	958	–	973	–	572	-
2015년 12월 결산	-	-	-	-	-	-	-	-

2017년 12월 결산

매출 62.2% 증가 경상이익 138.7% 증가

1. 2017년 12월 결산 연결실적(2017년 1월 1일~2017년 12월 31일)
   (1) 연결경영실적
   (% 표시는 전기대비 증감률)

	총매출		영업이익		경상이익		지배주주 귀속 당기 순이익	
	백만 엔	%	백만 엔	%	백만 엔	%	백만 엔	%
2017년 12월 결산	36,229	62.2	2,298	139.8	2,322	138.7	1,332	132.6
2016년 12월 결산	22,333	–	958	–	973	–	572	-

2018년 12월 결산

매출 75.3% 증가 경상이익 66.9% 증가

1. 2018년 12월 결산 연결실적(2018년 1월 1일~2018년 12월 31일)
   (1) 연결경영실적
   (% 표시는 전기대비 증감률)

	총매출		영업이익		경상이익		지배주주 귀속 당기 순이익	
	백만 엔	%	백만 엔	%	백만 엔	%	백만 엔	%
2018년 12월 결산	63,509	75.3	3,863	68.1	3,876	66.9	△121	-
2017년 12월 결산	36,229	62.2	2,298	139.8	2,322	138.7	1,332	132.6

2019년 12월 결산

매출 6.3% 증가 경상이익 적자 전락

1. 2019년 12월 결산 연결실적(2019년 1월 1일~2019년 12월 31일)
   (1) 연결경영실적
   (% 표시는 전기대비 증감률)

	총매출		영업이익		경상이익		지배주주 귀속 당기 순이익	
	백만 엔	%	백만 엔	%	백만 엔	%	백만 엔	%
2019년 12월 결산	67,513	6.3	△71	-	△34	-	△2,707	-
2018년 12월 결산	63,509	75.3	3,863	68.1	3,876	66.9	△121	-

2020년 12월 결산

매출 53.5% 감소 경상이익 적자 확대

1. 2020년 12월 결산 연결실적(2020년 1월 1일~2020년 12월 31일)
   (1) 연결경영실적
   (% 표시는 전기대비 증감률)

	총매출		영업이익		경상이익		지배주주 귀속 당기 순이익	
	백만 엔	%	백만 엔	%	백만 엔	%	백만 엔	%
2020년 12월 결산	31,065	△53.5	△4,025	-	△3,904	-	△3,955	-
2019년 12월 결산	66,879	6.8	213	△95.5	245	△94.9	△2,663	-

2020년 3월에 공지된 2019년 12월 결산 유가증권 보고서에는 **'계속기업의 전제에 중대한 의심'**을 품게 하는 상황이 존재하고 있음을 표명하고 있다. 이러한 페퍼푸드서비스의 흥망성쇠를 나타내는 주가는 **그림19**에서 보는 그대로다.

'물이 들었을 때 노 젓자'는 식으로 점포를 급격히 확대했으나, 소비자는 흥미를 잃었고 해외 진출에도 실패하며 경영이 기울어지는 과정이 과거 5년 동안 결산을 되짚어가다 보면 알게 된다.

참고로 결산보고서에 '계속기업의 전제에 중대한 의심' '계속기업의 전제에 중요사상 등'과 같은 주석이 있다면, 재무 상황이 악화하여 연속 적자를 기록하는 등 파탄 위험이 큰 기업이다.

이러한 주석이 있는 기업은 투자 후보가 아니다. 무리하여 급성장한 기업에는 이렇게 경영이 급반전할 위험이 존재하므로 조심한다. (다만, 주석이 틀릴 때면 좋은 기회가 될 수도!)

그림19 페퍼푸드서비스의 과거 5년간(2016년 7월~2021년 8월) 주가

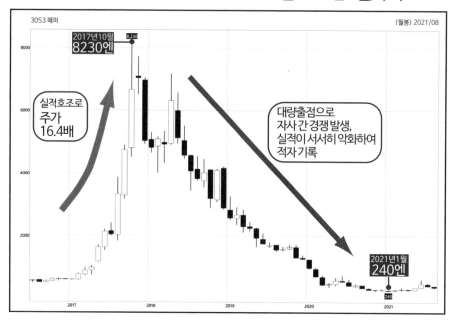

또 페퍼푸드서비스의 실패사례에서 특별히 덧붙이자면, 매월 중순에 페퍼푸드의 홈페이지에 발표되는 **'월간정보'**에 주목하자는 것이다. 성장세가 꺾였음을 예측할 수도 있었기 때문이다.

신규 출점이 대량으로 이뤄졌지만, 기존 점포의 매출 적자가 확대되며 주가도 연동한 듯이 하락했다. 이처럼 월간 매출 등의 경영정보를 공개하는 기업에서 이 같은 정보는 결산서만큼이나 중요하므로 점검해야 한다.

참고로 핫샨이 감수하는 웹사이트 **'월간 Web'**에 상장기업 272사의 월간정보를 매일 업데이트하고 있으므로 북마크하여 활용하길 바란다.

 소매 및 서비스계 기업의 월간 매출을 보려면 　〈월간 Web〉　http://kabuka.biz/getuji/

부실 성장, 호프가 주는 교훈

호프는 2018년 연말부터 2020년 12월까지 거의 2년간 주가가 약 36배나 상승한 기업이다. 지방자치단체를 위한 정보잡지 〈지자체 워크(ジチタイワークス)〉를 발행하며 광고사업을 펼치던 곳이었으나, 지자체를 위한 전력판매가 성장엔진으로 전환되며 실적이 급상승하자 주가도 날개 돋친 듯 튀어 올랐다.

그림(표)20은 2017년 6월 결산부터 직전 2021년 6월 결산까지 결산보고서 1페이지 시두의 매출과 이익을 발췌한 깃이다. 2020년 6월 결산에는 매출이 전년동기 대비 273.0% 증가(다시 말해서 약 3.7배), 경상이익 10.1억 엔으로 대폭 흑자를 기록했는데, 지자체용 전력판매가 약진해서다.

그림(표)20 호프의 과거 5년간 결산보고서에서 본 매출과 이익 추이

2017년 6월 결산　　　매출 11.5% 증가　경상이익 76.4% 감소

1. 2017년 6월 결산 실적(2016년 7월 1일~2017년 6월 30일)
   (1) 경영성적　　　　　　　　　　　　　　　　　　　　　　　(% 표시는 전년동기 대비 증감률)

	총매출		영업이익		경상이익		당기 순이익	
	백만 엔	%	백만 엔	%	백만 엔	%	백만 엔	%
2017년 6월 결산	1,774	11.5	23	△83.5	34	△76.4	17	△80.6
2016년 6월 결산	1,592	39.4	145	159.1	146	105.9	92	94.1

2018년 6월 결산　　　매출 27.9% 증가　경상이익 적자

1. 2018년 6월 결산 실적(2017년 7월 1일~2018년 6월 30일)
   (1) 경영성적　　　　　　　　　　　　　　　　　　　　　　　(% 표시는 전년동기 대비 증감률)

	총매출		영업이익		경상이익		당기 순이익	
	백만 엔	%	백만 엔	%	백만 엔	%	백만 엔	%
2018년 6월 결산	2,269	27.9	△121	-	△114	-	△128	-
2017년 6월 결산	1,774	11.5	23	△83.5	34	△76.4	17	△80.6

2019년 6월 결산　　　매출 70.2% 증가　경상이익 흑자 전환

1. 2019년 6월 결산 실적(2018년 7월 1일~2019년 6월 30일)
   (1) 경영성적　　　　　　　　　　　　　　　　　　　　　　　(% 표시는 전년동기 대비 증감률)

	총매출		영업이익		경상이익		당기 순이익	
	백만 엔	%	백만 엔	%	백만 엔	%	백만 엔	%
2019년 6월 결산	3,862	70.2	87	–	95	–	75	–
2018년 6월 결산	2,269	27.9	△121	-	△114	-	△128	-

2020년 6월 결산　　　매출 273.0% 증가　경상이익 961.9% 증가

1. 2020년 6월 결산 실적(2019년 7월 1일~2020년 6월 30일)
   (1) 경영성적　　　　　　　　　　　　　　　　　　　　　　　(% 표시는 전년동기 대비 증감률)

	총매출		영업이익		경상이익		당기 순이익	
	백만 엔	%	백만 엔	%	백만 엔	%	백만 엔	%
2020년 6월 결산	14,407	273.0	1,020	–	1,012	961.9	665	779.9
2019년 6월 결산	3,862	70.2	87	–	95	–	75	–

2021년 6월 결산　　　매출 2.4배 증가에도 경상적자 69.4억엔

※연결결산 이행으로 결산보고서에는 전기와 비교 없음

1. 2021년 6월 결산 실적(2020년 7월 1일~2021년 6월 30일)
   (1) 경영성적　　　　　　　　　　　　　　　　　　　　　　　(% 표시는 전년동기 대비 증감률)

	총매출		영업이익		경상이익		당기 순이익	
	백만 엔	%	백만 엔	%	백만 엔	%	백만 엔	%
2021년 6월 결산	34,617	-	△6,897	–	△6,937	-	△6,963	-
2020년 6월 결산	-	-	-	-	-	-	-	-

　발전설비가 없는 호프는 일본전력도매거래소(JEPX)[17] 통해서 전력을 조달해왔는데, 2020년 12월부터 2021년 1월에 걸쳐 전국적인 기습한파로 전력 수요가 폭발하자 JEPX에서 전력가격 급등했다. 호프는 약 65억 엔이나 추가로 부담해야 했다.

　2021년 6월 결산 기말 3분기 결산에서는 경상적자 약 73억 엔 기록, 결산보고서 내 대차대조표(BS)의 순자산 부분 -45.1억 엔, 자기자본비율 -67.7%로 엄청난 **채무초과**에 빠졌다.

　'채무초과'란 기업의 부채가 순자산을 초과하여 자산을 모두 매각해도 부채를 갚지 못하는 이른바 도산의 우려가 깊은 상황을 말한다. (대차대조표〈BS〉는 제3장에서 상세히 설명 예정). 흔히 말하는 '성장세가 꺾인 수준'을 넘어 순식간에 존폐 위기에 서게 되었음을 의미한다. 채무초과로 전락하며 급상승했던 주가는 폭락했다. (그림21)

그림21 호프의 과거 5년(2016년 7월~2021년 8월)의 주가 추이

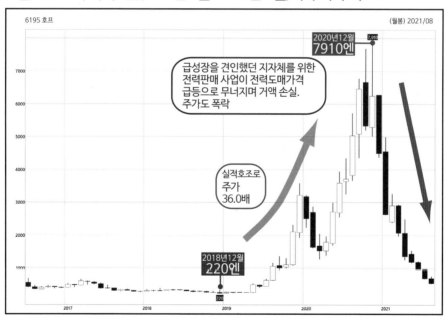

---

(17) Japan Electric Power Exchange, 2003년에 설립된 현물 전기거래를 중개하는 전력도매
　　거래소를 말한다.

주식투자에 절대는 없다. 이러한 사태에서 손실을 회피하려면 정기적으로 채무 상황을 확인하고 예상치 못한 사태가 발생했을 때 영향 범위를 예측 및 분석하는 동시에 보유 주식의 손절매 기준을 반드시 세워둬야 한다.

5년 전부터 시간 순서에 따른 성장을 3분간 봤더니

지금까지 사례별로 꼽은 10배주 결산서를 핵심만 추려서 5년 전 자료부터 시간 순서대로 분석해봤다. 이 방법은 성장주를 찾을 때도 그대로 적용하면 된다.

결산보고서 5년 동안을 찾아서 1페이지에 실린 매출과 수익 부분만 확인하면 되니까 익숙해지면 3분 정도면 충분하다.

3분이면 충분한 성장주 찾는 법
●5년 전 결산보고서부터 1페이지 서두의 매출과 경상이익 증가 여부를 본다.

※사실 본 결산만 보면 된다. 최신 연도의 본 결산이 없으면 직전 사사분기를 결산한 회사의 사업연도 예상으로 판단한다.

성장주 후보로 꼽을 때 조건
●매출이 5년 연속 증가 중일 것

●경상이익이 5년 연속 증가 중일 것

※ 감소분이 1년 정도 있다면 이듬해에 전년도과 전전년도를 웃돌고 있으면 된다.

코로나 팬데믹 등의 특수 요인을 고려한 타협조건
●V자 회복 타입은 최신 매출과 경상이익 모두 과거 최고치를 경신했다면 OK.

※ 다만 이 조건을 허용하면 허수도 많아진다.

이 방법만으로도 10배주 후보를 발굴하기에 충분하지만, 제2장 이후에서 소개하는 방법으로 결산서를 상세히 분석하면 유망주를 더욱 좁힐 수 있다.

마무리 :
과거 5년 동안 결산서에서 성장 스토리를 체험하는 방법

제1장에서는 10배주(十倍株)를 달성한 스타 성장주의 성장 스토리를 간접 체험하는 동시에 성장주 후보를 3분 만에 찾는 방법도 소개했다.

- **●결산서 1페이지 서두의 매출과 경상이익 확인**
- **●5년 전부터 시간 순서대로 성장성을 3분 만에 확인**
- **●주가와 실적의 연동성을 5초 만에 확인** (제2장에서 소개)

이 중에서 앞의 두 가지를 제1장에서 설명했다. 세 번째는 제2장에서 다루겠지만, 요약하자면 우상향하는 주가 차트를 고르자는 것이다.

제2장에서는 성장주 투자라는 관점에서 결산서 1페이지 보는 법과 결산서에 관련된 기타 정보에 대해서 '결산서 속독 10계명'을 설명한다.

[핫산 칼럼①]
일본과 외국은 다른 성장주 투자

일본은 핵가족 고령화의 영향도 있어서 30년 가깝게 저성장과 디플레이션(물가하락)이 이어지며, 나라 전체로 봤을 때 경제도 주가도 '우상향'이라고 하기는 어렵다.

닛케이 평균주가는 지금부터 32년 전인 1989년 연말에 기록한 시상 최고가(버블기 때의 최고가는 아니다) 3만 8,915엔을 뛰어넘지 못한 채 장기불황이 이어지고 있다.

한편 외국을 보면, 신흥국 주가는 우상향으로 상승한다. 선진국인 미국에서도 1990년부터 31년간 대표적인 주가지수 S&P500이 약 12배나 상승했다.

애플(AAPL[18])과 마이크로소프트(MSFT), Google의 신규회사 알파벳(GOOG), 아마존닷컴(AMZN), 페이스북(FB)와 같은 미국의 거대 IT 기업(5개사의 머리글자를 따서 GAFAM이라고 부른다)들이 상장 중인 나스닥 100지수는 31년 전과 비교하면 64배 가까이 상승하고 있다.

세계적으로 봐도 고성장 중인 기업의 주식을 사서 장기적인 주가 상승에 편승하는 성장주 투자야말로 주식투자의 왕도라고 할 수 있다.

예를 들어 **그림(표)22**는 일본에서도 모르는 사람이 거의 없는 인터넷 쇼핑의 거인 아마존닷컴의 최근 5년간 실적 추이다.

아마존닷컴의 '매출(Net Sales)'는 2016년 12월 결산에는 1359.9억 달러였지만, 매년 20~30% 전후라는 고성장을 지속하여 2020년 12월 결산에는 3860.6억 달러로 약 2.8배나 올랐다.

세전이익(Income Before Tax=일본 기준 결산에 따르면 '경상이익'에 해당)은 5년간 38.9억 달러에서 241.9억 달러로 6.2배 상승했다.

일본기업으로 치면 경이적인 성장 속도로 아마존닷컴의 주가는 2016년 1월 초 650달러대에서 2020년 12월 말 3,250달러대로 약 5배나 올랐다. 당시 시가총액은 170조 엔을 넘기며 세계 제4위에 올랐다.

'꾸준히 성장하는 기업에 투자하여 묵묵히 지켜보는 것만으로도 주가는 오른다. 성장주에 대한 장기투자야말로 투자자가 가장 효율적으로 자산을 쌓아 올리는 왕도'라는 성장주 투자는 미국 주식을 시작으로 외국의 주된 투자법이다.

일본에도 성장주는 있다!

한 국가의 경제 규모를 나타내는 국내총생산(GDP)에서 일본은 세

---

(18) (저자 주) ※미국의 주식 거래에는 알파벳 4글자 이하의 티커 코드가 사용된다.

그림(표)22 **아마존닷컴의 과거 5년간 매출 및 이익 추이**

(단위 백만 달러)

결산기	총매출	(전기대비)	(세전이익)	(기대비)
2016년 12월 결산	135,987	27.1%증가	3,892	148.2%증가
2017년 12월 결산	177,866	30.8%증가	3,806	2.2%감소
2018년 12월 결산	232,887	30.9%증가	11,261	195.9%증가
2019년 12월 결산	280,522	20.5%증가	13,976	24.1%증가
2020년 12월 결산	386,064	37.6%증가	24,178	73.0%증가

계 제3위다. 그러나 나라 전체가 저성장인 탓에 아마존닷컴만큼 급성
장을 이룬 거대 기업은 없다.

　회사의 규모를 알려주는 **'시가총액'**('발행주식수'×'주가'로 계산한
회사의 가격)으로 세계 상위 10개 기업을 보면, 지금부터 30년 전 버
블기에는 일본기업이 과반수를 차지했으나 최근에는 단 한 곳도 이
름을 올리지 못하고 있다.

　이렇게 저성장인 국가, 일본에도 중견급 이하 기업에 눈을 돌려보
면 세계적인 기술혁신에 편승했거나 세상의 변화나 니즈를 적확히
파악하고 급성장을 이어가는 기업도 많다.

　'유니클로'로 유명한 '패스트리테일링', '소프트뱅크그룹(9984)', '키
엔스(Keyence Corp., 6861)', '엠쓰리' '레이저테크' 등 30년 전에는 낯
선 새로운 기업이 지금에 와서는 일본을 대표하여 세계무대로 진출
하는 글로벌 기업으로 성장 중이다.

　2020년 코로나 팬데믹이 발생하자, 전 세계 주가가 큰 폭으로 하

락했다. 이후 금융완화 흐름 속에 급속히 회복했다. 2021년 9월에는 도쿄증권거래소 주가지수 TOPIX와 닛케이 평균주가가 모두 31년 만에 큰 폭으로 회복했다. 코로나 팬데믹 이후, 일본을 포함한 다수의 국가에서 '뉴노멀'이라고 부르는 새로운 형태의 성장 기업이 약진했다.

그중에는 제2의 아마존닷컴이 될 기업이 있을지도 모른다. 일본의 새로운 성장주 출현을 기대하고 싶다.

[핫산 칼럼②] 성장주 투자와 가치 투자, 손절매 기준

성장주 투자에서는 미래 성장분이 주가에 먼저 반영되며 상승하므로 '손절매'는 필요하다. 그러나 투자자 중에는 '손절매는 불필요'라는 방침을 세운 사람도 있다.

그중 하나가 가치 투자 스타일을 선호하는 투자자다.

주식 초보자 앞에 손절매가 '필요'하다는 투자자와 '불필요'하다는 투자자가 있다면 얼마나 혼란스러울까.

말인즉슨, **투자 스타일에 따라 '손절매의 중요성이 다르다'**라는 뜻이다.

성장주 투자는 '글로스(growth=성장) 투자'라고도 부르며 실적과 주가가 일관되게 우상향하는 종목이 투자대상이다.

반면에 실적과 재무 상황 대비 주가가 비교적 저렴한 기업을 사는 가치 투자에서는 기본적으로 '저평가된 기업을 찾아 싸게 사는' 방법으로 투자한다.

주식시장은 투자자가 각자의 가치관으로 '기업가치'를 인기 투표하는 곳이므로, 본래 가치를 밑도는 수준까지 주가가 하락하면 '저평가'되는 상황이 벌어진다.

특히 인구감소사회인 일본의 사양 기업에서 도드라지는 경향이다. 따라서 본래 기업가치보다 싸게 매수할 수 있다면 잠재적 손실이 발행해도 '손절매는 불필요'하다는 생각도 타당하다.

디만, 엄밀히 말해시 걸신발표 시 자산 가치의 전세가 무너시고 수식시장이 무서울 정도로 폭락하는 등 긴급사태에 맞닥뜨렸을 때는 가치 투자라도 손절매는 필요하다.

한편 성장주 투자는 미래의 성장가치를 기대하여 고평가되었더라도 투자하는 방식이므로 **그림23**에서 보듯이, 성장이 멈추며 **'부실 성장'에 빠질 위험과 해당 사태 발생 시 후퇴전략**을 미리 세워둬야 한다.

성장주 투자와 투기거래

성장주 투자에서는 투자처가 성장 부도에 빠지면, 최악의 경우 자산 가치가 수분의 1, 상황에 따라서는 제로가 될 위험도 있다. 이와 같은 사태를 회피하기 위해서라도 손절매는 필요하다.

그림23 밸류투자와 투기거래

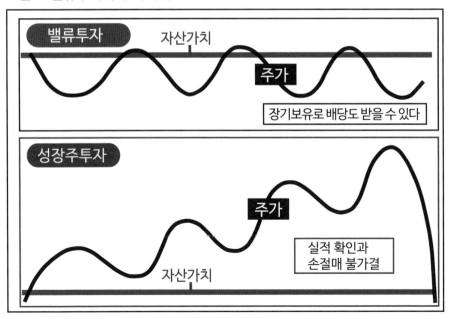

후퇴전략, 즉 '손절매'를 상정하지 않은 성장주 투자는 성장주 투자가 아니라 그저 투기거래일 뿐이다.

핫샨은 결산이 예상외가 되거나 성장 시나리오가 무너지는 바람에 (결산이 좋았더라도) 주가가 하락하여 **잠재손실이 1엔이라도 발생할 라치면 기계적으로 손절매**한다.

●핫샨식 1엔 손절매 기준:

매수 다음 날 이후에 종가가 매수가격보다 1엔이라도 하락하면 기계적으로 매각

악재가 터져 나와 기업의 존폐가 위태로워도 존버(팔지 않고 버티는 것)하는 사람도 있다고 하는데, 이는 '손절매하고 싶지 않으니까 자기의 바람을 담은 희망적 관측에 매달리고 있는 건' 아닐까.

주가의 우상향이 전제조건인 성장주 투자는 '잠재적 손실'이라는 개념 자체가 없다. **'잠재적 손실=그저 진입 실수'**일 뿐이다. 실수를 허용하면 진입 기술도 향상되지 않는다.

실수의 원인에는 결산결과 외에도 수급이나 외적 요인 등 운에 따른 요소도 고려할 수 있다. 어쨌거나 일단 리셋하여 처음부터 다시 시작하는 것이 성장주 투자의 기본이다.

주식투자는 **100% 이익도 100% 손해도 없는 '확률 전'**이다. 그중에서 70~80% 이기는 패를 찾아 모으는 것, 일시적으로 손해를 보더라도 여러 차례 반복하며 종합적으로 승리하는 것이 '확률 전'이다.

반면에 지면 제로가 되는 패를 모으는 것이 '투기거래'다. 예를 들어 경영 위기에 빠진 종목을 손절매하지 않고 보유하고 있으면 제로가 될 가능성이 있다. 투기거래는 반복할수록 모두 잃게 될 확률이 높아진다.

성장주 투자에 손절매는 필수다. 이 규칙만은 꼭 준수해야 한다.

제 2 장

주린이도 할 수 있는
'결산서 속독' 10계명
~결산보고서 1페이지에서 성장주 엄선하기~

결산보고서 체크 포인트 10계명

제1장에서는 결산보고서를 시간 순서대로 보며 성장 기업의 실적 변화를 체험했다. 실적변화에서 중요한 열쇠가 되는 결산보고서는 연 4회, 분기(3개월) 단위로 발표한다.

제2장에서는 성장주 투자만의 결산보고서 보는 법, '결산서 속독 10계명'을 설명한다.

결산서 속독 10계명
제1조	매출과 이익의 증감 여부
제2조	순자산 증감 여부
제3조	자기자본비율의 적정선
제4조	향후 예상
제5조	진척도와 분기별 특성
제6조	사계보[19] 예상과 비교
제7조	시장 평균치와 비교
제8조	결산 상황, 차이 사유 등 확인
제9조	3년 후 기업가치 예측
제10조	주가의 방향성

제1조 매출과 이익의 증감 여부

10계명 중 제1조는 가장 주목해야 한다. 제1장에서 등장한 시간 순서대로 볼 때와 주의점은 같지만, 처음에 **매출과 이익의 신장률을 보고** 성장주 후보인지 판단한다.

---

[19] 四季報[しき‐ほう], 기업이나 산업 등 다양한 분야에 관한 새로운 정보 및 자료 등을 게재한 계간지. https://shikiho.jp/

성장주 혹은 성상수 후보라면 남은 항목을 확인하여 성징쭈모씨 적합한지 세밀하게 알아본다.

그림(표)24는 제1장에서 다룬 레이저테크(6920)가 2021년 4월 30일에 발표한 2021년 6월 결산의 3분기[20]결산보고서다.

그림에 '앞에서 설명한 제1조~제5조 항목'이 어디에 있는지 표시해 두었다.

레이저테크의 결산보고서에 제4조와 제5조의 진척도 계산에 사용하는 기업의 예상은 2페이지에 실려 있다.

제1장에서 본 것처럼, 결산보고서의 서두에 '연결 경영실적(누계)'라는 제목이 레이저테크의 2021년 6월 결산의 3분기까지 매출과 이익의 누계다.

성장주에 가장 중요한 부분은 매출과 이익이지만, 그중에서도 매출과 이익이 얼마나 '성장'했느냐가 관건이다. 이익 중에서도 영업이익과 순이익이 아니라 **경상이익(IFRS나 미국 기준으로는 세전이익)의 성장**을 확인한다.

경상이익에는 해당연도에 발생한 특별이익이나 특별손실이 포함되어 있지 않다. 어디까지나 해당 기업의 통상적인 기업활동에서 얻어지는 이익이므로 평가하기에 가장 적합해서다.

매출과 경상이익의 종합적인 평가는 다다음 페이지의 **그림(표)25**에서 표시해 두었다.

매출과 이익의 신장이 일치하지 않을 때도 있다. 성장주는 특히 매출의 증가가 중요한데, 기업가치는 (적자기업 등 일부 사례를 제외하고) 이익을 바탕으로 계산하므로 매출은 선행지표에 위치한다.

'성장 초기 패턴 매출 : 증가, 경상이익:감소, 적자'

이처럼 매출이 늘어도 이익이 감소하는 적자기업이라면 장래에 이익을 기대할 수 있는지 결산서를 통해 알아본다.

---

(20) 레이저테크의 회계연도는 매년 7월 1일~이듬해 6월 30일이므로, 6월 결산의 3분기이면 이듬해 1월~3월에 해당한다.

그림(표)24 레이저테크 2021년 6월 결산의 3분기 결산 및 주목 포인트 5

결산서 1페이지

2021년 1분기 경영실적 보고서(일본기준) (연결)

2021년 4월 30일

상장회사명 레이저테크 주식회사 상장거래소 도쿄거래소
코드번호 6920 URL http://www.lasertec.co.jp/
대표자 (직급) 대표이사 사장 (이름) 오카바야시 마코토
문의책임자 (직급) 상무이사 관리본부장 (이름) 우치야마 시게루 TEL 045-478-7111
4분기 보고서 제출 예정일 2021년 5월 13일 배당금 지급 개시예정일 -
4분기 결산보충설명자료 작성 유무 : 유
4분기 결산설명회 개최 유무 : 무

① 매출과 이익이 늘었는가?

1. 2021년 6월 결산 중 3분기 연결실적(2020년 7월 1일~2021년 3월 31일)

(1) 연결경영실적(누계) (% 표시는 전년도 동분기 대비 증감률)

	총매출		경상이익		영업이익		지배주주 귀속 분기순이익	
	백만 엔	%	백만 엔	%	백만 엔	%	백만 엔	%
2021년 6월 결산 3분기	51,945	102.9	18,584	109.6	18,961	112.7	13,477	113.6
2020년 6월 결산 3분기	25,601	19.2	8,864	54.4	8,915	56.9	6,310	46.9

(注) 영업이익 2021년 6월 결산 중 3분기 13,523백만 엔(115.94%) 2021년 6월 결산 3분기 6,264백만 엔 (46.8%)

	1주당 분기 순이익	잠재주식조정 후 1주당 분기 순이익
	엔 전	엔 전
2021년 6월 결산 중 3분기	149.45	149.32
2020년 6월 결산 중 3분기	69.97	69.91

②순자산이 늘었는가?

③자기자본비율은 적정한가?

(注) 당사는 2019년 11월 25일 개최한 이사회 결의에 준거하여 2020년 1월 1일부로 보통주식 1주당 2주 비율로 주식을 분할했다. 따라서 직전 연결회계연도 기수에 해당 주식분할이 시행되었다고 가정하고 1주당 순이익 및 잠재주주조정 후 1주당 분기 순이익을 산정하였다.

(2) 연결재정상태

	총자산	순자산	자기자본비율	1주당 순자산
	백만 엔	백만 엔	%	엔 전
2021년 6월 결산 3분기	104,878	48,460	46.2	537.15
2020년 6월 결산 3분기	81,794	39,175	47.9	434.19

(참고) 자기자본 2021년 6월 결산 중 3분기 48,439백만 엔 2020년 6월 결산 39,154백만 엔
(注) 당사는 2019년 11월 25일 개최한 이사회 결의에 준거하여 2020년 1월 1일부로 보통주식 1주당 2주 비율로 주식을 분할했다. 따라서 직전 연결회계연도 기수에 해당 주식분할이 시행되었다고 가정하고 1주당 순이익 및 잠재주주조정 후 1주당 분기 순자산을 산정하였다.

2. 배당상황

	연간배당금				
	제1분기말	제2분기말	제3분기말	기말	합계
	엔 전	엔 전	엔 전	엔 전	엔 전
2020년 6월 결산	–	31.00	–	27.00	-
2021년 6월 결산	–	20.00	–		
2021년 6월 결산(예상)				35.00	55.00

①과 ④를 비교

(注) 1. 최근 발표한 배당 예상에서 수정의 유무 : 무
2. 당사는 2019년 11월 25일 개최한 이사회 결의에 의거하여 2020년 1월 1일부로 보통주식 1주당 2주 비율로 주식을 분할하였다. 따라서 2020년 6월 결산의 기말 및 2021년 6월 결산(예상)의 주당 배당금은 주식분할을 고려한 금액을 기재하였다. 또한 주식분할을 고려하지 않은 경우 2020년 6월 결산 기말의 주당 배당금은 54엔이며 2021년 6월 결산(예상)의 주당 배당금은 주식분할 시행으로 단순계산할

④향후 예상은? **⑤진척도는 어떤가?**

결산보고서 2페이지

3. 2021년 6월 결산 연결실적예상(2020년 7월 1일~2021년 6월 30일) (% 표시는 전기대비 증감률)

	총매출		영업이익		경상이익		지배주주 귀속 당기순이익		1주당 당기순이익
	백만 엔	%	백만 엔	%	백만 엔	%	백만 엔	%	엔 전
통기	62,000	45.6	20,000	32.8	20,000	32.3	14,000	29.3	155.25

(注) 1. 최근 발표한 실적 예상에서 수정의 유무 : 무
2. 당사는 2019년 11월 25일 개최한 이사회 결의에 준거하여 2020년 1월 1일부로 보통주식 1주당 2주 비율로 주식을 분할하였다. 연결실적예상에서 '1주당 당기 순이익'은 해당 주식분할 후 발행주식수(자기주식수 제외)로 계산하였다.

그림(표)25 결산보고서와 경영성적의 매출 및 경상이익 평가 방법

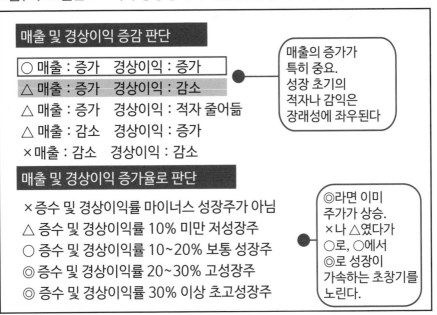

매출이 감소 중인 기업은 기본적으로 성장주는 아니지만, 부진했던 실적이 회복되며 성장세로 전환될 때 이러한 패턴을 보이기도 한다.

그럼 신장률이 좋은 종목만 매수하면 되느냐, 꼭 그렇지는 않다. 매출과 이익 증가율이 좋은 종목일수록 시장의 높은 기대감이 주가에 이미 반영되어 가격도 올라 있다. **저렴하게 매수할만한 종목이 적은 이유**다. 텐배거를 노리려면 '가급적 싸게 매수'하는 것도 중요하다.

예를 들어 실적이 ×나 △였다가 ○로 전환될 때나 ○에서 ◎로 성장이 가속하는 실적변화의 초기 단계에서 매수할 수만 있으면 더욱 큰 이익을 기대할 수 있다.

이러한 관점에서 **결산서는 가급적 발표 당일에 보는 게** 바람직하다. 발표 다음 날부터 주가가 움직이기 시작해서다. 결산서 발표일에 기업 웹사이트 등에서 공표하므로 체크해 둔다. (공개장소는 본 장의 마지막 '핫샨 칼럼③'에서 설명)

분기별로 매출과 이익 증가율 변화를 꾸준히 살펴보다 보면 제1장의 성장 스토리와 같은 변화 초기가 아닐까 싶은 숫자를 발견할 때가 있다.

레이저테크의 매출과 이익 증가율

레이저테크는 2020년 7월 1일부터 2021년 3월 31일까지 9개월간 매출은 '51,945백만 엔'이었다(그림(표)26). 즉 519억 4,500만 엔이다. 결산보고서 실적 단위는 '백만 엔'이므로 첫 ','의 하나 오른쪽 숫자부터 억 단위가 된다.

바로 아래에는 직전 결산 3분기까지의 매출이 기재되어 있는데, 금액은 256억 100만 엔으로 이번 결산 매출은 전년도 동기 대비 102.9%, 신장률은 2배 이상이다.

그림(표)26 레이저테크 2021년 6월 결산 중 3분기 매출과 이익 증가율

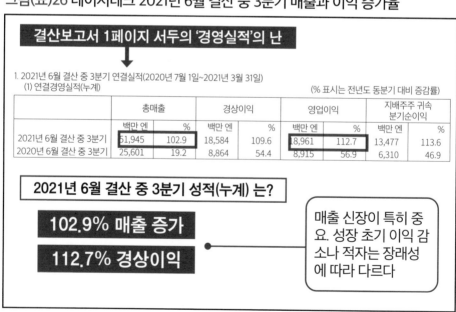

레이저테크는 1960년 창업하여 1990년 주식 장외거래, 2004년 자스닥 상장, 2013년 도쿄증시 1부로 승격된 기업이다. 이 정도 기업의 매출이 1년에 2배나 오른 것은 매우 이례적이며 성장성이 매우 높다고 볼 수 있다.

그렇다면 이익은 어떨까?

핵심인 경상이익은 189억 6,100만 엔으로 전년동기 대비 112.7%. 2배 이상 되었다.

이러한 내용은 오랫동안 결산서를 확인해 온 필자가 봐도 '인상적'일만큼 실적이 좋다.

이렇게 누구나 눈이 휘둥그레질 정도의 결과를 만들어내야 '스타 성장주'라고 할만하다.

혹시나 해서 말해두지만, '그렇다면 레이저테크는 매수해도 되느냐?' 물론 꼭 그렇지는 않다. 현재 주가는 이미 수년 후 성장분까지 반영하고 있다.

텐배거 주식을 손에 넣으려면 레이저테크와 같은 성장 기업의 **성장 초동기나 성장에 속도가 붙기 전에 매수**해야 한다. 또 이미 보유하고 있다면 성장이 멈추지 않는 한 보유하는 게 좋다.

제2조 순자산 증감 여부

순자산은 기업의 재무 상황(대차대조표 〈BS〉)이 어떤지를 나타내는 지표다.

성장주의 순자산은 통상, 계속 증가한다. 대폭 감소하거나 연속 감소하는 경우는 성장 부도의 사인이므로 빈드시 원인을 찾아야 한다. 원인을 모른다면 투자대상에서 제외할지를 검토한다.

○ 순자산이 늘었다.
△ 순자산이 줄었다.
✕ 순자산이 큰폭으로(20% 이상) 감소 중이다.
✕ 순자산이 2년 연속 감소 중이다.

레이저테크의 2021년 6월 결산의 3분기 결산보고서의 '(2) 연결재정상태'를 보면 순자산은 484.6억 엔이다. 2020년 6월 결산 말에는 391.8억 엔이므로 24% 정도 늘었다.

제3조 자기자본비율의 적정선

'자기자본비율'은 기업의 총자산 중 순자산이 차지하는 비율로 '자기자본비율=순자산/(순자산+부채)'로 계산한다.

자기자본비율이 지나치게 낮으면 부채 즉 빚을 많이 내서 사업한다는 뜻이다. 상황에 따라서 빚 못 갚아 도산할 우려도 있으므로 조심해야 한다.

또 자기자본비율이 크게 줄었으면 순자산도 크게 줄었던가, 부채가 급격히 늘었다는 뜻이므로 어느 경우라도 주의해야 한다.

✕ **20% 미만 (금융업 : 4% 미만)**
△ **20% 이상 (금융업 : 4% 이상)**
○ **30% 이상 (금융업 : 6% 이상)**
◎ **50% 이상 (금융업 : 10% 이상)**

✕ **자기자본비율이 20% 이상 감소**
△ **자기자본비율이 10% 이상 감소**
○ **자기자본비율이 10% 미만으로 감소 혹은 상승**

필자 핫샨은 자기자본비율의 안전선으로 20~30% 이상의 수지를 사용한다. 다만 은행 등 금융업계는 자기자본비율이 크므로 적용 기준도 달라진다. 금융업을 자회사로 연결하는 기업이라면 보통 기업과 금융업의 중간 정도가 적정하다.

레이저테크의 자기자본비율은 전년동기 대비 감소하여 46.2%이다. 전년도 결산에는 47.9%였으므로 1.7% 하락했으나, 이 정도 감소세는 사업이 성장 중일 때라면 전혀 문제 되지 않는다.

자기자본비율과 재무 레버리지 관계에 대해서

같은 성장주라도 손정의(孫正義) 씨가 이끄는 소프트뱅크그룹(9984)처럼 거액의 부채로 능력 이상의 투자사업을 벌이며 성장하는 기업도 있다.

소프트뱅크그룹의 2021년 3월 결산을 보면, '지배주주 귀속 지분비율(≒자기자본비율)'은 22.3%에 지나지 않는다. 이 기업의 경우 국제재무보고기준 'IFRS'를 사용한 회계(87페이지 참조)를 도입하고 있어서 표기는 다르지만, 상당히 낮은 편이다.

이처럼 자기 능력을 뛰어넘는 부채로 기업을 경영하는 기법을 '레버리지(ROE) 경영'이라고 한다.

'ROE(Return On Equity)'는 '주주자본이익률' 혹은 '자기자본이익률'이라고 하며, 자기자본 내 순이익 비중을 나타내는 지표다.

고(高)ROE를 달성하는 방법의 하나가 자기자본을 손에 쥐고 거액의 부채를 차입하여 이익을 늘리는 것이라서 '레버리지 경영=고ROE 경영'으로 간주한다. ROE는 성장주 투자에서 매우 중요한 지표이므로 제4장에서 상세히 설명해두었다.

부채를 꺼리는 일본에서는 일반적으로 자기자본비율이 높고 리스크가 낮은 경영 스타일을 선호한다. 반면 외국 투자자는 위험이 있더라도 고수익을 올리는 소프트뱅크그룹과 같은 기업을 반긴다. 이들은 성장주 투자의 종목 선택에도 영향을 주는데, 이 이야기는 후에 하겠다.

제4조 향후 예상

'**향후 예상**'은 해당 분기가 속한 사업연도(결산 기말의 결산서라면 다음 연도)에 매출과 이익을 얼마나 올릴 것인가, 기업 스스로 예상한 수치다.

주가는 과거의 실적보다도 장래의 실적(=추정하는 기업의 미래 가치)에 따라 움직인다. 따라서 '실적 예상' 칸은 의미가 매우 크다.

예상에 변화가 없다면 게재란 아래에 '최근에 발표한 실적 예상에서 수정의 유무 : 무'라고 기재한다. (단, 실적 예상을 발표하지 않는 기업도 있다.)

× **수정의 유무 : 유(하향 수정)**
× **수정의 유무 : 무(사전 하향 수정)**
○ **수정의 유무 : 무**
◎ **수정의 유무 : 무(사전 상향 수정)**
◎ **수정의 유무 : 유(상향 수정)**

여기에서는 실적 예상에 변화가 있을 때 주목한다.

실적 예상에 수정이 있을 때, 결산 발표보다 사전에 알려졌다면 결산 시에 이미 수정이 반영된 값이 기재되고 아니라면 결산 발표와 동시에 알려진다.

결산보고서에 '수정의 유무 : 유'라면, 결산과 동시에 실적 예상이 수정되었다는 뜻이다. '수정의 유무 : 무'여도 사전에 수정되어 발표하는 사례도 있으므로 주의한다.

실적이 좋아졌을 때는 '상향수정' 나빠졌을 때는 '하향수정'이므로 값에 따라 향후 성장 스토리에 변화가 생기며 주가가 움직이는 요인이 된다. 수정 내용에 따라서는 주가가 1일 가격 제한폭의 '상한가' '하한가'에 이르며 요동치기도 한다.

다만 성장주는 하향 수정되어도 **'선행투자'에 따른 긍정적 '하향 수정'**인 사례도 있으므로 수정한 이유나 내용을 확인한다.

증권거래소는 상장기업에 투자자의 투자 판단에 유용한 향후 예측 정보를 적극적으로 공지해 달라고 요청한다. 이 요청에 따라 사업 예상을 발표하지만, 의무는 아니다.

예를 들어 코로나 팬데믹에 휩쓸렸던 2020년도에는 많은 기업이 결산보고서에 '실적 예상 미정'이라고 기재했다. 코로나 팬데믹이 기업 경영에 어떤 영향을 미쳤는지, 적정하고 합리적으로 판단할 수 없다는 게 이유였다.

실적 예상 공지 후에 새로 계산된 매출과 이익이 직전 예상치와 괴리가 있다고 판명되면 의무적으로 수정 등을 적시에 공지해야 한다.

●**매출이 10% 이상 변동한 경우**
●**영업이익, 경상이익, 순이익이 30% 이상 변동한 경우**

공지 시기는 알게 된 시점이므로 결산 전이거나 또는 결산 발표와 동시일 때도 있다.

레이저테크의 2021년 6월 결산의 3분기에서 통산 연결실적 예상 매출이 620억 엔이므로 전기대비 45.6% 증가, 경상이익은 200억 엔으로 전기대비 32.3% 증가로 '수정의 유무 : 무'라고 기재돼 있다.

이후 레이저테크는 2021년 8월 6일에 이러한 실적 예상을 웃도는 2021년 6월 결산을 발표했다. 최종 매출은 702.5억 엔(전기대비 65.0% 증가), 경상이익은 264.4억 엔(전기대비 74.9% 증가)으로 기존 예상을 훨씬 웃돌며 마무리했다.

실적을 '보수적으로 예상하는 기업'의 경우 실적을 상향 수정하는 일이 잦다.

거꾸로 '낙관적으로 예상하는 기업'은 〈회사사계보(会社四季報)〉(도요경제신문사) 등에서 '기업 계획 과대'라고 첨부하거나 실적미달로 이동하는 일도 많다. 기업의 예상을 있는 그대로 받아들여서는 안된다는 뜻이다.

그래서 더욱 제5조의 '진척도'가 중요하다.

제5조 진척도와 분기별 특성

'**사업진척도**'는 결산보고서 안에 기재되지 않으나, 계산기로 계산해 볼 필요는 있다. 이 책의 제5장에서 소개하는 엑셀 시트에서도 계산할 수 있다.

여기서 소개한 레이저테크의 2021년 6월 결산의 3분기 시점에서 차기 예상은 이미 3분기에 끝났으므로 실적치가 나와 있다.

매출은 3분기까지 누계 519.5억 엔, 통산 예상은 620.0억 엔이다. 지금까지 속도로 봤을 때 한 분기분 매출이 늘면 통산 매출은 실적치의 약 1.33배가 되리라고 본다.

레이저테크의 2021년 6월 결산 3분기까지 진척도를 계산하면 다음과 같다.

'5195×1.33=6909   6909/6200=1.1144'

매출 진척도는 111.4%가 된다.

분기별 진척도 계산 비율

● **제1분기의 경우 ： 4배**
● **제2분기의 경우 ： 2배**

● **세3분기의 경우 : 1.33배**

✕ **매출 및 이익의 진척도 모두 기업 예상보다 아래**
△ **매출 및 이익의 진척도 중 하나가 기업 예상보다 아래**
○ **매출 및 이익의 진척도 모두 기업 예상보다 위**

이 속도로 가면 기업 예상을 11%나 상회하는 결과가 된다.
반면 경상이익은 지금까지 누계 189.6억 엔으로 통산 예상 200억 엔이므로, 계산하면 다음과 같다.
'1896×1.33=2522   2522/2000=1.26'
회사 예상보다 26% 증가할 듯하다.

실제 본 결산에서는 매출 702.5억 엔(>690.9억 엔), 경상이익 264.4억 엔(>252.2억 엔)으로 3분기 시점에서 누계의 1.33배를 크게 웃도는 결과가 나왔다.
이처럼 같은 결산 발표라도 제1~3분기는 기업의 통기(通期, 사업 연도의 나누어진 모든 기간)예상에 대한 진척도를 계산하여 실적이 기업의 예상대로 진행되고 있는지 확인하자.
결산보고서의 진척도로 봤을 때 상향 수정 혹은 하향 수정이 예상되며 실적변화가 예측된다면, 수정 여부가 발표되지 않았어도 주가에 영향을 미친다.

성장주 투자라는 관점에서 보면, 지금 살펴본 레이저테크처럼 진척도가 100%를 넘으며 마지막 본 결산에서의 실적이 진척도 이상으로 마무리되는 패턴이 가장 이상적이다.

제1~제4의 분기별 특성 확인

업종에 따라 분기별 매출과 이익에 편차가 있는 기업도 있다.

레이저테크는 반도체 제조장치라는 고가의 제품을 판매하는 기업이다 보니 팔릴 때와 팔리지 않을 때의 매출과 이익이 크게 변동한다.

예를 들면, 레이저테크의 2020년 6월 결산에서 분기별 '매출(경상이익)'은 다음처럼 편차가 크고 규칙성도 보이지 않는다.

제1분기(19년 7~9월) 55.4억 엔(13.7억 엔)
제2분기(19년 10~12월) 144.1억 엔(65.8억 엔)
제3분기(20년 1~3월) 56.5억 엔(9.7억 엔)
제4분기(20년 4~6월) 169.7억 엔(62.0억 엔)

'고가의 반도체 제조장치가 팔리면 매출이 늘고, 안 팔리면 감소'하는 식이어서 예상하기도 난감하다.

한편 업종에 따라서는 **계절별로 매출이 규칙적인 기업**도 있다. 게임업체인 닌텐도(任天堂, 7974)는 12월 크리스마스가 있는 3분기에 매출도 이익도 급상승하는 특징이 있다. 2020년과 2021년 3월 결산에서 2년 동안 매출과 경상이익을 분기별로 막대그래프로 표현한 것이 **그림27·위**다.

같은 게임기를 판매하더라도 소니(6758)의 분기별 매출과 경상이익(**그림27·아래**)은 분기별 편차가 크지 않다. 게임 외에도 사업 분야가 많은 소니와 비교해도 닌텐도는 크리스마스가 가장 큰 대목임을 알 수 있다.

이외에도 공공사업 등 국가와 '지방자치단체'의 발주가 많은 기업

---

(21) 일본에서 일반적 회계연도(올해 4월~이듬해 3월)의 경우, 4분기는 이듬해 1월~3월을 말한다.
(22) 일본에서 일반적 회계연도의 경우, 1분기는 4월~6월을 말한다.

그림27 닌텐도와 소니의 분기별 매출 및 경상이익 추이(두 결산기 분)

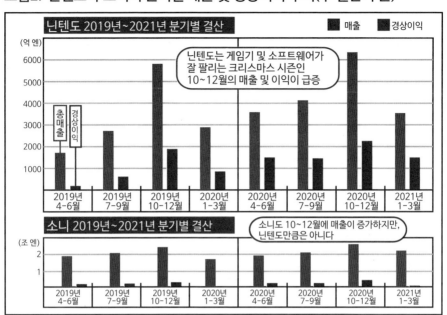

역시 예산을 집행하는 '연말'인 4분기[21]에 매출이 크고 거꾸로 '연초'인 1분기[22]에는 적은 편이다.

매출, 이익 모두 업종 및 기업에 따라 계절적 편차가 발생할 수도 있으므로, 투자 시에는 과거의 결산보고서를 분기별 단위로 풀어서 **분기별 특성**'이 어떤지 확인한다.

분기별 특성 탓에 적자가 나는 기업

스튜디오 앨리스(STUDIO ALICE Co.,Ltd., 2305)는 전국적으로 아동용 사진관을 운영하는 기업인네, 시치고산(七五三)이벤트[23] 기 있

---

(23) 일본은 남자아이가 세 살, 다섯 살, 여자아이가 세 살, 일곱 살이 되는 해 11월 15일에 빔을 입혀서 마을의 수호신을 모신 곳을 참배하며 아이의 성장을 축하한다.

는 11월에 매출과 이익이 집중되는 업종이다. 비수기인 상반기에 적자를 기록하는 일이 흔하다. 그러나 주식시장은 스튜디오 앨리스의 **분기별 특성을 이해하고 있어서** 평소대로 적자가 나더라도 주가가 크게 요동치지 않는다.

스튜디오 앨리스의 '매출(경상이익)'은 다음과 같다.
제1분기(20년 3~5월) 42.5억 엔(-19.7억 엔)
제2분기(20년 6~8월) 93.8억 엔(+15.0억 엔)
제3분기(20년 9~11월) 137.3억 엔(+45.1억 엔)
제4분기(20년 12월~ 21년 2월) 89.9억 엔(+9.2억 엔)
2021년 2월 결산의 제1분기에는 19.7억 엔이나 경상 적자를 기록한 반면, 제3분기에는 45.1억 엔이나 흑자를 내며 누적 계산해도 제3분기에 흑자로 전환되었다.

이처럼 분기별 특성을 모르면 투자를 판단하기가 어려운 사례도 있다. 따라서 결산서는 분기 단위로 실적을 보도록 하자.

제6조 사계보 예상과 비교

제5조에서는 기초편으로 결산보고서 1페이지에 기재된 숫자 보는 법을 중심으로 살펴봤다. 제6조부터는 응용편으로 결산보고서와 관련하여 파악해야 할 정보를 소개한다.

제5조에서 설명한 기업 예상은 보수적으로도 낙관적일 때가 많으나, 차선책으로 다른 예상도 보면 도움이 된다. 바로 매년 4회 발간되는 **도요경제신문사(東洋経済新報社)의 《회사사계보(会社四季報)》의 2분기 예상**이다.

레이저테크의 3분기 결산이 발표된 시점에서 최신호인 《회사사계보 2021년 2집 봄호》를 보면 2021년 6월 결산에 대한 사계보 예상은 매출 620억 엔, 경상이익 200억 엔으로 기업의 예상대로였다.

문제는 기업의 예상과 사계보의 예상이 다를 때인데, 사계보 발표 전후로 반영되며 주가에도 영향을 미친다.

다만, 사계보의 예상이 빗나갈 때도 있어서 실제 결산에서 반대의 결과가 나오는 일도 적지 않다. 어느 쪽일지는 스스로 판단해야만 한다.

핫산의 경험치로 보면, 스스로 조사한 종목일수록 사계보보다 자신의 예상이 적중할 때가 많다. 결과적으로 자기 예상이 맞았어도 사계보 예상이 나오면 주가는 (일시적으로) 그 방향으로 움직인다.

이처럼 사계보 예상은 주가에도 영향을 미치기 때문에 발표 시에는 많은 개인투자자가 확인하는 정보다. 그러나 장기투자인 성장주 투자에서는 결산보고서만큼 중요하지는 않다.

제7조 시장 평균치와 비교

시장 평균치 예상은 인터넷 증권사이트 주식정보란에 '레이저테크'처럼 종목명을 입력하여 실적 코너를 확인하면 여러 주식 애널리스트가 실적을 예상하여 내놓은 목표주가의 평균치(컨센서스)를 볼 수 있다.

이는 애널리스트가 평가를 바꿀 때마다 업데이트되므로 사계보처럼 시차는 없지만, 종목에 따라 적용 범위가 들쭉날쭉하다. 굳이 표현하자면, 대기업과 비교하여 성장주에는 적용되지 않는 경우가 많다. 다만, 적용되는 경우에는 사계보와 마찬가지로 영향이 있으므로 확인해두는 게 좋다.

2021년 6월 15일 시점에서 애널리스트의 레이저테크에 대한 평가는 다음처럼 기업의 예상을 훨씬 웃돌았다.

매출 667억 2,900만 엔(전기대비 56.7%)

경상이익 229억 3,300만 엔(전기대비 51.7%)

기업의 예상과 예상 평균치 사이에 괴리가 발생하여 상향 수정할 것이라고 참고할 수는 있지만, 대부분 공시된 예상 평균치는 발표 직후에 주가에 미리 반영되며 **예상 평균치를 초과하여 실적에 변화**가 있으면 서프라이즈가 된다.

참고로 결산결과가 시장 평균값에 비해 좋은 의미에서 서프라이즈로 반영될 때 '포지티프 서프라이즈', 나쁜 의미로 의표를 찔렀다면 '네거티브 서프라이즈'라고 한다.

시장 평균치도 사계보와 마찬가지로 기업의 예상을 보충하는 정보이며 장기투자를 지향하는 성장주 투자에서는 결산보고서만큼 중요하지는 않다.

제8조 결산 상황, 차이가 나는 이유를 확인

지금까지 주로 결산서에 기재된 수치에 대해서 해설했는데, 성장주 투자에서는 성장 기업의 특징과 강점을 이해하기 위해 **'정성분석(定性分析)'**(숫자가 아닌 업종 및 업태의 전망, 경영자의 자질, 기술력, 영업력 등 기업의 자질을 분석하는 일)도 중요하다.

결산보고서에는 기업의 상황을 알 수 있는 귀중한 정성정보도 기재되어 있다.

제1장에서도 언급한 1~2페이지의 '서머리(요약)', 3페이지의 목차에 이어 4페이지에 실린 **'당기 결산에 관한 정성적 정보'**(본 결산이라면 **'경영실적 등의 개요'**)다. 그중에서도 '경영실적에 관한 설명(혹은 분석)'은 기업의 경영상황이 구체적으로 기재되어서 크게 참고가 된다.

결산서 내 기술내용은 간단한 사실이거나 매우 낙관적인 예상으로 기업 성향에 따라 다르다. 개중에는 방침상 주주에게 정보를 공개하지 않는 곳도 있으나, **정보 공시 자세와 장래성, 성장성은 별개**다.

실제로 주주에 굽실대는 자세를 보이는 기업이 결과를 보면 배신적이거나, 거꾸로 주주 따위는 안중에도 없는 듯한 강경했던 기업이 실력으로 결과를 보이기도 하다. 이처럼 기업의 경향도 파악해두면 도움이 된다.

레이저테크의 2021년 6월 결산 중 3분기 결산에서 매출 및 경상이익 모두 전기대비 2배를 초과할 정도로 결산내용이 좋았으나, 4페이지의 '정성적 정보'를 보면, 경영성적에 대한 자체 분석을 확인할 수 있다.

일부 소개하면 다음과 같다.

●레이저테크가 속한 반도체 업계에서는 심화하는 미·중 마찰과 반도체를 특정 지역에 의존하는 지정학적 리스크 때문에 중기적으로 서브 체인을 재구축하고 있다는 점.

●최근 5G 스마트폰과 원격근무의 확대에 따른 PC 수요, 데이터센터용 최첨단 반도체 수요가 견고한 점.

●로직, 메모리 디바이스 제조사가 최첨단 EUV(극자외선) 리소그래피를 이용한 반도체 제조공정 능력 확충 중인 점.

●마스크 블랭크 제조사도 EUV 관련 분야 투자에 적극적이며, 반도체 관련 장치 시장은 향후 확대가 예상되는 점.

이러한 상황 설명에 이어서 레이저테크의 반도체 관련 장치 매출이 전년동기 대비 123.3% 증가하며 433.2억 엔까지 올랐다고 기술되어 있다.

또 레이저테크의 웹사이트를 보면 주력상품이 EUV리소그래피를 사용한 마스크 블랭크와 EUV 광원으로 반도체 설계 회로 결함을 찾는 검시 장치임을 알 수 있다. 이 제품이 전 세계 반도체 업계에서 러브콜을 받는 인기상품으로 떠오르며 전기대비 2배를 넘게 팔렸다는 점에서 성장의 원동력으로 꼽혔다.

실적과 성장의 배경인 기업의 제품과 서비스, 비즈니스모델 상황은

텍스트 정보가 중심인 결산보고서만으로는 잘 알 수 없다. 따라서 기업의 웹사이트도 꼼꼼히 챙겨보는 게 좋다.

제9조 3년 후 기업가치 예측

제1장에서 성장 기업에 대한 기본적인 관점으로 '매출이 2배가 되면 이익은 2배가 되고 주가도 2배가 된다'라고 설명했는데, 텐배거 후보 선택에는 **'3년에 2배'** 성장을 기준으로 삼는다.

성장주 투자에도 단기투자와 장기투자가 있다. 핫산은 '3년'이라는 기간에서 알 수 있듯이 장기투자를 지향한다.

다만 3년에 2배, 이는 상당히 엄격한 기준이므로 여기에 해당하는 기업은 극소수다. 3년에 2배 속도로 성장하면 6년 후에는 4배, 9년 후에는 8배가 되어 약 10년이 지나면 텐배거에 이른다. 그러므로 '3년에 2배'라는 기준을 1년으로 환산하면 약 25%씩 성장해야 한다.

성장주 텐배거 기준
- ●1년 후 　25% 증가
- ●3년 후 　2배
- ●6년 후 　4배
- ●9년 후 　8배
- ●10년 후 　10배

매년 신장률은 단순히 최근 신장률뿐 아니라 시간 순서를 고려한다. 예를 들면 이렇다.

A사 신장률: +40% → +35% → +30% → +25%
B사 신장률: +5% → +10% → +15% → +20%

이와 같은 기업들이 있다고 가정하자. 투자처로는 어느 기업이 유망할까? 먼저 시간 순서에 따른 숫자를 보자. 비록 지금은 신장률이 낮으나 성장 잠재력을 고려한다면 B사가 유망하다고 볼 수 있다. 현재보다 미래의 잠재력을 중시한 결과다.

이미 25% 성장에 도달한 기업 대부분은 이미 성장 기업으로 평가되어 시장에서도 인기가 높아 주가도 높게 형성되어 있다. 3년 후 기업가치를 고려할 때는 다음처럼 시간순서도 더하여 검토한다.

1.   **25% 이상 매출 및 이익 성장을 달성하여 향후 꾸준히 성장할 것으로 기대되는 종목**
2.   **25% 이상 달성하지 못했으나, 앞으로 꾸준히 성장한다면 달성이 예상되는 종목**

1번 종목은 주가가 비교적 높게 형성되어 있으나, 부실 성장이 발생하면 손실이 클 수 있고, 2번 종목은 주가는 저렴하나 성장에 속도가 붙지 않으면 헛스윙일 수 있다. 각각 일장일단이 있으므로 좋은 종목에 시기적절하게 투자할 수 있다면, 비교적 큰 이익을 얻게 될 것이다.

특히 성장주 투자에서 주가가 높은 종목만 사서 실패한 경험이 많다면 바로 이 부분을 고치면 개선될 것이다.

또 한 가지, 미래의 기업가치를 고려할 때 **'절대 약속된 미래는 없다'**라는 진리를 염두에 두어야 한다.

쉽게 설명하자면, 2020년에 '코로나 팬데믹'이 발생하지 않았다면 어떻게 되었을까? 코로나가 없었다면 하는 경영자도 있을 것이요, 코로나 덕분에 매출이 상승한 경영자도 있을 것이다.

투사 기간이 길어질수록 패러다임의 진환 가능성 상정해야 힌다. '인사를 다하여 천명을 기다린다'라는 결단도 필요하다.

제10조 주가의 방향성

결산서 속독 10계명도 벌써 9조까지 설명했다. 마지막 제10조는 주가가 어떻게 움직이느냐에 대한 이야기다. 결산결과가 좋았다고 주가가 상승하리라는 법은 없다. ○는 적중, ×는 실패라고 가정하면, 크게 다음 4가지 패턴을 생각해볼 수 있다.

○ 실적예상   ○ 주가예상 가장 좋음
○ 실적예상   × 주가예상 좋음
× 실적예상   × 주가예상 좋지 않으나 반성하면 다음으로 이어짐
× 실적예상   ○ 주가예상 운이 좋았을 뿐

하나하나 살펴보자.

○실적예상 ○주가예상 가장 좋음

모두 적중한 가장 좋은 패턴이다. 이러한 승리 패턴이 다음 투자에서도 높은 확률로 재현되도록 원인을 분석한다. 성장주 투자에서는 **'과거 최고 실적인 동시에 신고가 경신'**이 가장 이상적이다. 결산서를 보는 이유가 바로 승리 패턴의 확립을 위해서다.

○실적예상 ×주가예상 좋음

주가 예상만 벗어난 경우, 시장평가가 왜 실적과 연동하지 않았는지 깊이 고민한다. 본디 시장이란 자주 틀리는 법이다. 그러나 자신만의 착각이었는지도 모른다. 어쩌면 평가에 필요한 시간이 부족했는지도 모른다.

×실적예상 ×주가예상 좋지 않으나 반성하면 다음으로 이어짐

예상이 모두 빗나간 사례인데, 사실 전문 투자자든 중상급 이상 투자자든 기업 경영자에게든 흔히 있는 일이므로, 낙담하지 않아도 된

다. 문제는 실패 확률을 줄이는 것이다. 이를 자양분 삼아 스스로 성장할 수 있을지다. 실패 원인을 분석하고 같은 실패를 반복하지 않도록 개선해야 한다.

×실적예상 ○주가예상 운이 좋았을 뿐

4가지 조합 중에 가장 주의가 필요한 패턴으로 그저 운이 좋았을 뿐이다. 다음 투자에서도 운이 따르리라는 법은 없다.

'사지선다형 문제에서 연필 굴려서 찍었는데 맞았다'라는 정도로 치부한다.

소 뒷걸음치다 쥐꼬리 잡은 식으로 자산이 늘어봐야 투자 기술 향상으로 이어지지 않으면 언젠가 실패하게 된다. 운을 기대하고 선택했다가 실패한 대가는 더 혹독할 수 있다. 한번 승리로 자만하지 말고 '해현경장(解弦更張)'하자는 것이다.

해현경장(解弦更張)

'거문고의 줄을 바꾸어 매다'라는 뜻으로 느슨해진 것을 긴장하도록 다시 고치거나 사회적·정치적으로 제도를 개혁하는 것을 비유하는 뜻이다.

그림28 결산 발표 전후의 레이저테크의 주가 변동 2021년

예를 들어 **그림28**은 2021년 6월 결산의 2분기와 3분기 결산 발표 직후 레이저테크의 주가 추이를 나타낸 일봉 차트다. 결산 직후에는 일단 **'재료 소진'**으로 주가가 하락했다.

이처럼 결산결과가 좋았더라도, 이미 기대되었던 것이면 단기적으로 하락하기도 한다.

네 패턴 중에서는 '○실적예상 ×주가예상'다.

그 이후 레이저테크는 반도체 관련주 강세라는 예상 덕분인지, 5월 중순부터 저평가 종목으로 인식되어 매수세가 강세를 보이며 6월 7일에는 23,930엔이라는 상장 이후 최고가를 기록했으며 상승을 이어갔다.

최종적으로 주가의 등락은 실적에 따라 다르지만, 단기적으로는 수급에도 크게 좌우된다. 특히 레이저테크와 같은 스타 성장주 정도 되면 **결산 서프라이즈를 노린 단기 매수세** 및 매도세가 팽배해진다. 실적이 제대로 성장한 기업이라도 10배주를 달성한 스타주에서는 종종 주가가 위아래로 요동치는 가격변화에 빠지기 쉽다는 점도 기억해야 한다.

더욱이 3년 후, 10년 후를 예상하고 장기적으로 성장주에 투자하는 경우, 실적만 잘 파악하고 있다면 수급에 따라 주가가 요동치는 국면에서도 크게 동요하지 않아도 된다. 그러려면 투자 규칙을 정해서 행동해야 한다.

이미 제6조에서 설명한 대로다.

5초로 충분, 성장주 주가 차트 찾기

마지막으로 성장주의 '주가와 실적이 연동된' 주가 차트 고르기를 설명해두려고 한다. 투자 기간이 길어지는 성장주에서는 **'월봉 차트'**로 판단한다.

월봉 차트에서는 캔들 하나가 한 달간 주가 변동을 나타낸다. 주가 변동을 수년 이상 길게 볼 때 사용하는 차트로 성장주 투자에서 중요한 **'과거 5년 동안 결산서'**만큼이나 빠뜨릴 수 없는 부분이다. 참고로 핫산은 거의 월봉 주가 차트만 본다.

실적이 우상향인(예정인) 성장주 차트의 조건은 다음의 세 가지다.

●**우상향 차트**
●**양봉이 많은 차트**
●**6개월 이내에 최고가를 경신한 차트**

우상향 경향에 양봉이 많고 오른쪽으로 더 높이 올라가고 있는 차트다.

간단하다.

제9조에서도 언급했듯이, 성장주의 기본 사고방식은 **'매출이 2배가 되면 이익은 2배가 되고 주가도 2배가 된다'**이므로, '과거 5년 동안 결산서'의 매출, 이익 성장과 연동하여 주가도 우상향이라면 OK. 세세하게 수입과 이익 증가율이나 주가 상승률까지 보지 않아도 크게 봐서 방향감이 같다면 문제될 게 없다.

이미 과거 5년 동안 결산서 체크가 끝났다면 1년 동안에 1초씩, 5초만 있으면 연동성을 확인할 수 있다.

그림29는 레이저테크와 도요타자동차(7203)의 주가 차트다. 두 차트 모두 우상향임을 알 수 있다. 레이저테크와 함께 도요타자동차도 2021년도에서 최고수익을 경신할 것으로 기대되며 실적과 주가가 연동한다고 볼 수 있다.

그림29 차트 모양에서 상승률 높이 구분법

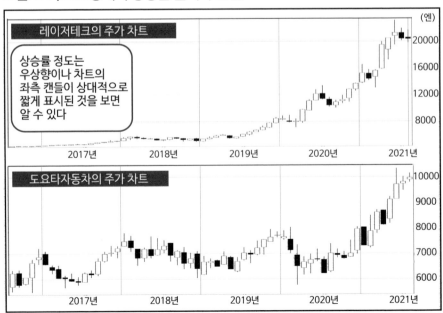

잠고로 그림'29의 두 자트를 비교하면 레이저테크 상승률이 비교직 높다는 걸 알 수 있다.

상승률 정도는 주가로도 계산하지만, 상승률이 높을수록 차트 왼쪽에 자리한 캔들이 상대적으로 짧게 표시되므로 한눈에 알 수 있다.

마무리 :
결산보고서 1페이지, 결산서 속독 10계명

제2장에서는 성장주 투자만의 결산서 보는 법을 결산서 속독 10계명을 꼽아 설명했다.

제1조에서 제5조까지는 기초편으로 결산서에 기재된 수치 보는 법과 성장주로써의 관점을 설명했다.

제1조 매출과 이익의 증감 여부

제2조 순자산의 증감 여부

제3조 자기자본비율의 적정선

제4조 향후 예상

제5조 진척도와 분기별 특성

제6조부터 10조까지는 응용편으로 결산서 수치를 다른 정보와 비교하거나 미래 기업가치나 주가 차트와 비교하는 법을 설명했다.

제6조 사계보 예상과 비교

제7조 시장 평균치와 비교

제8조 결산 상황, 차이 사유 등 확인

제9조 3년 후 기업가치를 예측

제10조 주가의 방향성

이어지는 제3장에서는 성장주 결산서에 대해서 더욱 깊은 이해를 돕기 위해 재무제표를 '시각화'하여 본격적으로 분석한다.

주식시장에서 매매되는 상장기업은 금융상품거래법[24]이라는 법률에 따라 1년을 3개월씩 나누어 각각의 기간 동안 회계상태 등을 정리한 '분기보고서'를 각 기간 종료 후 45일 이내에 정부에 제출하는 의무조항이 있다.

이 법률에 따라 도쿄증권거래소(東證) 등 증권거래소는 상장기업에게 '유가증권보고서'와 '결산보고서' '사업보고서' 등의 고지방법을 지도하고 있다.

'결산보고서'는 기업의 분기별 실적을 마무리하여 정리한 것으로 서두의 '서머리(요약)' 부분에 해당하는 1~2페이지를 보면 기업분석에 필요한 거의 모든 '숫자'가 게재되어 있다. 도쿄증권거래소에서는 소정의 양식을 예시하여 '이 형식에 따라 발표하도록' 요청해서 어느 기업의 결산 발표를 봐도 양식이 같다.

또 '결산보고서'는 각 분기가 끝나고 45일 이내에 발표해야 하므로, 가급적 30일 이내에 고시하는 것이 바람직하다. 만일 결산보고서 고지가 각 결산기 말에서 50일을 초과한다면 지체된 이유를 설명해야 한다.

상장기업에 투자하는 투자자로서는 투자처 사업이 순조로운지, 예상대로인지 벗어났는지 빨리 알고 싶은 법이다. 즉 투자자에게 가장 중요한 **'속보성(速報性)'**이라는 면에서 결산보고서는 가장 중요한 자료다.

일본기업 중 많은 수가 3월 말에 연말 결산하는데, 이들 결산보고서의 발표 스케줄은 다음과 같다.

---

(24) 우리나라에서는 '기업내용공시제도'에 따라 기업의 중요한 내용을 공시하도록 의무지워졌다.

●제1분기 (1Q) 4-6월. 발표 7월 중순-8월 중순
●제2분기 (2Q) 7-9월. 발표 10월 중순-11월 중순
●제3분기 (3Q) 10-12월. 발표 1월 중순-2월 중순
●제4분기 (4Q) 1월-3월. 발표 4월 중순-5월 중순

투자처로 고려 중인 상장기업의 '결산 발표 날짜'가 궁금하면, 해당 기업 웹사이트에 접속하여 'IR 정보'나 '투자자 정보' 페이지에서 'IR 캘린더'나 '결산 발표 스케줄'을 확인하면 된다.

기업 웹사이트에서 찾지 못했다면, 일본거래소 그룹 사이트에 접속하여 '상장기업정보→결산 발표 및 주주총회예정일→결산 발표 예정일'을 좇다보면 상장기업의 결산 발표 예정일을 결산월별로 정리한 엑셀 파일이 공개되어 있으므로 참고하시라.

일별 결산 발표 결과는 다음 페이지 **그림(표)30**에 안내한 사이트에서 쉽게 찾을 수 있다.

결산서의 3가지 결산 기준

일본의 상장기업은 결산보고서로써 **'일본회계기준'**만이 아니라 미국의 상장기업에 의무 지어진 **'미국회계기준'**이나 EU 내 상장기업에 의무 지어진 **국제재무보고서 기준인 'IFRS'**를 사용해도 인정받는다.

예를 들어 캐논(7751), 소니, 노무라홀딩스(8604), 오릭스(8591)의 결산서는 '미국회계기준', 도요타자동차, 소프트뱅크그룹, NTT(9432)는 'IFRS'에 따라 작성된다.

그림(표)30 상장기업의 결산 발표를 확인할 수 있는 사이트

적시개시정보열람서비스(TDnet)
https://www.release.tdnet.info/inbs/I_main_00.html
일본경제신문 적시개시검색
https://www.nikkei.com/markets/kigyo/disclose/
주식회사개시정보
https://kabutan.jp/disclosures/
IR BANK 결산속보
https://irbank.net/news

주식투자에서 실적 확인은 필수.
결산 발표 다음 날 주가가 크게 움직이므로
발표일이 언제인지 알아두자.
결산 전후로 실적변화 서프라이즈를 노린 매수도
효과적인 방법의 하나다

회계연도의 세세한 차이는 매우 전문적인 분야이므로 여기에서 다루지는 않지만, 투자자로서 다음의 내용은 기억해두자.

●일본 기준에서 '매출'이 IFRS에선 **영업수익**으로 부르며, 미국 기준에서는 '매출' '영업수익' 중 하나를 쓴다. 매출을 어느 시점에서 계상하는지에 대한 규칙에도 미묘한 차이가 있다.

●미국 기준이나 IFRS에는 '경상이익'이라는 명칭이 없으며, **세전이익**이 일본 기준의 경상이익에 해당한다.

●'순이익'이라는 명칭도 **지배주주 귀속 당기순이익**이라고 부른다.

미국 기준이나 IFRS에서는 해당 연도의 특별손실도 본업에 관계한다면 특별손실이 아니라 영업손실로 계상해야 한다는 규칙이 있어서, 영업이익이 일본 기준보다 낮은 편이다.

감가상각 계상방법에도 차이가 있다. 예를 들어 M&A한 타사 매수

비용 중 **'영업권(goodwill)'**이라고 부르는 브랜드가치(취득금액과 취득순자산의 차액)을 일본에서는 20년간 감가상각한다. 반면 IFRS에서는 브랜드가치가 현저하게 떨어지지 않는 한, 감가상각하지 않는다.

최근에는 외국 투자자에 자기 기업을 어필하려는 곳이 증가하면서 회계제도를 일본 기준에서 IFRS나 미국 기준으로 변경하는 곳도 늘고 있다.

주식투자를 위해 결산서를 본다는 관점에서 우선은 '매출⇔영업수익' '경상이익⇔세전이익'식으로 명칭에 차이가 있는 정도는 알아두자.

결산 기준이 변경되면 엄밀하게 계산하기 어려우므로, 결산서 서두의 매출과 이익의 전년 대비 신장률이 기재되지 않는다.

이런 경우 핫샨은 기준에 따른 다소의 수치 차이는 무시하고 기준이 다른 매출과 이익을 비교하여 신장률을 독자적으로 계산한다.

연결과 비연결의 차이??

회계제도에는 **'연결결산'**인지 **'비연결결산'**인지에 따른 차이도 있다.

연결결산은 상장기업이 경상 지배 중인 타기업이나 종속관계인 자회사의 실적을 더하여 결산하는 것을 말한다.

연결결산에 포함되는 자회사는 원칙적으로 모회사가 의결권의 50%가 넘는 주식을 보유하며 의사결정을 지배하는 기업이다. 반면에 50%에는 모자라지만, 의결권의 20% 이상 보유 중인 자회사는 **'지분법 적용회사'**라고 룬더, 모회사의 자회사 주식 보유비율에 따라 자회사의 실적 등이 모회사의 재무제표와 손익에 반영된다.

상장기업에는 모자회사가 상장하기도 하는데, 소프트뱅크그룹이나 이온그룹, GMO그룹 등은 다수의 자회사가 상장 중이다.

상장 중인 모자기업의 사례

●모회사: 미쓰비시상사 연결자회사: 로손(50.0% 보유)

●모회사: 키엔스 지분법 적용회사: 저스트 시스템(44.0% 보유)

●모회사: 소니그룹 지분법 적용회사엠쓰리(34.0%)

　자회사가 없는 단독 기업을 '비연결기업'이라고 한다. 소형 성장주 중에는 비연결 회계를 유지하는 기업도 많다.

　비연결에서 연결이 되는 등 변경이 있으면, 연속성의 문제로 결산서 서두의 매출과 이익 신장율이 기재되지 않는다. 이런 사례에서 과거 5년 동안 성장을 분석할 때는 기준이 다른 매출과 이익을 단순비교하여 신장률을 자체 계산해보자.

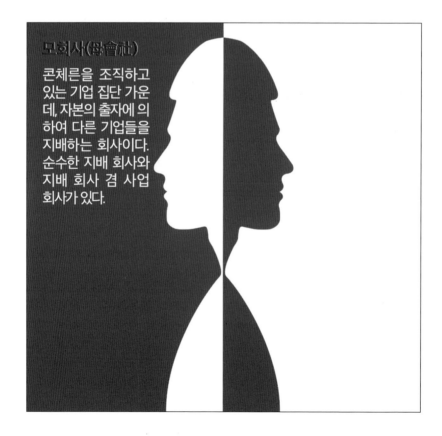

모회사(母會社)

콘체른을 조직하고 있는 기업 집단 가운데, 자본의 출자에 의하여 다른 기업들을 지배하는 회사이다. 순수한 지배 회사와 지배 회사 겸 사업 회사가 있다.

회계 기간 변경에 대해서

결산서 회계 기간은 통상 1년(12개월)인데, 간혹 결산월 변경으로 회계 기간이 9개월이거나 13개월이 되는 경우가 있다. 예를 들면 다음과 같다.

●2월 결산을 3월 결산으로 변경하기 위해 해당 결산 기간을 13개월(3월~이듬해 3월)로 변경

●3월 결산을 12월 결산으로 변경하기 위해 해당 결산 기간을 9개월(제3기말 본결산)로 변경

회계 기간이 변경되면 전기와 당기를 단순비교할 수 없으므로 결산서 서두의 매출과 이익의 신장률이 기재되지 않는다. 이런 경우도 회계 기간의 차이를 보정하여 매출과 이익을 비교하여 신장률을 계산할 수 있다.

회계 기간이 13개월의 경우
●매출과 이익을 12/13배(0.92배)로 하여 12개월로 조정 후, 전기대비 신장률을 계산한다.

회계 기간이 9개월인 경우
●매출과 이익을 4/3배(1.33배)로 하여 12개월로 조정 후, 신장률을 계산한다.

제 3 장

간단한 "시각화"로
'재무제표'를 단숨에 이해
~CF 계산서, 대차대조표, 손익계산서와 시계열 분석~

성장주 투자를 위해 성장주 재무제표 설명

제2장에서는 성장주 투자 관점에서 본 결산선 속독을 설명했고, 제3장에서는 본격적으로 결산서를 분석한다. 결산서라고 하면 **'재무제표'**인데, 내용을 보면 성장 기업과 중견 기업과는 상당히 다르다.

제3장에서는 텐배거를 달성한 스타주 외에 성장주라고 꼽는 대기업, 신규 기업들이나 상장 직후 기업, 부실 성장 기업 등, 성장주 투자에 도움이 되는 기업의 결산서를 엄선하여 설명한다.

결산서의 기본을 시각화 도구로 이해

성장주 투자에서는 결산보고서가 가장 중요한데, 결산서라고 하면 원래 다음의 재무제표를 말한다.

- **대차대조표(BS)**
- **손익계산서(PL)**
- **현금흐름표(CF)**

결산보고서에도 요약이나 개요란 등에 이어서 재무제표가 기재되어 있는데, 여기의 '숫자'는 재무 상황이나 이익의 원천을 아는 귀중한 자료가 된다.

결산서에 꼭 필요한 재무제표에는 끝도 없이 숫자만 나열되어 있어 이해하기가 무척 까다롭다. 그래서 핫샨은 결산서를 학습하는 개인 투자자를 위해 결산서 중에서 숫자만 발췌하여 입력하면 재무제표를 '시각화'해주는 도구를 웹상에서 공개하고 있다.

여기에서는 시각화 도구로 성장주 투자라는 관점에서 재무제표를 제대로 이해하는 방법을 이야기한다.

현금흐름표(CF)란?

원래 재무제표라고 하면 대차대조표(BS)부터 설명해야 하지만, 이 책에서는 가장 간단하면서 성장주 투자에도 중요한 **현금흐름표(CF)** 부터 시작한다.

CF는 회계 기간 내 돈의 증감을 기록한 자료다. 영업활동, 투자활동, 재무활동이라는 세 분야에서 기업을 통해 어떻게 돈이 들어오고 나갔는지, 현금 흐름으로 수입과 지출을 쫓는다.

기업에 가장 중요한 건 현금이다. 그러나 BS의 '자산'이나 손익계산서(PL)의 '이익'이 현금이냐면 꼭 그렇지 않다. CF를 보면 해당 기업의 수익력이나 (향후) 성장력을 판단할 수도 있으므로, 특히 성장주 투자에서 투자처 엄선에 매우 큰 도움이 된다.

CF에서는 결산 기간 내 돈의 증감(현금 흐름, cash flows)을 다음의 세 활동으로 구분한다.

●**영업활동**…기업이 본업인 영업을 통해 발생한 현금 수지. 이자 납부와 법인세 등 세금 납부도 포함된다(적자 발생 시, 마이너스). 플러스가 클수록 좋은 지표다.

●**투자활동**…사업투자나 금융투자 등의 현금수지(대외적으로 투자했을 때는 마이너스, 사업이나 유가증권 등 투자대상을 매각했을 때는 플러스). 성장주라면 기대치는 마이너스다.

●**재무활동**…투자처나 자회사로부터 들어온 배당이나 차입금 조달 및 변제, 주주배당금 지급 등(차금과 배당에서 돈이 들어왔을 때는 플러스, 변제 등으로 돈이 나갔을 때는 마이너스). 성장주에서 자금 조달기에는 플러스, 이외에는 마이너스다.

현금흐름표(CF) 구체적 사례

핫샨이 주시하는 성장 기업 중에는 일본 제일의 시가총액을 자랑하는 도요타자동차(7203)가 있다.

도요타는 두말할 필요도 없이 일본을 대표하는 자동차 제조업체이지만, 핫샨은 성장주로 보고 있다. 최근에는 자사를 '모빌리티 컴퍼니'로 부르며 자동차 기술과 수소엔진, 전고체전지[25] 등 차세대 성장 분야에 투자하고 있다.

이러한 도요타자동차의 2021년 3월 결산기 현금흐름표(CF)를 살펴보자(**그림(표)31**).

참고로 CF는 분기별 결산 시 제출의무가 없고, 기업에 따라 본 결산에만 첨부하는 곳도 있는데, 도요타자동차는 분기별로 자료를 고시하고 있다.

다만, 일본 제일의 도요타지만 내용은 한 쪽짜리로 간단하다. 거의 모든 상장기업에서 전기와 비교하는 양식을 채택하고 있다.

꼭 확인해야 할 부분은 정해져 있어서, 그림(표)31에서 적색 테두리로 표시한 숫자만으로도 전체 상황을 파악할 수 있다(숫자 좌측 △표시는 마이너스라는 의미다).

①현금 및 현금성자산의 기수잔고
②영업활동에 따른 현금흐름표(이하 영업CF로 표기)
③투자활동에 따른 현금흐름표(이하 투자CF로 표기)
④재무활동에 따른 현금흐름표(이하 재무CF로 표기)
⑤현금 및 현금성자산의 기말 잔고

---

(25) Solid-state battery, 전지 양극과 음극 사이에 있는 전해질을 기존 액체에서 고체로 대체한 차세대 배터리.

그림(표)31 두요타자동차 2021년 3월 결산 현금흐름표

4. 연결 현금흐름표

(단위: 백만 엔)

	전기연결회계연도 (2020년 3월 31일에 종료한 1년간)	당기연결회계연도 (2021년 3월 31일에 종료한 1년간)
영업활동으로 의한 현금흐름		
당기이익	2,111,125	2,282,378
감가상각비 및 상각비	1,595,347	1,644,290
금융사업 관련된 이자수익 및 이자비용	△193,046	△236,862
지분법에 의한 투자 손익	△310,247	△351,029
법인소득세비용	681,817	649,976
자산 및 부채 증감 외	△1,319,537	△1,243,648
영업채권 및 기타 채권의 증감(△는 증가)	257,588	5,027
금융사업 관련 채권의 증감(△는 증가)	△1,214,742	△1,243,648
도매자산의 증감(△는 증가)	△163,109	△242,769
기타 유동자산의 증감(△는 증가)	△308,342	△163,473
영업채무 및 기타 채무의 증감 (△는 감소)	129,053	384,142
기타 유동채무의 증감(△는 감소)	258,904	282,197
퇴직급여 관련 부채의 증감(△는 감소)	43,207	55,281
기타	△64,053	△140,319
이자의 수취		
배당금의 수취		② 영업 현금흐름
이자의 지급	△506,307	△ 9,181
법인소득세 지급액	△777,522	0,117
영업활동으로 인한 현금흐름	2,398,496	2,727,162
투자활동으로 인한 현금 흐름		
유형고정자산 매입 <임대자산 제외>	△1,246,293	△1,213,903
임대자산의 매입	△2,195,291	△2,275,595
유형고정자산의 매각 <임대자산 제외>	47,949	40,542
임대자산의 매각	1,391,193	1,371,699
무형자산의 취득	△304,992	△278,447
공사채 및 주식 매입		③ 투자 현금 흐름
공사채 및 주식 매각		
공사채 만기 상환	1,224,185	1,385
기타	212,473	1,218
투자활동으로 인한 현금 흐름	△2,124,650	4,684,175
재무활동으로 인한 현금 흐름		
단기 유이자 부채의 순증감(△는 감소)	279,033	△1,038,438
장기 유이자 부채의 증감	5,690,569	9,656,216
장기 유이자 부채의 변제 △		④ 재무 현금 흐름
지배주주에 배당금 지급		
비지배 지분에 배당금 지급	△54,956	△ 6,598
자기주식 취득 (△) 및 처분	△476,128	9,884
재무활동으로 인한 현금 흐름	362,805	2,739,174
현금 및 현금성 자산의 환율변동효과	△141,007	220,245
현금 및 현금성 자산 순증감액(△는 감소)	495,645	1,002,406
기수의 현금 및 현금성 자산	① 현금의 기수 잔고	4,098,450
기말의 현금 및 현금성 자산	⑤ 현금의 기말 잔고	5,100,857

시각화 분석 도구로 CF 차트 작성

앞에서 본 숫자 다섯 개와 결산보고서 1페이지 서두의 매출을 핫샨이 공개 중인 '현금흐름표[CF] 차트 주식 초보자용 시각화 도구'에 입력하면 현금흐름 차트가 만들어진다.

 현금흐름표를 분석한다면, **'현금흐름표[CF] 차트 주식 초보자용 시각화 도구'**
http://kabuka.biz/funda/cf

앞에서 본 도요타자동차의 2021년 3월 결산의 현금흐름표(CF)를 사용하여 CF 차트를 작성해보자. 도요타자동차는 국제 재무 보고서 기준인 IFRS로 결산을 발표하고 있으므로, 총매출이 '영업수익'이라는 칸에 기재된다. 해당 숫자를 총매출 칸에 입력한다(※입력 시에는 아라비아숫자만 사용한다).

도요타자동차 2021년 3월 결산 CF
총매출　27조 2,145억 9,400만 엔
기수 현금 잔고　4조 984억 5,000만 엔
영업CF　2조 7,271억 6,200만 엔
투자CF　-4조 6,841억 7,500만 엔
재무CF　2조 7,391억 7,400만 엔
기말 현금 잔고　5조 1,008억 5,700만 엔

이들 숫자를 도구에서 해당하는 칸에 입력하고 '경신'을 누르면 컬러로 CF 차트가 표시된다. **그림32**는 책에서 보기 쉽게 2색으로 재작성한 것이다.[※(26)]

그림32 도요다자동차 2021년 3월 걸산 현금흐름(CF) 차트

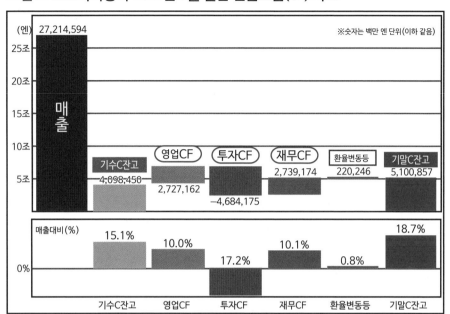

왼쪽부터 총매출의 막대그래프에 이어서 기수 현금 잔고가 표시되며, 플러스인 영업CF를 더하고 마이너스인 투자CF를 빼고, 플러스인 재무CF를 더하고 환율변동분 등을 조정한 다음, 기말 현금 잔고에 이르는 흐름이 시각화되었다.

현금 및 현금성 자산의 잔고

그렇다면 ①~⑤를 이야기해보자. 현금 및 현금성 자산의 잔고란 기업이 해당 결산기에 현금 및 예·적금 등 현금자산을 얼마나 보유하고 있는가이다.

기업활동에는 무슨 일이든 돈이 필요하므로 원칙적으로 잔고가 클수록 좋겠지만, 이익 창출에 활용되지 못히는 현금 즉 시네유보금이 많으면 자본효율이 낮아지면 투자자들은 꺼리기도 한다. 또 극단적으

---

(26) (저자 주) ※ 이하, CF, BS, PL의 순서로 소개하는 핫산의 시각화 도구를 사용한 차트 그림은 모두 서적에 맞춰 보기 쉽게 재작성했다.

로 적으면 자금 쇼트=도산의 위험이 커진다.

해당 결산기에 기업이 현금을 벌어서 기수(①)와 비교하여 기말(⑤)에 잔고가 증가했다면 경영상황은 양호하다고 판단할 수 있다.

소폭 감소 정도는 크게 신경 쓰지 않아도 되는데, 3년과 5년 단위로 봤을 때 우상향으로 증가 중이면 상태가 건전하다고 하겠다.

상장하고 얼마 지나지 않은 신규 종목은 상장으로 인한 자금조달로 현금 잔액이 매우 풍부하다. 대개는 성장을 위한 선행투자로 현금 잔액은 줄어든다.

마찬가지로 증자나 차입으로 자금을 조달해도 현금 잔액은 증가한다.

영업 현금 흐름(CF)

영업CF는 본업인 영업활동에 사용되는 현금으로 플러스가 클수록 높게 평가받는다. 또 손익계산서(PL)에서 이익이 났는데, 영업CF가 적다면 PL상 이익 내역을 확인해야만 한다.

예를 들어, 최종이익은 흑자인데도 대출 손실을 위한 충당금이나 법인세 부담으로 돈이 들어오지 않은 바람에 영업CF가 마이너스인 경우도 자주 있다.

거꾸로 건전하게 급성장을 이뤄낸 기업은 영업CF가 결산 기간 중에 수배나 늘어나기도 한다. 바로 판매 중인 상품이나 서비스가 크게 인기를 얻었을 때다. 스마트폰용 게임회사 등 소자본으로 고성장한 기업에 많이 보이는 패턴이다.

이렇게 IT계열 기업은 제품이나 서비스의 매출원가가 낮아서 총매출 대비 영업CF 비율을 표시한 **'영업 현금 흐름(CF) 마진'**이 50%를 넘는 등 매우 높은 곳도 있다.

PL에서 계산하는 '총매출 영업이익률'보다 '영업CF 마진'이 실제로 벌어들이는 힘을 나타낸다고 할 수 있다.

스타트업 직후 성장 기업에서는 아직 영업CF가 마이너스인 경우도 있으나, 현금 잔고에 여유가 있고 투자CF가 마이너스라면 투자를 우선하는 시기라는 뜻으로, 그다지 문제 되지 않는다. 그러나 상상 후 상당히 시간이 흘렀는데도 영업CF가 흑자로 전환되지 않고 현금 잔고에 여유가 없다면 조심해야 한다.

개중에는 영업CF는 적자인 채, 정기적으로 증자하고 자금을 없애버리는 좀비 기업과 같은 곳도 있으므로 조심해야 한다.

또 경영 부진으로 적자에 빠진 기업 중에는 본업이 부진하여 영업CF가 대폭 마이너스가 되자 자산을 매각하여 투자CF를 플러스로, 증자 등으로 재무CF도 플러스로 만들어 가까스로 자금을 조달하는 곳도 있다. 이런 타입은 현금 잔고에 여유가 없어서 도산 직전인 사례도 적지 않다.

투자 현금 흐름(CF)

투자CF는 기업이 적극적으로 신규 투자하면서 기업 규모를 키우거나 더욱 성장하기 위한 잣대이므로 성장주 투자에서는 마이너스 클수록 지표가 좋다.

거꾸로 투자CF가 플러스가 되는 것은 비정상(자산 매각 중) 이므로 자금조달에 문제가 없는지 확인해야 한다. 성장주 투자에서는 투자CF가 플러스인 기업은 투자대상에서 제외한다.

투자CF는 성장주 투자에서 매우 중요한 항목으로 향후 성장해 가는데 제대로 투자하고 있는지(가능하다면 5년 정도 되돌아가서) 확인하시라. 투자CF가 크게 신장한 경우, 해당 투자가 잘 되었다면 이후 결산에서 성장률에 속도가 붙을 가능성이 크므로 차기 이후 영업CF에서 회수되었는지 주목한다.

투자CF가 마이너스인데, 영업CF가 증가하지 않는다면 문제이므로 대차대조표(BL)나 PL을 확인한다.

기입은 설비투자나 신규 인재 채용 등 새로운 투지를 통해 성장한다. 대기업이나 중견 기업은 영업CF 기반이 안정적이므로 영업CF의 플러스를 넘지 않는 범위 내에서 투자CF의 마이너스가 건전하다고 본다.

이렇게 영업CF와 투자CF를 더한 값이 **'잉여현금흐름(FCF)'**[27]이다. FCF가 플러스라면, 기업이 만들어낸 현금 범위 내에서 투자 중인 상태다.

그러나 성장 중인 성장 기업에서는 아직 영업CF에서 벌어들이는 힘이 불충분하다보니, 투자CF가 영업CF의 플러스를 초과하여 마이너스가 되는 일도 잦다. 그러면 영업CF의 부족분을 어떻게 메울까. 상장 직후나 증자 직후에 현금 잔고가 충분하다면 잔고 감소로, 반대라면 증자나 차입을 통해 재무CF를 플러스로 만들어 보충하게 된다.

재무 현금 흐름(CF)

재무CF는 차입한 자금의 이자 지급이나 주주배당금 지출로 소규모 마이너스가 보통이다. 다만, 증자나 신규차입으로 자금을 조달했을 때는 플러스가 커진다. 만약 플러스라면 자금조달내역을 확인한다.

다만 성장 기업 중에서도 특히 고성장기인 기업에서는 재무CF에서 배당으로 주주에게 환원하기보다 투자CF로 할당하려는 경향이 있다. 따라서 투자CF의 마이너스를 차입금으로 보충하는 식으로 하여 재무CF가 플러스인 사례가 많다.

특히 신규 기업 중 적자경영에서 벗어나지 못하는 곳은 영업CF가 마이너스여도 선행투자로 인해 투자CF도 마이너스가 되며 현금이 급속히 빠져나간다. 상장 직후에는 자금이 풍부하여 문제 되지 않지만, 현금 잔고가 줄어들면, 자금조달(재무CF 플러스)로 보충해야 한다. 그러나 적자 기업이 자금을 조달하기란 어려움이 많아, 증자 가능성도 대두되므로(희박화하여 주가는 하락한다. 제4장 칼럼⑥ 참조), 조심해야 한다.

---

(27) Free Cash Flow

유이자부채[20]가 크지 잃은 우량 기업의 새무CF는 배당시출밖에 없어서 소폭 마이너스가 되며 영업CF 플러스로 투자CF와 재무CF의 마이너스를 충당 가능할 정도로 건실하다.

이러한 형태는 경영안정이라는 면에서 평가하면 현금 흐름 면에서 이상적이지만, '3년에 매출과 이익 2배'를 기대하는 성장주 투자라는 관점에서 보면 충분하지는 않다.

CF 차트의 간이 평가에 대해서

CF 차트 아래에는 현금흐름과 관련한 간이 평가도 표시된다. 간이 평가에서 영업CF, 투자CF, 재무CF의 플러스, 마이너스 조합과 기말 현금 잔고가 기수보다 많은지 적은지에 따라 4단계로 평가한다(다음 페이지 그림(표)33).

그림 중에 '기수잔고<기말잔고' 상태로 '영업CF+ 투자CF- 재무CF-'이거나 '영업CF+ 투자CF- 재무CF+'인 경우는 본업에서 +인 현금수입이 있어서 그중 일부를 투자로 전환하여 성장하는 것으로 보고 ◎로 평가했다.

반대로 '기수잔고>기말잔고' 상태에서 '영업CF- 투자CF+ 재무CF+'이거나 '영업CF- 투자CF+ 재무CF-' '영업CF- 투자CF- 재무CF+' '영업CF- 투자CF- 재무CF-'는 ×표시로 평가했다.

시각화 차트와 플러스마이너스평가로 기업의 자금조달상황을 이미지화할 수 있어야 한다.

또 영업CF 마진에 대해서는 다음의 4단계로 평가한다.

---

(28) 장단기차입금에 사채, 전환사채, 받을 어음할인금 등 어떤 형태로든지 이자를 지불해야 하는 부채.

그림(표)33 현금 흐름 계산표(CF) 평가기준

■기수잔고보다 기말잔고가 많은 경우		■기수잔고보다 기말잔고가 적은 경우	
◎	영업 CF + 투자 CF − 재무 CF −	△	영업 CF + 투자 CF − 재무 CF −
◎	영업 CF + 투자 CF − 재무 CF +	△	영업 CF + 투자 CF − 재무 CF +
○	영업 CF + 투자 CF + 재무 CF −	△	영업 CF + 투자 CF + 재무 CF −
○	영업 CF + 투자 CF + 재무 CF +	△	영업 CF + 투자 CF + 재무 CF +
△	영업 CF − 투자 CF + 재무 CF +	×	영업 CF − 투자 CF + 재무 CF +
△	영업 CF − 투자 CF + 재무 CF −	×	영업 CF − 투자 CF + 재무 CF −
△	영업 CF − 투자 CF − 재무 CF +	×	영업 CF − 투자 CF − 재무 CF +
△	영업 CF − 투자 CF − 재무 CF −	×	영업 CF − 투자 CF − 재무 CF −

> (우량 성장 기업의 조건은 매년, 영업을 통해 꾸준히 현금수입을 얻어
> 해당 범위 내에서 성장을 위한 활발히 투자하는 것.
> 차입하여 투자자금을 충당하더라도 향후 성장으로 이어질 가능성이 크므로 ◎.
> 어느 쪽이든 매년, 현금잔고는 증가한다.)

영업CF 마진의 평가기준
◎우량(15% 이상)
○보통 이상(10% 이상)
△그럭저럭(10% 미만)
×NG(적자)

도요타자동차를 보면, 총매출 대비 어느 정도 현금이 들어오는지를 나타낸 영업CF 마진이 10% 정도로 코로나 팬데믹의 영향으로 감소하였다. 또 전기에는 약 3,628억 엔 플러스였던 재무CF가 2.7조 엔 이상으로 증가했는데, 이는 차입금을 대폭 늘렸다는 증거다.

반면에 예년에는 없었을 정도로 증가한 부분이 투자CF의 마이너스 금액이다. 코로나 팬데믹 와중에 4.6조 엔 이상을 투자로 전환하였다.

모빌리티 컴퍼니로 탈바꿈하려는 '공격적 투자'라고 볼 수 있다.

영업CF 플러스를 훨씬 웃도는 투자CF 마이너스를 재무CF의 대폭 플러스로 메우는 형태인데, 코로나 팬데믹 중에 큰 빚을 내서 투자했음을 의미한다. 앞으로 성과가 나타나기를 기대해볼 수도 있다.

이 같은 이유로 핫샨은 '도요타자동차를 성장주'로 보고 있다.

고성장 IT기업, 라쿠스의 CF 차트

1번 타자로 일본 제일의 우량 기업 도요타자동차를 소개했는데, 성장주에 많은 IT계열 기업이나 상장 직후 신규 기업의 현금흐름은 어떨까?

그림34 라쿠스: 2021년 3월 결산기 현금흐름(CF) 차트

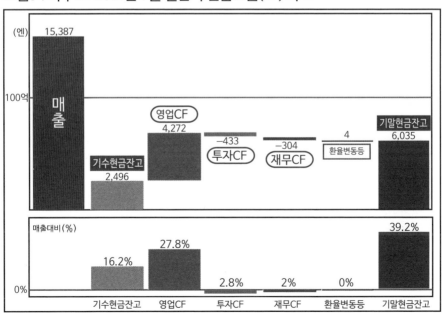

그림34는 제1장에서 과거 5년 동안 실적을 살펴본 클라우드형 경비 정산 시스템 '편하게 정산'의 라쿠스(3923)의 2021년 3월 결산기의 현금 흐름(CF)를 시각화한 차트다.

특히 기수 25.0억 엔이었던 현금 흐름 잔고가 비즈니스 확대로 인한 영업CF 증가로 기말에는 60.4억 엔까지 증가한 부분에 주목해야 한다. 재무CF가 주주배당금 지급으로 마이너스인데도 현금이 2배 이상 큰 폭으로 증가했으므로 투자에 더욱 박차를 가하여 사업 확대가 가능하다.

IT기업의 경우, 점포나 공장 등 거액의 설비투자가 거의 없으므로 투자CF 마이너스는 영업CF 플러스의 10% 정도다. 투자에 비용을 들이지 않아도 현금을 창출해 내는 비즈니스모델이 특징이다(IT기업의 비용은 주로 인건비와 연구개발비로 영업CF 단계에서 마이너스로 상쇄된다).

라쿠스는 이미 고성장 기업이지만, 미래에는 M&A를 통해 주수입원인 '편하게 정산'에 이은 신규 사업 매수를 고민해야 할지도 모른다. 투자CF의 마이너스 폭 확대는 '더욱 성장하겠다'라는 의욕의 표출로도 볼 수 있으므로, 성장 기업으로 평가할만하다.

적자경영 속 IT기업, 머니포워드의 CF 차트

머니포워드(Money Forward Inc., 3994)도 기업용 회계 자동화 소프트웨어와 개인용 가계부 관리 도구를 클라우드 방식으로 제공하는 IT기업이다.

성장 중인 IT기업에는 기업매수나 인원증원 등으로 매출이 확대 중인데도 적자경영인 곳이 많은데, 머니포워드가 바로 그렇다.

머니포워드의 2020년 11월 결산기의 경영성적을 보면, 매출은 58.1% 증가로 2기 연속 50% 이상 확대되었지만, 경상수지는 25.4억 엔이나 적자였다.

그림35 머니포워드: 2021년 11월 결산기 현금흐름(CF) 차트

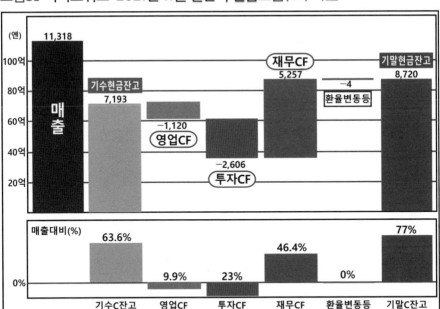

이 기업의 경영상태를 CF 차트(**그림35**)로 보면, 영업CF, 투자CF, 재무CF의 마이너스를 '주식 발행으로 인한 수입 49.8억 엔', 즉 증자를 포함한 재무CF 플러스로 메우고 있는 형태다.

적자 성장 기업에서 흔히 보는 패턴이지만, 은행에서의 차입금이 아니라 증자로 자금을 조달할 수 있는 건, 비즈니스모델이 투자자에게 평가받고 있다는 방증이기도 하다.

다만 현재 상태는 증자로 얻은 자금으로 신규투자를 계속해도 적자여서 기업에는 현금이 들어오지 않고 있다. 적자경영이 해소되어 영업CF가 플러스로 전환하지 않으면, 순조롭게 성장궤도에 올랐다고는 할 수 없다.

장기투자를 고려한다면, 매출 확대뿐 아니라 영업CF 마이너스 폭이 착착 줄어들고 있는지 시간 순서에 따라 확인해야만 한다.

갓 IPO한 기업, FFJ의 CF 차트

패스트 피트니스 재팬(Fast Fitness Japan Incorporated, 7092)은 24시간 영업 중인 '애니타임 피트니스'로 프랜차이즈 사업을 전개 중이며, 2020년 12월에 갓 신규 상장한 IPO기업이다.

2021년 3월 결산에서는 코로나 팬데믹 영향으로 총매출 1.5%, 경상이익 20.3% 감소로 수익도 이익도 줄었다.

CF 차트(**그림36**)을 보면 영업CF는 이미 플러스 전환, 매출을 차지하는 영업CF 마진도 17.5%로 점포형 시설을 전개 중인 기업치고는 꽤 높은 편이다. 특히 코로나 팬데믹의 역풍 속에서도 영업CF 마진 수준이 높은 점은 매우 흥미로운 부분이다. 그러나 이는 머니포워드가 프랜차이즈 점포 개척에 주력하며, 가맹점주로부터 로열티라는 이익률이 높은 수입이 많아졌기 때문이다(제1장에서 소개한 워크맨 <7564>과 유사하다).

그림36 패스트 피트니스 재팬: 2021년 3월 결산기 현금흐름(CF) 차트

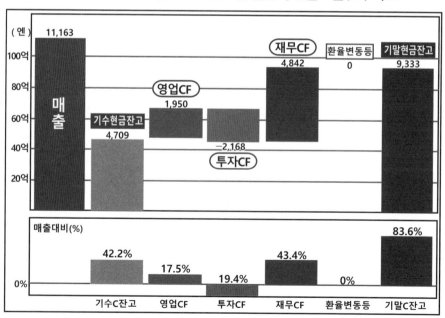

IPO로 조달한 38.7억 엔과 은행 차입금으로 재무CF가 48.4억 엔으로 플러스가 되었으며, 향후 조달한 자금으로 더욱 점포를 늘려갈 수 있을 것이다.

IPO 종목의 CF 차트는 상장 시에 조달한 자금으로 재무CF 플러스가 확대되는 게 특징이다. 향후 조달한 자금을 어떻게 투자로 전환하고 (투자CF 마이너스), 영업CF 플러스를 확대할 것인지를 시간 순서에 맞춰 쫓아야 한다.

부실 성장 기업, 쿡패드의 CF 차트

일본 최대 조리 레시피 사이트를 운영 중인 쿡패드(Cookpad Inc., 2193)는 2009년 7월에 상장하여 2016년 12월 결산기까지 급성장했다. 이후 경쟁 기업의 대두로 유료 회원수 감소, 해외 진출 실패와 경

그림37 쿡패드: 2020년 12월 결산기 현금흐름(CF) 차트

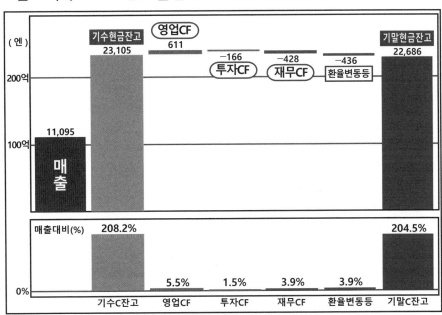

영진 내홍까지 겹치며 수익도 이익도 감소세로 돌아섰다.

그림37은 매출수익이 전기대비 5.6% 감소, 세전이익은 49.9%로 끝난 2020년 12월 결산 CF 차트다.

부실 성장 기업 중에는 페퍼푸드 서비스(3053), 호프(6195)처럼 지나친 사세확충의 실패로 거액의 적자와 채무초과로 전락한 패턴이 눈에 띈다.

이에 비해 쿡패드는 자기자본비율이 88%로 높은 편이고 대부분 현금이다. CF 차트에서도 기중 영업, 투자, 재무CF에 대해 기수 및 기말현금잔고가 월등히 많아서 경영파탄의 우려는 없다.

다만 현금이 풍부한데도 새로운 비즈니스에 활용하지 못하는 부실 성장, 주가 장기 부진으로 이어지고 있다. 2018년 12월 결산부터는 신선식품 e커머스 사업이 출발했으나 아직 이익을 창출하는 정도는 아니다.

새 사업이 성공하면 현금을 투자할 여력이 충분하며 다시 성장궤도에 오를 가능성도 있다. 지금은 비록 부진하지만 언제든 재무적으로 부활할 가능성이 충분한 기업이다.

과거 5년 동안 현금흐름표(CF)로 보는 고베물산

매출 및 이익의 신장과 마찬가지로 재무제표도 시간을 거슬러 과거 5년 동안을 보면 해당 기업에서 벌어지는 변화, 성장의 싹, 성장둔화 등을 살펴볼 수 있다.

그래서 '업무형 식자재 마트'를 전국적으로 운영 중인 고베물산(3038)의 2016년 10월 결산부터 2020년 10월 결산까지 5기분 현금흐름계산서(CF) 수치를 순서대로 보면 성장 기업의 CF가 어떻게 변해가는지 간접 체험할 수 있다(그림(표)38).

5년 동안 CF 추이를 보고 있으니 매출 확대와 함께, 영업CF가 2016년 10월 결산기에 119.6억 엔에서 2020년 10월 결산기에는 195.4억

그림38 고베물산 괴기 5년 동안 현금흐름계산표(CF)

(숫자 단위는 백만 엔)

2016년10월 결산기	총매출 239,266				
기수잔고	영업	투자	재무	환율변동등	기말잔고
59,317	11,962	-2,480 ●	-4,522	-1,093	63,183
매출대비 24.8%	5.0%	1.0%	1.9%	0.5 %	26.5 %

이 시기 이후 투자CF는 마이너스가 확대되는데, 이는 적극 투자의 증거. 성장이 기대됨

2017년10월 결산기	총매출 251,503				
기수잔고	영업	투자	재무	환율변동등	기말잔고
63,183	13,661	-3,071	457	527	74,758
매출대비 25.1%	5.4 %	1.2%	0.2%	0.2 %	29.7%

2018년10월 결산기	총매출 267,175				
기수잔고	영업	투자	재무	환율변동등	기말잔고
74,758	13,693	-4,936	-11,388 ●	183	72,310
매출대비 28.0%	5.1%	1.8%	4.3 %	0.1%	27.1%

2019년10월 결산기	총매출 299,616				
기수잔고	영업	투자	재무	환율변동등	기말잔고
72,310	19,217	-9,498	-12,373 ●	58	69,718
매출대비 24.1 %	6.4%	3.2%	4.1%	0.0%	23.3%

2년 연속 재무CF 마이너스=차입금 변제로 견실한 경영

2020년10월 결산기	총매출 340,870				
기수잔고	영업	투자	재무	환율변동등	기말잔고
69,718	19,543 ●	-17,314	-3,704	42	68,285
매출대비 20.5%	5.7%	5.1 %	1.1%	0.0%	20.0%

총매출과 함께 영업CF가 5년 만에 120억 엔에서
195억 엔으로 순조롭게 신장 중으로 성장의 증거

엔까지 순조롭게 늘어나고 있다는 데 눈길이 간다.

매출뿐 아니라 본업에서 얻는 현금수입도 착실히 늘고 있어 순조롭게 성장 중임을 알 수 있다. 특히 2019년 10월 결산에는 타피오카 붐이라는 순풍도 불어 영업CF가 전기 130억 엔대에서 190억 엔대로 약진했다.

고베물산은 크게 무리하지 않고 각 결산기의 영업CF 플러스 범위 내에서 신규투자와 부채 변제 등을 이행했다는 것도 알 수 있다. 성장 기업이면서 매우 건실하게 경영하고 있다는 뜻이다.

이는 향후 급성장보다도 성숙한 우량 기업으로 변모하려는 전조일지도 모른다. 식품유통분야에서 최근 수년간 기업 규모가 상당히 커져서 대기업에 필적할 정도에 와 있다. 성장이 갑자기 멈추면 주가에는 악영향을 끼치겠지만, 투자CF 마이너스를 확대하고 이를 매출과 이익이 성장하는데 어떻게 할애하느냐가 관건이라 하겠다.

이처럼 CF에는 '경영의 변화'가 나타나며, 특히 투자CF를 통해 '성장성의 변화'가 잘 보인다는 특징이 있다. 신경 쓰이는 변화를 발견했다면 결산보고서의 경영성적에 관한 설명이나 결산 발표 시 결산 설명자료 등을 보고 어떤 이유로 그런 변화가 생겼는지 확인한다.

대차대조표(BS)를 시각화하여 재무력 분석

대차대조표는 '밸런스시트(BS)'라고도 부르는데, 자산의 상황을 좌측의 차변(자산)과 우측의 대변(부채와 순자산)으로 나타낸 것이다. 좌측과 우측의 금액은 항상 같다.

- **차변에는 '총자산(기업이 빌려온 돈의 명세)'**
- **대변에는 '순자산(기업 자체가 보유 중인 돈의 명세)+부채(투자자나 금융기관 등 외부기관이 기업에 빌려준 돈의 명세)'**

이처럼 된다(결산보고서에는 위아래로 순서대로 표시되어 있다).

다음 페이지 **그림(표)39**는 핫산이 성장주로 주시 중인 종합 IT시스템 기업, 노포 후지쓰(FUJITSU Limited, 6702)의 2021년 3월 결산기의 BS다.

후지쓰라고 하면 이미 대기업이지만, 코로나 팬데믹 이후 정부의 DX(디지털 트랜스포메이션) 시책의 혜택으로 새로운 성장 단계에 돌입 중이다.

BS는 자산부(차변)과 부채 및 자본부(대변)의 2페이지 구성이 많으며 과목 구성은 상당히 복잡하다. 단 성장주 투자라면 다음의 6종류의 숫자만 발췌하여 요점만 보면 된다(성장주 투자에서는 자산 자체를 평가하는 게 아니라 서다).

어쨌든 6종류만으로도 충분하므로 반드시 기억한다. 6종류는 다음과 같다.

●**차변:**
①**당좌자산**
②**(기타)유동자산**
③**고정자산(비유동 자산)**

●**대변:**
④**유동부채**
⑤**고정부채(비유동 부채)**
⑥**자본(순자산)**

당좌, 유동, 고정(비유동)이라는 단어가 나왔는데, 당좌>유동>고정 순서로 뒤로 갈수록 '현금화하기 어려운' '불량화 가능성이 있는' 자산이나 부채다.

참고로 이들 용어의 사용법도 회계기준에 따라 다르며, 일본 기준으로는 '고정'이라고 하는 부분을 미국 기준이나 IFRS에서는 '비유동'이라고 하는 등, 상당한 차이가 있다(주의해야 하는 '브랜드 가치'에 대해서는 141페이지 칼럼④에서 설명한다).

'당좌자산'은 유동자산에 포함되며 환금성이 가장 높은 자산의 합계나. 밸런스시트 내 **차**변의 어느 과목이 당좌자산이며 어느 과목이 유동자산인지는 익숙해질 때까지 헷갈리기 쉬워서 주의해야 하지만, 원칙적으로 **그림(표)40**처럼 당좌자산 과목은 자산 쪽 윗부분에 기재되어 있다.

그림(표)39 후지쓰: 2021년 3월 결산기 대차대조표와 여섯 포인트에 주목

연결재무제표 및 주요 주기
(1) 연결재정상태계산표

> 유동자산 중에서도 현금이나 현금화하기 쉬운 자산

① 당좌자산

(단위: 백만 엔)

	주기번호	전년도말 (2020년 3월 31일)	금년도말 (2021년 3월 31일)
자산			
유동자산			
현금 및 현금성자산		451,857	481,832
매출채권		879,454	859,930
기타채권		93,428	48,769
재고자산		238,070	237,013
기타 유동자산 **② 유동자산**		214,130	233,333
(소계)		1,876,939	1,860,877
매각 예정 보유자산		14,182	12,215
유동자산 합계		1,891,121	1,873,092
비유동자산			
유형고정자산		570,170	569,593
무형자산(감각상각 되지 않음)		36,709	41,239
무형자산		107,213	120,459
지분법으로 회계처리된 투자		150,719	154,396
기타 투자		131,762	176,891
이연세금자산 **③ 고정자산(비유동자산)**		106,636	76,661
기타 비유동자산		193,112	177,875
비유동자산 합계		1,296,324	1,317,114
자산합계		3,187,445	3,190,206
부채 및 자본			
부채			
유동부채			
매입채무		478,970	468,139
기타채무		390,917	358,425
회사채, 차입금 및 리스부채		199,450	174,268
미납 법인세소득		50,652	32,183
충당금		51,769	60,680
기타 유동부채 **④ 유동부채**		192,767	194,757
(소계)		1,364,525	1,288,452
매각 예정 보유자산에 직접 관련된 부채		1,083	1,045
유동부채 합계		1,365,608	1,289,497
비유동부채			
회사채, 차입금 및 리스부채		206,119	142,057
퇴직급여 부채		190,353	149,994
충당금 **⑤ 고정부채(비유동부채)**		30,652	26,615
이연세금부채		10,370	8,451
기타 비유동부채		35,908	26,687
비유동부채 합계		473,402	353,804
부채합계		1,839,010	1,643,301
자본			
자본금		324,625	324,625
자본잉여금		237,654	241,254
자기주식		△59,614	△79,495
이익잉여금		735,920	909,139
기타 자본 구성요소 **⑥ 자본(순자본)**		2,371	54,646
지배주주 귀속 지분합계		1,240,956	1,450,139
비지배분		107,479	96,766
자본합계		1,348,435	1,546,905
부채 및 자본 합계		3,187,445	3,190,206

114

그림(표)40 유동사산 중 '당좌사산'과 ´기타 유동자산' 구분

주요 당좌자산

현금 예금 현금성자산 수취어음

매출채권 미수금 영업채권

유가증권 기타금융자산

현금과 예금이 가장 유동성이 높다 매출채권도 통상적으로 현금화하기 쉽다.

기타 유동자산

상품 제품 재고자산 판매용부동산

재공품(29) 원재료 저장품(30) 미수품

선납금 대부금 충당금 등

제품화하기 위한 원재료나 판매전 제품 등. 불량재고의 가능성도 있다.

핫산이 웹상에서 공개 중인 '밸런스시트[BS] 차트 초심자용 시각화 분석 도구'에 위의 6종류 숫자를 입력하면 BS 차트가 표시된다. 유동 자산을 당좌자산과 기타 유동자산으로 나누어서 입력한다는 점에 주 의한다.

 대차대조표= 밸런스시트 시각화! **'밸런스시트[BS] 차트 초심자용 시각화 분석 도구'** http://kabuka.biz/funda/bs/

후지쓰의 대차대조표를 시각화한 결과가 다음 페이지 **그림41** 이다.

---

(29) 在工品, 공업 제조하는 과정에 있는 물품. 경영 부기에서 설정하는 계정 과목의 하나.

(30) 貯藏品, 구입한 연료나 사무용품 따위의 액수가 클 때 설치하는 계정 과목. 소액이면 비용으 로 처리함.

그림41 후지쓰: 2021년 3월 결산기 대차대조표(BS) 차트

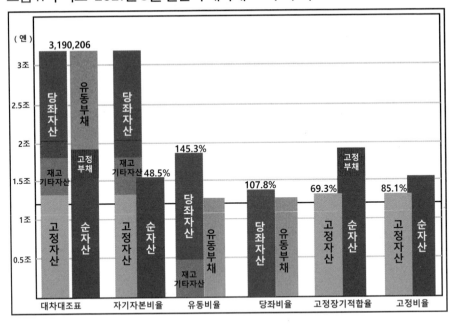

예전에 후지쓰는 대형가전업체로써 두각을 드러냈으나, 외국과의 가격경쟁에서 밀리며 오랫동안 부진했다. 그러나 최근 사업 구조조정을 추진하며 재무 체질 개선과 함께 앞서 언급한 DX를 시작으로 시스템 솔루션으로 특화한 종합 IT기업으로의 변신에 성공했다.

BS 차트를 봐도 고정비율이 85.1%로 고정자산을 순자산 범위 내에서 보충하고 있어서, 구조조정에 성공한 후 경영체질이 상당히 날렵해 보인다.

BS 차트, 간이 평가에 대해서

대차대조표(BS) 분석 도구 중 BS 차트 아래에 재무 상황 간이 평가가 표시되어 있는데, 그 기준은 다음과 같다.

- **자기자본비율 : 높을수록 좋다.**
- **유동비율 : 높을수록 좋다.**
- **당좌비율 : 높을수록 좋다.**
- **고정장기적합률 : 낮을수록 좋다.**
- **고정비율 : 낮을수록 좋다.**

각각의 항목을 살펴본다.

자기자본비율

'자기자본비율'은 입력을 간략화하기 위해 '순자산÷총자산'으로 계산하는데, 결산보고서에 실제로 기재된 자기자본비율([순자산에서 소수 주주 보유분 등을 뺀 자기자본]÷총자산) 보다 높게 산출된다.

대개 현금흐름표(CF)의 현금잔고와 마찬가지로 높을수록 안정성이 높아지지만, 너무 높으면 자본효율이 나쁘다.

도구로 산출된 자기자본비율의 평가기준은 다음과 같다.

'◎**우량(50% 이상)**, ○**보통(20% 이상)**, △**별로(10% 이상)**, ×**나쁨(10% 미만)**'

유동비율

'유동비율'은 '유동자산÷유동부채'로 계산하며, 단기간에 갚아야 할 부채 대비 단기 자산의 비율을 나타낸다. 높을수록 재무 체질이 우량하다.

도구로 산출한 유동비율 평가기준은 다음과 같다.

'◎**우량(200% 이상)**, ○**보통(100% 이상)**, △**별로(70% 이상)**, ×**나쁨(70% 미만)**'

당좌비율

'당좌비율'은 '당좌자산÷유동부채'로 계산하며, 단기간에 갚아야 할 부채 대비 현금이나 매출채권, 수표 등 곧장 현금화할 수 있는 자산의 비율을 나타낸다.

'유동비율' 이상으로 엄격하게 보게 되며, 높을수록 현금이 풍부하다는 뜻이다.

유동비율과 비교하여 당좌비율이 극단적으로 낮으면, 상품재고나 판매용 부동산이 불량해졌을 가능성이 있으므로 주의해야 한다.

도구로 산출하는 당좌비율 평가기준은 다음과 같다.

'◎우량(150% 이상), ○보통(70% 이상), △별로(50% 이상), ×나쁨(50% 미만)'

고정장기적합률

'고정장기적합률'은 '고정자산÷(고정부채+순자산)'으로 산출한다. 기업의 수익을 창출하기 위한 공장, 창고, 인수 기업의 브랜드가치 등의 고정자산을 안정성이 높은 순자산이나 고정부채로 마련할 수 있는지를 보는 지표다.

이 지표는 값이 낮을수록 평가가 높다.

도구로 산출하는 고정장기적합률 평가기준은 다음과 같다.

'◎우량(80% 이하), ○보통(100% 이하), △별로(120% 이하), ×나쁨(120% 초과)'

고정비율

'고정비율'은 '고정자산÷순자산'으로 고정자산을 순자산으로 조달할 수 있는지 보는 지표다. 100% 이하라면 차입금 등 부채에 없이 기업 내 순자산 범위에서 고정자산을 보유 중이라는 뜻이므로 재무면으로 봐서 매우 우수하다.

도구로 산출하는 고정비율 평가기준은 다음과 같다.

'◎우량(100% 이하), ○보통(120% 이하), △별로(150% 이하),

×나쁨(150% 초과)'

투자를 판단하는 데 있어, 각 평가가 ◎나 ○라면 특별히 문제없음. △나 ×라면 주의해야 한다.

성장주에서는 △가 나오기도 하지만, ×가 하나라도 있으면 투자대상에서 제외하는 게 좋다.

온라이 쇼핑 대형 성장주, 메르카리의 BS 차트

대차대조표(BS) 에서도 성장 기업이나 신규상장 직후의 IPO 종목의 사례, 더욱이 부채를 디딤돌 삼아 수익력을 높이는 고(高)ROE 경영을 지향하는 기업, 부실 성장 사례 등을 구체적으로 살펴보자.

우선 전년대비 40% 이상 수익이 증가 중인 온라인 플리마켓 애플리케이션 메르카리(Mercari Inc., 4385)의 2020년 6월 결산의 BS 차트를 다음 페이지 **그림42**에 실어두었다.

메르카리는 2018년 6월 상장. 매출은 급성장 중이나, 2020년 6월 결산에서 최종적자가 227.7억 엔에 달하며, 자기자본비율은 17.9%로 취약하다. 좋은 의미로 본다면 적자인데도 적극적으로 규모를 추구하고 있다고 할 수 있다.

BS 차트 평가는 합격점으로 유동비율은 153.7%, 당좌비율은 124.3%로 평가는 ○다.

1357.5억 엔의 유동자산 대부분은 현금 및 예금이므로 단기적인 자금조달에는 문제가 전혀 없다.

고객이 플리마켓에서 사용한 결제액 등이 일시적 예금 839.5억 엔(유동부채) 이나 고정부채에 속하는 장기차입금 515.5억 엔이 현금 및 예금 1357.5억 엔과 균형을 맞추고 있는 모양새다.

또 고정장기적합률은 32.7%로 ◎, 고정비율도 81.2%로 ◎로 평가된다. 이는 재무면에서 문제가 없는 범위 내에서 있는 힘껏 성장을 위한 투자를 지속 중이라고 평가할 수 있다.

2020년 6월 결산의 현금흐름계산표(CF)를 보면, 그때까지 적자였던 영업CF가 125.3억 엔 플러스 전환, 이때부터 투자CF의 마이너스 26.5억 엔을 뺀 잉여현금흐름(FCF)도 98.9억 엔으로 처음 플러스 전환하며, 이익을 낳는 성장 기업으로 변신 중으로 보인다.

이처럼 BS는 한 시점에서 정지된 상태의 재무를 나타내므로 CF나 손익계산서(PL)도 함께 보면서 이익과 현금을 창출하는 체제가 정돈되고 있는지 확인한다.

2021년 6월 결산에서는 경상이익이 49.8억 엔으로 첫 흑자 전환하였으며, 다음 단계로 진행 중인 메르카리. 향후 이익 성장 정도에 따라 성장주로써 평가받게 될지도 모른다.

그림42 메르카리: 2020년 6월 결산 대차대조표(BS) 차트

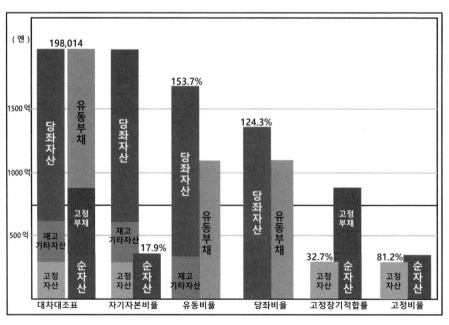

갓 상장한 IT기업, 비자스쿠의 BS 차트

컨설턴트와 기업을 이어주는 매칭 서비스를 제공하는 IT기업 비자스쿠(VisasQ Inc., 4490)는 2020년 3월 상장했다.

갓 상장한 신규 기업 대차대조표(BS)는 상장으로 조달한 풍부한 자기자본을 바탕으로 자기자본비율도 유동비율도 고정비율도 모두 ◎인 상태가 많은 편이다.

특히 점포나 공장이 필요 없는 IT계열 기업이나 컨설턴트, 아웃소싱 등 인재가 모이면 사업이 회전되는 비즈니스모델의 경우, **그림43**의 비자스쿠 2021년 2월 결산 BS 차트처럼 유동부채나 고정부채가 보유 중인 현금과 예금(유동자산), 순자산에 비해 매우 적은 재무건전성이 튼튼한 체질이 된다.

그림43 비자스쿠: 2021년 2월 결산 대차대조표(BS) 차트

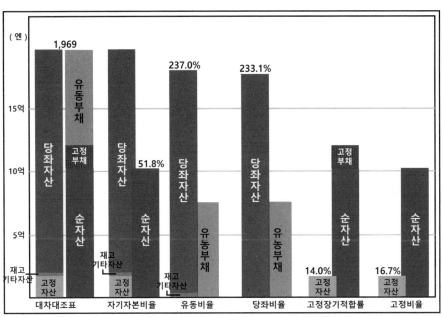

BS에서는 IPO로 조달된 자금이 풍부하다는 것만 알 수 있다. 따라서 IT 계열이나 컨설팅계 신규 기업은 손익계산서(PL)이나 현금흐름표(CF)도 꼼꼼히 보면서 성장력과 수익력을 확인한다.

이후 비자스쿠는 2021년 8월에 미국 콜맨(Coleman)사를 인수한다고 발표했다. 상장으로 조달한 풍부한 자금을 활용하여 성장을 위한 글로벌 시장 진출에 속도를 내고 있다는 점은 평가할만하다.

고ROE 기업, 소니의 BS 차트

재무 레버리지를 활용하여 적은 자본으로 큰 이익을 올리는 경영 스타일을 레버리지(ROE) 경영이라고 부르는데 대표적인 기업으로는 소프트뱅크그룹(9984)과 라쿠텐그룹(4755) 등이 있다. 이렇게 ROE가 높은 기업은 부채가 커서 BS 차트 평가치는 유동비율, 고정비율 모두 △나 × 등으로 평가가 좋지 못하다.

또 고ROE 기업은 소프트뱅크처럼 다방면으로 투자하거나, 라쿠텐그룹처럼 은행, 증권, 보험 업무 등을 연결하고 있어서, BS를 비롯한 재무제표가 복잡하여 상세한 내용을 이해하기에는 난도가 높다.

그중에서 비교적 이해하기 쉬운 소니(6758)의 2021년 3월 결산을 BS 차트로 그래프화했다(**그림44**). 소니도 서두에 다뤘던 후지쓰와 마찬가지로 한때는 가전제조업체라는 이미지가 있었지만, 지금 두 기업의 자기자본비율은 대조적이다.

후지쓰의 자기자본비율은 48.5%※(2021년 3월 결산 BS에서 발췌)로 높은 편이며 가전 부문은 구조 조정하여 IT 솔루션으로 특화한 '안정적 경영'이 특징이었다. 반면 소니는 반도체나 스마트폰, 게임기 판매와 소니은행 등 금융 부문, 미국 중심의 영화와 음악과 같은 오락부문 등으로 경영 다각화를 꾀하고 있다.

그림↗↗ 소니: 2021년 3월 결산 대차대조표(BS) 차트

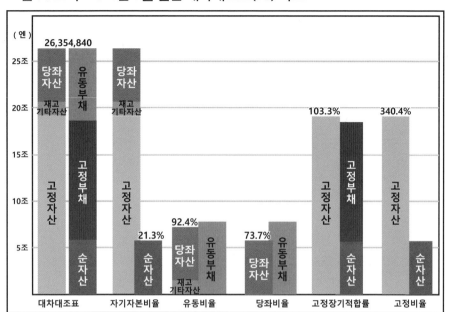

이로 인해 소니의 자기자본비율이 21.3%밖에 안 되며, 소프트뱅크 그룹에 가까운 고ROE 경영 타입에 속한다. 그리고 2021년 3월 결산 BS 시각화 차트 평가는 다음과 같다.

○ 자기자본비율 21.3%[31]

△ 유동비율 92.4%

○ 당좌비율 73.7%

△ 고정장기적합률 103.3%

× 고정비율 340.0%

재무 건전성이라는 의미에서는 부정적이다. 자기 능력 이상의 경영으로 주주 자본보다 높은 수익을 올리려면 재무 면에서 지표는 이처럼 악화한다.

---

(31) (저자 주) ※핫산의 비주얼BS 차트에서는 '순자산÷총자산'으로 단순계산했으므로 실제 자기자본비율보다 높은 편이다.

부채가 커도 수익력이 높으면 '이익 창출 능력이 있는 우량 기업'으로 평가받는다. 그러나 부채가 많은 만큼 2008년 9월 리먼 브러더스 사태나 2020년 3월 코로나 팬데믹과 같은 비상사태가 벌어지면 대대적인 매도세에 직면하기 쉬우므로 주의해야 한다.

소니의 BS 차트를 보면, 이제는 제조업체라기보다 투자회사, 금융회사적인 측면 강화되었음을 알 수 있다. 이들의 경영 스타일에 성장성이 있는지는 BS만 봐서는 알 수 없다. 매출과 이익 성장을 시간 순서대로 보고, 현금흐름표(CF)에서 제대로 현금을 벌고 있는지 알아보고 나서 판단하는 게 좋겠다.

BS 차트로 본 부실 성장 기업, 호프

그림으로 그린 것 같은 성장 기업이 거액의 손실을 기록하며 채무초과상태로 전락한 예로서는 제1장에서 본 지자체용 전력판매업체 호프를 들 수 있다.

성장 기업으로써 텐배거를 달성했으면서 2021년 1월 일본 도매전력거래소의 전력가격 급등으로 거액의 손실을 보며 채무초과에 빠진 호프의 2021년 6월 결산의 제3분기 BS 차트가 **그림45**다. 위기가 일어나기 전인 2021년 6월 결산 2분기와 해당 분기의 BS 내용을 비교해보자.

위기 발생 전, 2분기의 BS 차트의 수치와 평가는 다음처럼 호평이었다.
'○자기자본비율 32.8%, ○유동비율 158%, ◎당좌비율 150.4%, ◎고정장기적합률 13.6%, ◎고정비율 16.7%'

자기자본비율이 32.8%로 조금 낮으며, 유동비율이 158%로 유동부채가 약간 높은 편이지만, 그 외에는 ◎ 평가다.

다만 세부적으로 보면 유동부채 중 매입채권 47.1억 엔이 현금 및 예금인 43.6억 엔과 매출채권 37.5억 엔 대비 상당히 큰 금액까지 부풀어 올라 있다.

그림45 호프: 2021년 6월 결산의 3분기 대차대조표(BS) 차트

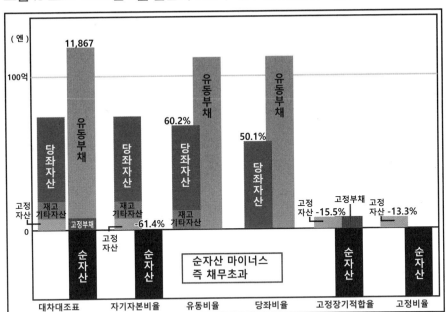

여기가 외상거래로 구매한 전력구매금액으로 결과론적으로 다음 분기에서 채무초과에 빠지는 '시한폭탄'이 되었다.

위기 후인 3분기 BS 차트는 다음처럼 평가한다.

'×자기자본비율 -61.4%, ×유동비율 60.2%, △당좌비율 50.1%'

이처럼 상당히 악화해 있다.

특히 자기자본비율이 마이너스로 전환하며 재무초과에 빠진 첫 번째 이유는 유동부채 중 매입채권이 전기 47.1억 엔에서 배 이상인 97.3억 엔으로 커졌으며, 전체 유동부채도 53.9억 엔에서 배 이상인 112.1억 엔으로 급증한 탓이다.

이는 외상으로 사들인 전력구매비용이라는 유동부채가 가격급등과 징벌금 발생으로 심하게 증가해서다. 그 때문에 현금 및 예금이 43억 엔에서 10억 엔으로 급감했다. 그것만으로도 유동부채 증가를 메우지 못한 채, 약 30억 엔이던 순자산이 마이너스 45억 엔이 되고 채무초과에 빠졌다.

고정자산, 고정부채에는 큰 변화가 없으므로 순수하게 전력거래로 인한 단기적 실패가 경영을 뒤흔들게 된 셈이다.
문제는 이런 파탄 리스크를 예견할 수 있었느냐다.

개인투자자 측면에서 보면 전력거래로 인한 위험이 이렇게 커질 줄은 상상도 못 했을 것이다. 다만, 호프의 성장엔진은 지자제용 홍보 비즈니스라기보다 시장에서 조달한 전력을 '재정거래[32]'라는 금융거래로 지자체에 판매하는 데 있었다는 것은 결산보고서 개요를 보면 알 수 있었다.

당연히 위험이 수반된다는 점, 나아가 겨울철 전력 현물 가격 급등으로 변조 사인이 나왔던 점을 사전에 알 수 있었지 않았을까.

그러나 겨우 분기가 한번 지나고 경영파탄의 위기에 직면하게 되리라고 예상하기란 역시 쉽지 않았을 것이다.

결과론이긴 하나, 어떤 기업이든 **급성장 이면에는 경영 리스크가 잠재하고 있다**는 점을 기억하자. 제1장 칼럼에서 이야기한 잠재손실을 만들지 않는 '손절매 규칙'이 얼마나 중요한지 되새겨보는 기회로 삼자.

과거 5년 동안 대차대조표(BS)로 본 고베물산의 성장

대차대조표(BS)는 '부채+순자산=총자산'이라는 부기를 사용하여 기업의 규모를 나타낸다.

따라서 성장주의 BS를 시간 순서대로 보면 기업의 규모가 커지는 과정을 숫자로 체감할 수 있다.

고베물산의 2016년 10월 결산~2020년 10월 결산의 5기분 BS에 기재된 숫자와 비율을 순서대로 배열해보면(다음 페이지 그림

---

(32) Arbitrage Transaction, 한 상품의 가격이 시장 간에 다를 경우 가격이 싼 시장에서 매입하여 비싼 시장에 매도하여 매매차익을 얻는 거래행위를 말하며, 차익거래라고도 한다.

(표)46), 자기자본비율이 5년간 17%에서 40%까지 착실히 증가하고 있는 것이 눈에 띈다.

성장한다. 이는 곧 이익의 증가를 말한다. 늘어난 이익 중 일부를 투자하며 경영이 안정되면 주주배당금에도 할애된다. 그러나 대부분은 '이익잉여금'이라는 형태로 자기자본에 편입된다.

성장할수록 자기자본비율이 상승하고 재무건전성이 높아지는 기업으로 변모하는 모습을 성장 기업의 가장 이상적인 재무 흐름으로 꼽는다. 바로 고베물산의 5기분 BS 차트 추이에서 읽을 수 있다.

더욱이 유동부채를 당좌자산으로 완전히 조달할 수 있고, 고정자산도 2020년 10월 결산 시에는 순자산 범위 내에 있으므로(고정비율 100% 이하가 됐다) 성장과 함께 고베물산이 재무면에서도 우량 기업으로 변모했다는 것을 알 수 있다.

성장주 투자에서 BS를 분석할 때는 성장의 정도보다 부실 성장 여부를 판단할 때가 많다. 평가하기가 좀처럼 쉬운 일이 아니지만, 문제는 시간 순서에 따른 변화다.

시각화 도구와 평가를 이용하여 분석을 간략화하여 시간 순서대로 보면, 더욱 정교하게 평가할 수 있을 것이다.

거꾸로 BS를 확인할 만큼의 문제가 없다면, 제2장에서 설명했듯이 **자기자본비율과 순자산의 변화를 보는 것**만으로도 충분하다.

성장주 투자와 대차대조표 분석

지금까지 봐왔던 것처럼, 사실 재무제표 중에서도 대차대조표(BS=밸런스시트)는 성장주 투자에서는 그렇게 중요한 요인은 아니다.

사실 성장주 투자에서는 자산 자체가 저평가되었는지는 평가하지 않으므로 필요 이상으로 깊이 파고들지 않는다.

그림(표)46 고베물산의 과거 5년간 대차대조표(BS)

(숫자 단위는 백만 엔)

2016년10월 결산		대차대조표 133,199			
당좌자산	유동자산	고정자산	유동부채	고정부채	순자산
76,573	86,604	46,595	29,796	80,772	22,630
자기자본비율	유동비율	당좌비율	고정장기비율	고정비율	
17.0%	290.7%	257.0%	45.1%	205.9%	

주목

2017년10월 결산		대차대조표 144,484			
당좌자산	유동자산	고정자산	유동부채	고정부채	순자산
88,794	100,342	44,141	37,925	76,491	30,066
자기자본비율	유동비율	당좌비율	고정장기비율	고정비율	
20.8%	264.6%	234.1%	41.4%	146.8%	

2018년10월 결산		대차대조표 144,276			
당좌자산	유동자산	고정자산	유동부채	고정부채	순자산
88,315	99,333	44,942	38,288	66,214	39,774
자기자본비율	유동비율	당좌비율	고정장기비율	고정비율	
27.6%	259.4%	230.7%	42.4%	113.0%	

2019년10월 결산		대차대조표 150,154			
당좌자산	유동자산	고정자산	유동부채	고정부채	순자산
87,922	98,864	51,289	47,315	52,270	50,568
자기자본비율	유동비율	당좌비율	고정장기비율	고정비율	
33.7%	208.9%	185.8%	49.9%	101.4%	

2020년10월 결산		대차대조표 148,175			
당좌자산	유동자산	고정자산	유동부채	고정부채	순자산
87,356	102,156	46,019	46,906	41,999	59,268
자기자본비율	유동비율	당좌비율	고정장기비율	고정비율	
40.0%	217.8%	186.2%	45.4%	77.7%	

(자기자본비율이 5년 만에 17%에서 40%까지 향상됐다.
매년 창출되는 이익으로 순자산이 순조롭게 증가하고 있어서
고정비율도 저하되었다. 재무 체질이 점점 건전해지고 있다.
유동부채가 늘어서 유동비율과 당좌비율은 악화했으나,
부채를 활용하여 계속하여 이익이 성장하고 있으므로 문제 되지 않는다.)

제2장에서 결산서 속독 10계명에서 봤듯이 결산보고서 1페이지 항목 중에서 '순자산이 크게 감소'했다거나 '자기자본비율이 크게 악화'했을 때는 대차대조표를 확인해야 한다. 이런 큰 변화는 예상외의 일이이므로 확인하고 나면 더 조사할 필요 없이 '이익 확정' 혹은 '손절매'로 마무리한다.

따라서 주로 성장둔화의 징조를 찾을 때나, 동종업계 경쟁사와 비교할 때 BS의 추이를 확인한다.

다만 BS에서 산출된 자기자본비율이나 ROE(주주자본이익률)와 같은 지표는 성장 기업의 기업가치(이론주가 산출)에 결정적인 역할을 하므로 간접적으로 큰 영향력이 있다고 하겠다.

여기에 대해서는 제4장과 제6장에서 이야기한다.

손익계산서(PL)의 시각화로 이익률 분석

재무제표 중에서 주가와의 연동을 가장 잘 보여주는 지표가 손익계산서(PL)다.

PL에서는 '총매출' '영업이익' '경상이익' '순이익' 등이 순서에 따라 배열되어 있는데, 이 책에서 간간이 등장한 **'매출이 2배가 되면 이익은 2배가 되고 주가도 2배가 된다'**라는 키워드가 바로 PL과 주가의 연관성을 설명한 것이다.

성장주 투자에서 매출과 이익에 대한 관점은 제1장 결산보고서 1페이지의 서두의 신장률 보는 법을 통해 설명했다.

여기에서는 PL을 차트로 '시각화'하여 매출에 대한 원가율과 이익률이 어떻게 이어지는지를 본다.

핫샨의 **'손익계산서[PL] 차트 주식 초보자용 시각화 분석 도구'**에 입력할 항목은 다음 페이지의 9번 항목이다.

손익계산서를 시각화! **'손익계산서[PL] 차트 주식 초보자용 시각화 분석 도구'**

http://kabuka.biz/funda/pl/

①**총매출:** IFRS와 미국회계기준에서는 '영업수익'

②**매출원가:** 사입 가격이나 광열비 등

③**판매비와 관리비(판관비):** 인건비나 광고홍보비

④**영업 외 수익:** 영업 외 금융수입 등

⑤**영업 외 비용:** 영업 외 금융지출 등

⑥**특별이익:** 자산매각이익 등

⑦**특별손실:** 고정자산의 평가손 등

⑧**법인세 등:** 기납부 법인세

⑨**회계기준:** 일본 기준인지 IFRS인지 미국 기준인지 선택

영업이익이나 경상이익은 매출과 비용으로 자동 산출된다. 숫자를 정확히 입력했다면 PL 차트가 만들어진다.

매출총이익: 매출-매출원가

영업이익: 매출총이익-판관비

경상이익: 영업이익-영업 외 수익. 성장주 투자에서 가장 중요하다.

세전이익: 경상이익-특별손익. IFRS나 미국 기준에서 사용하는 항목.

순이익: 세전이익-법인세 등. 최종이익이라고도 한다.

PL 차트에는 상단과 하단으로 구분되며, 상단에서는 매출, 비용, 이익이 계단 모양으로 표시되고, 하단에서는 5종류의 이익률 외, 매출원가율, 판관비율 등이 표시된다.

초우량 팹리스 기업 키엔스의 PL 차트

손익계산서(PL)에 관해서도 성장주 후보가 되기 쉬운 IT기업이나 주식공개하고 얼마 지나지 않은 IPO기업, 부실 성장으로 끝난 기업 등의 사례를 통해 구체적으로 살펴본다. 우선은 초우량 기업의 PL 차트다.

그림47은 공장 자동화에 꼭 필요한 센서 분야에서 높은 기술력과 개발력을 자랑하는 키엔스(Keyence Co. Ltd., 6861)의 2021년 3월 결산의 PL 차트다. 키엔스는 센서 설계와 판매에 주력하고 있으며, 제조는 외부에 위탁하는 팹리스(공장이 없는) 경영을 하고 있다.

덕분에 매출총이익률 81.9%, 영업이익률 51.4%로 높은 이익률이 눈길을 끈다. 경쟁사가 흉내내지 못하는 상품과 서비스를 제공하며 틈새시장에서 독점적인 시장점유율을 자랑하는 기업은 이익률이 높은 편이다. 이러한 두 특징이 모두 있는 곳이 키엔스다.

그림47 키엔스: 2021년 3월 결산 손익계산서(PL) 차트

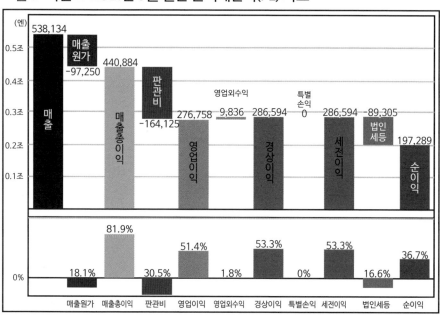

이익률과는 표리관계에 있는 매출원가, 판관비(販管費)와 같은 경비나 비용이 총매출에서 차지하는 비율에도 주목한다. 이익률이 높은 키엔스에는 빈틈이나 문제가 전혀 없지만, 분석하는 업종이나 기업에 따라 매출원가율이 높거나, 판관비 비율이 매년 줄어드는 등 특징이 있는데, 이것이 약점이나 강점이 되기도 한다.

급성장한 인터넷 쇼핑사이트 모노타로의 PL 차트

그림48은 건설현장 자재 등을 인터넷을 통해 판매하며 급성장한 모노타로(MonotaRO Co.,Ltd., 3064)의 2020년 2월 결산 시 손익계산서(PL) 차트다. 매출총이익률 28.4%, 영업이익률 12.5%, 경상이익률 12.5%, 순이익률 8.6%로 세전이익과 순이익을 역산한 실효세율은 30.8%다.

그림48 모노타로: 2021년 12월 결산 손익계산서(PL) 차트

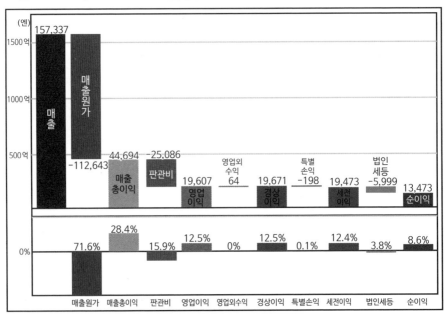

인터넷 쇼핑사이트를 운영하는 MonotaRO의 매출원가율이 71.6%를 차지하고 있는 것처럼 기본은 박리다매의 유통업으로 이익률은 높지 않다. 다만, 경상이익률 12.5%가 동종업계에서 어떤 수준인지 단순 비교하기는 어렵다.

그래서 유사한 형태로 인터넷을 통해 문구 등 사무용품을 판매하는 아스쿠루(ASKUL Co. 2678)와 비교해보자.

아스쿠루의 2021년 5월 결산 시 PL에서 각 단계의 이익률을 계산하면, 매출총이익률 24.7%, 영업이익률 3.3%, 경상이익률 3.3%, 순이익률 1.8%, 실효세율 31.2%다.

총매출은 모노타로가 1573.4억 엔인데 반해, 아스쿠루는 4221.5억 엔이다. 즉 기업의 규모는 아스쿠루가 3배나 크지만, 경상이익은 모노타로가 196.7억 엔이고 아스쿠루는 138.5억 엔이다.

양사의 매출총이익률과 경상이익률을 비교해보면 다음과 같다(아스쿠루는 같은 기간 후쿠시마현 지진 피해로 인한 특별손실을 계상했으므로 순이익률 비교는 의미가 없다.)

매출총이익률　　모노타로 28.4%　　아스쿠루 24.7%
경상이익률　　　모노타로 12.5%　　아스쿠루 3.3%

매출총이익률에서 약 4%, 경상이익률에서는 판관비 편차에 따라 10% 가깝게 차이가 났다.

매우 흡사한 인터넷 쇼핑 업종인데, 모노타로는 전문성이 높고 이익률이 뛰어난 상품으로 특화했다는 강점도 있어서 이익률에서는 압승했다.

모노타로는 최근 수년, 이익률이 높은 PB상품 개발에 주력하고 있어서 이익률이 더욱 올라갈지 주목할만하다. PL에서는 이이 성장뿐 아니라 이익률 증가를 시간순서와 경쟁사와의 비교를 통해 살펴보는 게 좋다.

신규상장, 적자경영 프리이의 PL 차트

클라우드 방식 회계소프트웨어 프리이(freee K.K., 4478)는 2019년 12월에 갓 상장한 기업인데 적자가 이어지고 있다.

그림49는 2020년 6월 결산 시 프리이의 PL 차트다. 당시 총매출은 전기대비 52.7% 증가한 69.0억 엔으로 매출은 순조롭게 늘고 있으나, 매출원가 15.6억 엔, 판매관리비 80.2억 엔 등 경비가 수익을 압박하며 경상수지가 29.4억 엔이나 적자가 났다.

그림49 freee: 2021년 6월 결산 손익계산서(PL) 차트

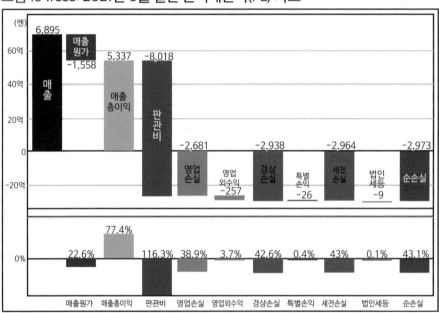

특히 총매출의 116.3%에 달하는 판관비가 누름돌이 된 것을 알수 있다. 결산보고서 개요를 보면 이 회사의 비즈니스는 정기구독(subscription) 방식의 스톡형 수익모델로 시스템 개발비용이나 사용자 획득비용이 선행되어 계상되므로 단기적으로는 적자가 선행한다고 기술하고 있다.

현재는 선행투자로 인해 광고홍보비 등 판관비가 부풀어 있는 상황이라는 뜻이다. 프리이는 최근 2021년 6월 본결산에서도 27.2억 엔이 경상 적자로, 적자경영에서 탈피하지 못하고 있다. 심지어 같은 기간 PL에서도 총매출은 전기대비 48.8% 증가한 102.6억 엔인데, 판관비는 106.0억 엔으로 총매출을 웃돌고 있어서 선행투자가 계속되고있는 것으로 보인다.

투자가 실제로 꽃을 피울지는 계속해서 지켜봐야 하겠다.

부실 성장, 도리기조쿠 홀딩스의 PL 차트

성장세가 꺾여버린 기업의 PL 차트를 살펴보자.

전국적으로 야키토리 이자카야 체인점을 운영하며 급성장했던 도리키조쿠 홀딩스(Torikizoku Holdings Co.,Ltd., 3193)은 2017년 7월결산에 수입은 늘었으나 이익은 줄었다. 더욱이 2027년 10월에는 한접시에 280엔이던 야키토리를 298엔으로 가격을 인상하면서 고객이탈이 가속되며 부실 성장, 주가도 2018년 이후 급락했다.

가격 인상을 단행한 이후인 2018년 7월 결산의 도리키조쿠의 PL차트가 다음 페이지의 **그림50** 이다.

고객 이탈이 진행되는 중, 신규 점포를 개업하며 매출은 전기대비15.8%, 경상이익은 13.1% 증가했으나, 부진점포 폐쇄 등 특별손실이영향을 미치며, 순이익은 전기대비 31.6% 감소로 6.6억 엔까지 떨어졌다.

성장 기업이 성장을 위한 투자로 이익이 감소했다면 차기 이후 실

그림50 도리키조쿠 2018년 7월 결산 손익계산서(PL) 차트

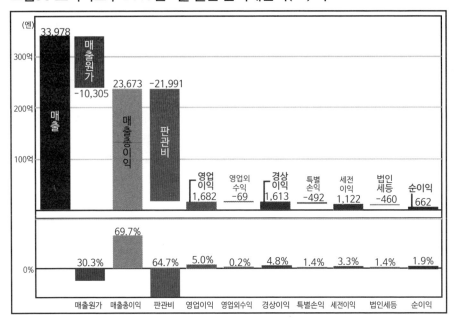

적에 기대감이 생기지만, 부진점포 구조조정이라는 후퇴성 이익 감소
는 주가의 급락을 초래한다.

이 회사의 비즈니스모델은 저가격 박리다매였지만, 매출에서 매출
원가율과 판관비 비율을 뺀 영업이익률은 5.0%밖에 안 된다. 이렇게
이익률이 낮고 기존점포가 부진한 데다가 출점 과다로 인한 자사 경
쟁이 원인이라면 더이상의 성장은 기대할 수 없다고 판단한대도 어쩔
수 없지 않을까.

외식산업은 도시에 진출하면 인지도가 높아지고 매출 및 이익이
배로 늘어나는 속도라면 실적도 주가도 순조롭다. 외식계열이면서
텐배거를 달성한 기업은 최근 수년만 해도 구시카쓰 다나카 홀딩스
(KUSHIKATSU TANAKA Holdings CO., 3547), '야키니쿠 킹구'의 모노
가타리 코포레이션(The Monogatari Corporation, 3097), '가쓰야'의
아크랜드 서비스 홀딩스(Arcland Service Holdings CO.,LTD., 3085),

'마루가메 제면'의 토리돌 홀딩스(Toridoll Holdings, 3397), '생각나면 스테이크'의 페퍼푸드 서비스 등 많다.

그러나 해외 진출이라는 새로운 성장 스테이지를 제외하면 전국적으로 점포망을 확장한들 성장이 답보상태에 머무르게 되므로 점포수나 상권인구 등의 측면에서 **성장한계를 상정할 필요**가 있다.

도리키조쿠 홀딩스에서는 '가격 인상'으로 인한 고객 이탈을 보며, 사태를 예상한 분도 계시지 않을까. 고객 관점에서 보면 의외로 알게 되는 게 있다.

외식이나 소매계열 전반에 해당하겠는데, 결산서 안의 수치를 시간 순서대로 쫓기만 해도 원가율 상승이나 이익률 저하 등으로 유행에 민감한 소비자 심리를 느낄 수 있다.

고베물산의 과거 5년 동안 손익계산서(PL)

손익계산서(PL)도 5년 동안을 연속해서 보면 증수증익 여부, 경비율과 이익률 등의 변화를 파악할 수 있다.

고베물산의 2016년 10월 결산부터 2020년 10월 결산의 PL 수치를 보면 (다음 페이지 **그림(표)51**), 매출이 순조롭게 오르고 있다. 반면에 매출원가는 줄지 않았으나 판관비 비율을 줄임으로써 영업이익률이 4.9%에서 7%까지 서서히 향상되었다.

매출 성장이라는 규모의 장점을 살려서 판관비를 줄이려는 경영적 노력에 대한 선물이 아닐까.

이익률을 올리려는 노력은 이론주가의 상승에 즉결되고 실제 주가도 그만큼 상승하기 쉬워진다. 제1장과 제2장에서도 **'매출이 2배가 되면 이익은 2배가 되고 주가도 2배가 된다'**라고 했는데, 정말로 좋은 성장주라 하면, 매출에 대해 2배 이상의 이익, 2배 이상의 주가를 선물해줄 것이다. (이론주가에 대해서는 제6장에서 설명한다.)

그림(표)51 고베물산의 과거 5년 동안 손익계산서(PL)

(숫자 단위는 백만 엔)

2016년10월 결산		매출대비
총매출	239,266	
매출원가	-201,467	84.2%
매출총이익	37,799	15.8%
판관비	-25,965	10.9%
영업이익	11,833	4.9%
영업외손익	-3,104	1.3%
경상이익	8,729	3.6%
특별손익	-349	0.1%
세전이익	8,379	3.5%
법인세등	-3,622	1.5%
순이익	4,757	2.0%

2017년10월 결산		매출대비
총매출	251,503	
매출원가	-211,055	83.9%
매출총이익	40,448	16.1%
판관비	-25,842	10.3%
영업이익	14,606	5.8%
영업외손익	1,173	0.5%
경상이익	15,778	6.3%
특별손익	-2,692	1.1%
세전이익	13,086	5.2%
법인세등	-4,684	1.9%
순이익	8,402	3.3%

2018년10월 결산		매출대비
총매출	267,175	
매출원가	-227,402	85.1%
매출총이익	39,773	14.9%
판관비	-24,051	9.0%
영업이익	15,722	5.9%
영업외손익	109	0.0%
경상이익	15,831	5.9%
특별손익	180	0.1%
세전이익	16,011	6.0%
법인세등	-5,417	2.0%
순이익	10,594	4.0%

주목

2019년10월 결산		매출대비
총매출	299,616	
매출원가	-252,486	84.3%
매출총이익	47,130	15.7%
판관비	-27,891	9.3%
영업이익	19,239	6.4%
영업외손익	196	0.1%
경상이익	19,434	6.5%
특별손익	-1,339	0.4%
세전이익	18,095	6.0%
법인세등	-6,255	2.1%
순이익	11,839	4.0%

2020년10월 결산		매출대비
총매출	340,870	
매출원가	-295,671	86.7%
매출총이익	45,198	13.3%
판관비	-21,347	6.3%
영업이익	23,851	7.0%
영업외손익	-206	0.1%
경상이익	23,646	6.9%
특별손익	-1,415	0.4%
세전이익	22,231	6.5%
법인세등	-8,032	2.4%
순이익	14,198	4.2%

소매유통업이라는 업종 특성상 이익률은 낮으나, 판관비를 줄임으로써 영업이익률이 서서히 향상되고 있는 점은 평가받을 만하다. 우량한 성장주는 규모의 경제라는 장점으로 이익률이 높아진다.

마무리 :
성장주 투자에서 '재무제표'의 중요 포인트

제3장에서는 '재무제표'의 수치를 시각화하여 성장주 투자와 연관이 많은 기업이 낸 실적을 살펴봤다.

어떤 주식을 노리는가에 따라 결산서 보는 법은 달라진다. 이 책의 주제인 '성장주 후보를 발굴'한다는 관점에서 중요한 점은 다음과 같다.

현금흐름표(CF)의 핵심

●영업CF에서 현금을 벌어들이고 있는지, 영업CF 마진에서 수익력이 있는지 확인한다. 영업CF 마진은 10% 이상이 바람직하다.

●투자CF가 마이너스로 기업이 성장을 위해 제대로 투자하는지 본다. 투자CF의 마이너스는 영업CF의 플러스 범위 내에 있어야 하지만, 성장 기업에서는 재무가 훼손하지 않는 정도는 허용한다.

●상장한 지 얼마 되지 않은 IPO 기업이라면 현금 잔고 비율이 큰데, 이를 성장을 위한 투자CF로의 전환이 순조로운지 주시한다. 스타트업 단계에서는 현금 잔고가 풍부하다면 영업CF가 적자여도 허용한다.

대차대조표(BS)의 핵심

●적은 부채로 큰 자산을 창출하는 것이 성장력의 원천이다. 그러나 부채를 활용하여 더욱 큰 이익을 창출하는 레버리지(ROE) 경영도 높이 평가한다.

●갓 상장한 IPO 기업의 BS는 당좌자산이 윤택한데, 이를 성장을 위해 활용하고 있는지가 중요하다. 재무 상황이 좋더라도 현금을 보유만 하는 기업은 높이 평가받지 못한다.

●성장둔화는 BS에서도 징조가 나타나므로 의심스러우면 시간 순서에 따른 자기자본비율이나 ROE(주주자본이익률)의 변화를 본다.

(자기자본비율이나 ROE가 떨어지고 있다면 주의하라. ROE는 제4장에서 상세히 설명한다.)

●순자산이나 자기자본비율이 크게 악화했다면 성장주 대상에서 제외한다.

손익계산서(PL)의 핵심

●PL에서 '매출이 2배가 되면 이익이 2배가 되고 주가도 2배가 된다'라는 원칙하에 미래를 예측하여 투자하는 것이 기본.

●결산보고서 1페이지에서 시간 순서에 따른 실적 성장 정도를 쫓는 한편, PL에서는 '매출원가율' '판관비비율' '경상이익률' 등의 변화를 시간 순서에 따라 확인한다. (시간 순서에 따른 분석법은 제5장에서 구체적으로 설명한다.)

●성장 기업이나 상장한 지 얼마 지나지 않은 IPO 기업은 연도 변동이 크며 증수율이나 증익률도 변화의 폭이 크다. 따라서 시간순서나 동종 경쟁자와 비교해보는 게 중요하다.

다음 제4장에서는 성장주의 기업가치라는 관점에서 대표적인 투자지표인 주가수익률(PER: Price Earning Ratio)와 주주자본이익률(ROE: Return On Equity)를 검증한다.

【핫산 칼럼④】
성장 기업의 '브랜드 가치'와 'EBITDA'

성장 기업은 자사 비즈니스를 확대할 뿐 아니라 다른 기업을 매수하여 자회사로 삼아 매출과 이익을 증가시킨다. '시간을 산다'라는 표현도 쓰는데, M&A도 기업이 성장하는 원천이다.

성장주 투자에서는 M&A의 매수금액과 매수한 기업의 순자산의 시가평가액 사이에 발생하는 차액 **'브랜드 가치'**에 주목할 필요가 있다. 브랜드 가치는 대차대조표(BS) 자산부의 고정자산에 기재돼 있다.

예를 들어 100억 엔에 매수한 기업의 순자산의 시가평가액이 80억 엔이라면 차액인 20억 엔이 브랜드 가치가 된다. 그래서 20억 엔을 더 지급한 대신 순자산과는 별도로 해당 기업이 지닌 무형의 가치를 손에 넣었기에 이를 무형고정자산으로 계상한다.

일본 기준 회계제도에서는 원칙적으로 **최장 20년간 브랜드 가치를 감가상각**한다. 공장과 기계 등 고정자산과 마찬가지로 시간을 들여 '브랜드'라는 자산을 조금씩 소진하며 비용으로 계상하는 것이다.

반면에 IFRS나 미국회계기준에서는 브랜드 가치를 매년 감가상각하지 않는다. 해당 **가치가 현저하게 떨어졌을 때, 줄어든 만큼 한꺼번에 손실 계상**하는 형태다. M&A에 적극적인 성장 기업에는 매년 브랜드 가치를 감가상각하며 회계상 이익을 압박받지 않는 IFRS나 미국회계기준이 제격이다.

따라서 M&A에 적극적인 성장 기업에서는 회계기준을 IFRS로 변경하는 사례가 눈에 띈다. 도쿄증권거래소에서는 233사(2021년 8월 현재)가 IFRS 회계를 적용하고 있다. 대부분은 해외에 진출하여 해외투자자에게 어필하려는 기업인데, 적극적으로 M&A를 반복하며 성장주 중에서도 IFRS 회계를 채용하는 기업은 많다.

예를 들면, 소세이 그룹(Sosei Group Corporation, 4565), 엠쓰리(2413), 토리돌 홀딩스, 쿡패드, 가카쿠콤(Kakaku.com Inc., 2317), 리쿠르트 홀딩스(Recruit Holdings Co.,Ltd., 6098), 인터넷 이니시어티

브(Internet Initiative Japan Inc., 3774) 등이 그렇다.

'부의 영업권'이란 무엇인가?

통상적인 기업매수에서는 순자산의 시가평가액보다 높은 가격으로 해당 기업을 매수하는 일이 많아서 브랜드 가치는 플러스가 된다.

그러나 개중에는 순자산의 시가평가액을 밑도는 금액으로 기업을 매수하는 사례도 있다. 적자가 지속하여 경영이 부진한 기업을 싸게 후려쳐서 매수하는 사례. 이를 **'부의 영업권'**이라고 부르는데, 자산에 계상되지 않고 매수한 결산기에 이익으로 처리한다.

이러한 회계제도를 활용하여, 부진기업을 차례로 매수하여 부의 영업권으로 이익 계상, 실적을 약진시킨 것이 프라이드 짐 운영하는 기업, 라이잡그룹(RIZAP GROUP,Inc., 2928) 이다.

라이잡도 M&A를 반복하는 기업이므로 IFRS로 회계를 시행한다. 2017년 3월 결산에서 세전이익은 부진기업을 차례로 매수하며 적지 않은 부의 영업권을 계상했고 전기대비 242.2% 증가, 즉 3배 이상인 96.0억 엔까지 신장하며 주가도 크게 상승했다.

라이잡은 부의 영업권으로 이익을 올렸을 뿐 아니라, 부진기업 재생 후 흑자 전환하여 성장을 이어가는 비즈니스모델을 내세우며 차례로 적자경영 중인 상장기업을 매수했다.

라이잡의 2017년 3월 결산 내 매출 및 이익과 현금흐름표(CF)의 영업CF를 비교하면, 이러한 상황을 매우 잘알 수 있다. (그림(표)52)

해당 결산기의 총매출은 매수로 인한 부의 영업권의 이익 계상으로 전기대비 76.7% 증가한 953.0억 엔까지 확대되어 경상이익도 96.0억 엔까지 올랐다. 그러나 영업CF는 총매출의 0.2%에 지나지 않은 1억 7555만 엔밖에 안 된다. 이익은 화려하게 날아올랐지만, 대부분이 부의 영업권이므로 현금이 거의 들어오지 않는 상태인 셈이다.

결산보고서의 '재무상태 분석'의 '②현금흐름표 상황' 칸에는 부의 영업권 발생에 따른 70.7억 엔을 영업활동으로 인한 현금흐름의 감소 요인으로 기술하고 있다. 세전이익 96.0억 엔 중 70% 이상이 부의 영업권으로 발생한 것이었다.

이런 식의 이익 성장으로 라이잡그룹의 주가가 급등하며 2017년 11월 말에는 1,400엔대※를 기록, 1년간 약 7배 상승을 실현했다. 그러나 해당 **비즈니스모델은 매수한 부진기업을 재생하여 이익이 창출**되어야 비로소 성장으로 이어진다.

그림(표)52 라이잡그룹의 2017년 3월 결산의 매출 및 이익과 영업 현금흐름

2017년 3월 결산 매출은 953억 엔, 세전이익은 96억 엔

1. 2017년 3월 결산 연결실적(2016년 4월 1일~2017년 3월 31일)

(1) 연결경영실적 (% 표시는 전기대비 증감률)

	총매출		영업이익		세전이익		당기이익		지배주주 귀속 당기이익		당기포괄이익 합계액	
	백만 엔	%	백만 엔	%	백만 엔	%	백만 엔	%	백만 엔	%	백만 엔	%
2017년 3월	95,299	76.7	10,212	223.3	9,604	242.2	7,801	444.0	7,678	383.7	8,118	455.5
2016년 3월	53,937	–	3,159	–	2,806	–	1,434	–	1,587	–	1,461	–

그러나 영업CF는 겨우 1억 7555만 엔

(4) 연결 현금흐름표

(단위: 천 엔)

	전기연결회계연도 (2015년 4월 1일부터 2016년 3월 31일까지)	당기연결회계연도 (2016년 4월 1일부터 2017년 3월 31일까지)
영업활동으로 인한 현금흐름		
세전당기이익	2,806,435	9,604,175
감가상각비 및 상각비	1,612,312	1,984,740
감손손실	574,259	107,038
금융수익 및 금융비용	352,674	448,446
재고자산의 증감	△718,547	△584,837
영업채권 및 기타 채권의 증감	△2,887,836	△2,294,561
영업채무 및 기타 채무의 증감	△257,682	1,453,542
퇴직급여에 관한 부채의 증감	6,037	18,726
충당금	21,418	△557,852
기타	312,736	△7,003,202
소계	1,821,805	3,176,216
이사 및 배낭금 수령액	8,286	12,812
이자 지급액	△289,251	△390,797
법인소득세 지급액	△713,746	△2,671,358
법인소득세 환급액	40,947	48,673
영업활동으로 인한 현금흐름	868,041	175,546

> 이익 대부분은 현금이 아닌 '부의 영업권'인 탓에 이익이 증가해도 기업에 현금이 들어오지 않는다.

175,546

단위는 친 엔

실제로는 순자산보다 저렴한 가격으로 매수했으나, 결국 적자 출혈하며 부진기업의 적자와 해당 기업들의 매각손실이 점점 이익을 압박하게 되었다. 2019년 3월 결산 시에는 194.2억 엔이라는 거액의 최종적자를 계상하며 해당 비즈니스모델은 무너져내리고 말았다.

라이잡그룹처럼 M&A로 발생한 부의 영업권을 이익으로 계상하는 것은 예외적이다. 대개의 성장 기업은 순자산보다 높은 매수금액으로 다른 기업들을 인수하고 대차대조표(BS)에는 자산에 계상한다. 그러나 해당 M&A가 실패하면 IFRS이든 일본 기준이든 감손 처리하도록 압박받는다.

자산으로 계상된 **브랜드 가치는 갑자기 소멸되며 거액의 손실을 발생할 가능성**이 있다. M&A를 성장원(成長源)으로 하는 성장 기업에서는 M&A의 성공 및 실패에 신경 써야 한다.

경상이익 대신 EBITA를 공시하는 기업

성장 기업 중에는 결산보고서 경영실적에 경상이익이나 세전이익 대신 'EBITDA(Earning Before Interest, Taxes, Depreciation and Amortization)'를 게재하는 기업도 있다.

그림(표)53의 오이식스-라-다이치(Oisix ra daichi Inc., 3182) 등이 그렇다. EBITDA는 세전이익에 기지급 이자나 감가상각비, 브랜드 상각 금액 등을 더하여 산출한 이익을 말한다.

성장 기업이라면 특히 M&A의 영업권이나 대형투자의 감가상각비가 이익을 압박하는 요인이 되며 성장을 위한 M&A를 적극적으로 추진하는 기업은 브랜드 가치를 상각하기 전의 이익으로 평가받고자 일부러 EBITDA를 게재하기도 한다. (오이식스-라-다이치의 회계는 일본 기준이나, 앞서 설명한 대로 회계기준을 일본에서 IFRS 등으로 변경하는 방법도 있다.)

오이식스-라-다이치는 유기농 채소 택배 사업을 펼치고 있다. 그

그림(표)53 우이식스-라-다이치의 결산보고서와 EBITDA

오이식스-라-다이치의 결산보고서 서두의 경영실적

1. 2021년 3월 결산기의 연결실적(2020년 4월 1일~2021년 3월 31일)

(1) 연결경영실적

(% 표시는 전기대비 증감률)

	총매출		영업이익		EBITDA(※1)		지배주주 귀속 당기순이익	
	백만 엔	%	백만 엔	%	백만 엔	%	백만 엔	%
2021년 3월	100,061	40.9	7,465	202.6	8,902	147,6	5,031	536.7
2020년 3월 (※2)	71,040	11.0	2,467	6.7	3,595	14.0	709	△66.9

(注) 포괄이익　　2021년 3월 결산　　4,901백만 엔(5754.5%)　　2020년 3월 결산　　726백만 엔(△69.5%)

(※1) EBITDA는 영업이익+감가상각비+영업권 상각액

경상이익이 아니라 EBITDA가 기재되어 있다

EBITDA	'이비트디에이', '이비터' 등으로 읽는다 = 기지급금리나 세금, 감가상각비를 빼기 전의 이익

금리부담이나 설비투자, M&A에 따른 감가상각비, 특히 영업권 상각액 등, 투자가 이익을 압박하는 성장 기업의 실력을 측정하기 위해 사용되는 일이 많다. 또 세제가 다른 해외기업의 비교에도 사용된다. 특히 현금수지에 주목한 이익이라고 하겠다.

과정에서 동종 택배 사업을 펼치고 있는 '라데잇슈포야', '다이치를 지키는 모임', 이동 슈퍼마켓 '도쿠시 마루' 등을 매수했으며, 2021년 3월 결산의 대차대조표(BS)의 '무형고정자산' 항목에 브랜드 가치 17.0억 엔을 계상했다.

브랜드의 감가상각비용을 이익에서 빼면, 현금은 유출되지 않았는데 이익만이 줄었으므로 일부러 EBITDA를 결산보고서에 게재한 것이다. 참고로 오이식스-라-다이치의 2021년 3월 결산의 영업CF를 보면 88.2억 엔으로 영업이익인 74.7억 엔으로 웃돌며 EBITDA의 89.0억 엔과 거의 같은 금액이다. 현금수지도 영업이익을 초과하고 있다는 걸 알 수 있다.

M&A에 적극적이 점은 평가받을 만하므로, 경상이익 대신 EBITDA를 이용하여 결산 발표한 점 자체는 문제될 게 하나도 없다. 다만 브랜드 가치로 계상한 인수 기업이 이익을 제대로 창출하고 있는지, 손익계산서(PL)나 현금흐름표(CF)에서 꼭 확인한다.

EBITDA는 잠재적 사업 가치를 나타내는 지표이지만, 앞서 언급한 라이잡그룹처럼 매수기업이 성장이 부실하거나 적자를 내고 있다면 해당 기업의 감손처리와 매각으로 특별손실을 계상할 가능성도 있으므로 주의해야 한다.

오이식스-라-다이치 외에 EBITDA를 전면에 내세운 기업으로는 리쿠르트 홀딩스, 디지털 홀딩스(Digital Holdings Inc., 2398) 등이 있다. 이외에도 미디어 도(Media DO Co. Ltd., 3678)와 같이 결산보고서에는 기재하지 않으나 결산설명회 자료 등에 EBITDA를 KPI(주요 실적 평가지표)로 채용하는 기업도 있다. 두 기업 모두 M&A에 적극적이다.

참고로 핫샨은 EBITDA를 전면에 내세우는 기업이어도 기업가치는 대부분 경상이익으로 평가한다.

제 4 장

입문서에는 없는
'__PER과 ROE의 "깊이 있는" 분석법__'
~일반적인 지표 비틀어보기로 '미래의 기업가치'를 찾는다~

PER을 시각화하여 본다

제3장에서는 재무제표를 시각화하여 살펴봤는데, 제4장에서는 PER(주가수익률)과 ROE(주주자본이익률 혹은 자기자본비율) 등 일반적인 지표를 시각화하여 설명한다.

PER은 주식투자의 입문서에서 배우는 누구나 아는 지표다.

PER=주가÷EPS(주당 총이익)

일반적으로는 PER은 주가를 상대적으로 평가하는 지표로 알려져 있는데, 초심자요 간단한 지표라기보다 오히려 사용법이 **어려운 지표**다.

일단 PER을 시각화해보자. 핫산은 PER이나 PBR(주가순자산배율) 등 인기지표를 정리하여 시각화하는 '**주가진단차트**'라는 도구도 웹상에 공개 중이다.

 성장주의 PER이나 ROE를 알아볼 때는 '**주가진단차트**'
http://kabuka.biz/funda/dx

해당 도구에는 다음의 내용을 입력한다.

①현재의 주가
②BPS(Book-value Per Share=1주당 순자산)
③자기자본비율
④EPS(Earning Per Share=1주당 순이익)

그러면 다음의 내용을 시가화하여 차트로 만든다.

PBR(Price Book-value Ratio=주가 순자산 배율)

PER(Price Earning Ratio=주가수익률)

ROA(Return On Assets=총자산이익률)

ROE(Return On Equity=주주자본이익률)

여러분도 주목하는 종목이 있다면 결산서에 데이터를 찾아 입력하여 시각화해보면, 그 특징을 알 수 있어서 참고될 것이다.

BPS와 PBR

BPS는 기업의 순자산을 발생주식수로 나눈 값으로 주당 순자산을 나타낸 지표다. 주가를 BPS로 나눈 값이 PBR로, 주가가 순자산의 몇 배까지 매수되었는지 나타낸 지표다.

BPS는 결산서 1페이지의 (2)재무상태에 순자산 등과 함께 기재된 값을 입력한다. 같은 부분에서 자기자본비율도 입력할 수 있다.

EPS와 PER

EPS는 주당 순이익을 나타낸 지표다. 주가를 EPS로 나눈 값이 PER로, 주가가 EPS의 몇 배까지 매수되었는지를 나타낸다.

EPS는 본 결산이라면 결산서 1페이지의 (1)경영실적에 기재된 실적 값을 입력한다.

ROA와 ROE

ROA와 ROE는 제3장에서 배운 대차대조표(BS)에서 살펴본 이익을 보는 지표로, ROA는 총자산에서 산출된 이익의 비율, ROE는 자기자본(≒총자산)에서 산출된 이익의 비율을 나타낸다.

ROA에서는 자산효율, ROE에서는 자본효율을 살펴볼 수 있다.

소니와 키엔스의 PER과 ROE 비교

그림54는 소니(6758)의 주가진단차트다. 2021년 3월 결산 시 결산보고서에 게재된 소니의 BPS는 4499.45엔 자기(주주) 자본비율은 21.2%, EPS는 952.29엔으로 기말인 2021년 3월 31일 주가의 종가는 11,595엔이었다.

이들 숫자를 도구에 입력하면 각 지표가 시각화되어 왼쪽에서부터 다음의 항목이 순서대로 표시된다.

자기자본비율, PBR, PER, ROA, ROE

소니 주식의 PER은 차트 중앙에 표시되었는데, 12.2배다. 긴 쪽 막대그래프가 주가이고 짧은 쪽이 EPS인데, 주가는 EPS 12.2개분의 높이다. 일본 주식 전체 PER 평균은 약 15배이므로, PER 12배인 소니는

그림54 소니의 2021년 3월 결산 시점의 주가진단차트

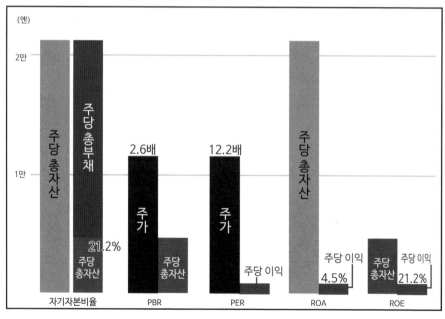

평균에 비해 낮은 편이다.

마찬가지로 ROE는 오른쪽 끝에 표시되며 21.2%다. ROE는 순자산에 대한 이익의 비율로 자본효율을 표시하는데, 일본 주식 평균 ROE는 10% 정도이므로, 소니의 ROE는 우수한 편이다.

반면에 **그림55**는 FA센서에서 세계 정상급인 키엔스(6861)의 주가진단차트다. 키엔스도 2021년 3월 결산기말의 주가 5만270엔과 결산보고서에 기재된 BPS 7887.16엔, 자기자본비율 95.2%, EPS 813.47엔을 입력하면, 중앙에 표시된 PER은 61.8배. 소니의 5배가 넘는다. EPS를 61.8년 동안이나 쌓아야 겨우 주가의 막대그래프에 다다른다.

마찬가지로 오른쪽 끝의 ROE는 10.3%다. 순자산에 대한 이익의 비율은 10분 1 정도로 일본 주식 평균적인 값이다. 소니와 비교하면 약 절반이다.

그림55 키엔스의 2021년 3월 결산 시점의 주가진단차트

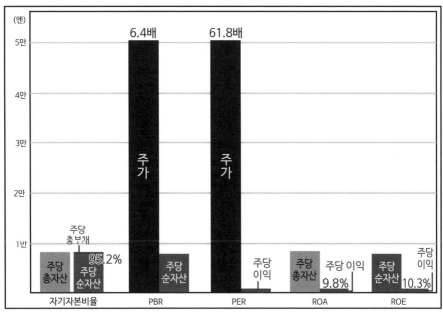

PER이란?

이처럼 시각화하여 보면, EPS 몇 년 동안을 쌓아야 주가에 도달하느냐는 PER이 무엇인지 감 잡을 수 있다.

마찬가지로 ROE 역시 EPS와 BPS를 비교한 지표라는 것도 알 수 있다. PER과 ROE은 분모와 분자라는 차이가 있으나, 두 가지 모두 EPS를 사용한 지표다. 주가와 비교하느냐, BPS와 비교하느냐는 차이가 있을 뿐이다.

소니와 키엔스는 모두 시가총액이 큰 대형주에 속한다. 시가총액도 2021년 3월 시점에서는 키엔스가 약 13조 엔, 소니가 약 14.6조 엔으로 소니가 더 컸지만, 2021년 3월 말 시점에서 PER은 다섯 배 이상 차이가 있다.

PER만 놓고 보자면, 상대적으로 소니는 저렴하고 키엔스는 고가이므로 소니 주식을 매수하는 것이 훨씬 이득일 것 같다. 그러나 주가가 고평가라는 것은 거꾸로 말하면 **투자자의 인기와 신뢰의 방증**이기도 하다.

실제 주식시장에서는 PER로 봐서 고평가된 주식이 매수되고 저평가된 주식은 저가인 채로 방치되는 일도 많다.

왜일까? 즉, PER이 어떻게 지금의 평가가 되었는가, 그 이유를 이해해야 한다.

PER이 의미하는 것

PER의 계산식은 '주가÷EPS'이므로, 변동요인은 주가와 EPS의 두 가지뿐이다. 분자인 주가가 내려가면 PER도 떨어지는데, 분모의 EPS가 늘어도 PER은 낮아진다.

이때 'PER이 주가가 저평가인지 고평가인지를 판단하는 잣대'라는 선입견이 있으면, EPS의 변동을 경시하기 쉽다. '잣대'로써의 EPS 변화도 미우 중요한데 말이다.

만약 주가가 일정하다면 PER 60배인 키엔스의 EPS가 이듬해 2배가 되면 PER은 30배가 되고, 그 이듬해에도 2배가 되면, PER 15배까지 떨어진다. PER 15는 일본 주식시장에서는 평균적인 수준이나, 키엔스는 '(몇 년 후인가에) EPS가 4배가 되었다는 잣대'로 주가가 계산되는 것이다.

PER이 높은 주식에는 '이 기업은 성장력이 있어서 EPS가 증가했으므로 PER이 높더라도 매수하고 싶다'라는 기대감이 있다. 이런 시기를 나타내는 것이 PER이라는 지표이므로, 'PER이 낮은 만큼 저평가되었으므로 매수하는 게 이익'이라는 고정관념이 아니라, **'PER은 EPS의 성장기대를 표현한 것'**으로 받아들이는 게 좋다.

PER과 미래에 대한 기대 EPS

소니의 PER은 약 12배인데, 미래의 EPS가 2배가 되면 PER은 절반인 6배까지 떨어진다. 그러면 주가가 2배까지 상승한대도 이상하지 않다.

제1장에서 반복해온 키워드는 '매출이 2배가 되면 이익은 2배가 되고 주가도 2배가 된다'인데, 이익을 EPS로 대체해도 마찬가지다.

'매출이 2배가 되면, EPS는 2배가 되고, 주가도 2배가 된다.'

PER의 계산식 중 분모인 EPS의 기대치가 변하면 어떻게 될까? 앞으로 EPS가 증가할 것이라는 기대감이 생기고 매수하려는 투자자가 늘고 이것이 주가에 먼저 반영되어 가격이 상승한다.

단기적으로는 신상품 발표, 영화나 음악의 히트 등 실적 기대치에 영향을 미치는 이벤트가 빈번하다. 중기적으로는 현재 기업 상황을 예상하는 바탕이 되지만, 기대치가 높은 성장주일수록 2년 후, 3년 후 실적에까지 기대감을 생기게 한다.

이처럼 주가가 변동하는 요인을 PER로 말하자면 EPS의 기대가치 변화인데, 이것이 (결산 발표 직후를 제외하고) 일반 개인투자자가 찾아보기는 힘든 탓에, PER이라는 지표가 이해하기 힘들고 까다로운 이유다.

일반적으로 산출되는 PER
 ● PER=주가÷EPS
(일반적으로 결산서의 당기 예상 EPS가 고정적으로 사용된다.)

투자자가 보는 PER
 ● PER=주가÷기대 EPS
(기대 EPS의 기준은 투자자에 따라 다르다.)

일반적인 PER은 결산서 당기 예상 EPS가 고정적으로 사용하여 산출하지만, 투자자는 미래의 기대 EPS다. 따라서 기대 EPS에서 봤을 때, 현재의 주가가 저평가됐는지 고평가됐는지 깊이 생각해봐야 한다.

이를 현재 EPS와 PER로 30배나 60배이므로 고평가되었다고 한들, 크게 의미가 있지는 않다는 걸 알 수 있다. 여기에서 중요한 점은 미래의 **기대 EPS의 근거와 실현성**이다. '시장에서 주가가 PER 몇 배라고 평가하는 이유는 무엇인가?'를 찾아보자. 투자의 힌트가 발견될지도 모를 일이다.

ROE가 동네 도시락 가게라면

다음으로 성장주 투자에서 PER(주가수익률)과 동등하거나 그 이상으로 중요한 지표인 ROE(주주자본이익률)를 동네 도시락 가게에 비유하여 설명한다.

PER이 주가와 EPS(주당 순이익)을 비교하는 지표였는데, 반해 ROE는 BPS(주당 순자산)과 EPS를 비교한다.

우선 ROE 계산식은 다음과 같다.

ROE=순이익÷순자산(%)

순자산(≒자기자본)이 창출해 내는 이익의 비율을 나타낸다.

그렇다면 왜 ROE일까? ROE가 높은 기업일수록 **성장력이 높기** 때문이다. 이를 동네 도시락 가게로 예를 들어보자.

한동네에 도시락 가게가 A점과 B점 2곳이 있는데, 각각 200엔짜리 도시락을 사들여서 400엔에 팔고 있다고 가정해보자.

A점은 자본금 20만 엔으로 1,000개의 도시락을 사들여서 판매 중이다. 하나에 200엔이므로 1,000개면 있는 돈을 다 투자하여 사들인 셈이다. 완판하면 매출은 40만 엔이고 이익은 20만 엔이다. (단순화하므로 경비는 제외)

반면에 B점은 A점과 마찬가지로 자본금 20만 엔이나 도시락은 A점의 두 배인 2,000개를 사들여서 판매한다. 구매금액이 자본금의 2배이므로 부족분은 대출하거나 사후정산을 하게 될 것이다. B점이 완판하면 매출은 80만 엔으로 이익은 40만 엔이다.

A점과 B점은 자본금은 20만 엔으로 같지만, 도시락이 다 팔리면 B점 이익은 A점의 2배가 된다.

다만, B점은 대출과 재고의 우려가 있는 만큼 **비즈니스로써의 벌이는 크다.**

이를 ROE로 설명하면 다음과 같다.

●A점은 자본금 20만 엔, 이익은 20만 엔으로 ROE 100%
●B점은 자본금 20만 엔, 이익은 40만 엔으로 ROE 200%

실제 ROE는 제반 경비를 제외해야 하므로 더욱 낮아지긴 한다.

자, 여러분이 투자자라면 A점과 B점 어느 도시락 가게에 투자할 것인가?

B점이 이익이나 ROE가 높지만, 자본금을 초과하여 제품을 구매했으므로 코로나 팬데믹과 같은 예상치 못한 사태에는 취약해질 우려가 있다는 것도 염두에 두어야 한다.

ROE와 성장 속도와의 관계

이번에는 A점과 B점 모두 체인점 사업을 시작했다고 가정해보자. 어느 점포가 얼마나 빠르게 성장할지 비교해 보려고 한다. 처음의 20만 엔으로 얻은 이익은 모두 자본금으로 재투자했다고 가정한다.

A점, B점이 각각 첫 판매로 얻은 이익은 다음과 같다.

● A점: 20만 엔
● B점: 40만 엔

이 이익을 다음 결산에 자본금으로 투자하면 다음과 같다.

● 'A점: 20만 엔+이익 20만 엔'으로 2배인 40만 엔
● 'B점: 20만 엔+이익 40만 엔'으로 3배인 60만 엔

이전과 마찬가지로 A점은 자본금과 같은 금액, B점은 자본금의 2배의 도시락을 사들여서 판매하므로, 전체 체인점의 제품구매대금은 다음처럼 3배나 차이가 생긴다.

● A점이 자본금 40만 엔
● B점은 자본금의 2배인 120만 엔

그러면 이익도 3배만큼의 차이가 생긴다. (**그림56**)

만일 도시락 판매가 매우 순조롭다면 B점이 성장 속도가 빠르므로 두 점포의 차이는 **점점 벌어지게 된다.**

이처럼 성장 단계에서는 실적이 흑자이고 ROE가 높을수록 성장 속도는 빨라진다. 그리고 ROE가 높은 기업일수록 미래의 성장 기대감이 높으므로 주가도 올라가는 경향이 있다.

그림56 도시락가게 비유로 보는 ROE(주주자본이익률)과 기업 성장

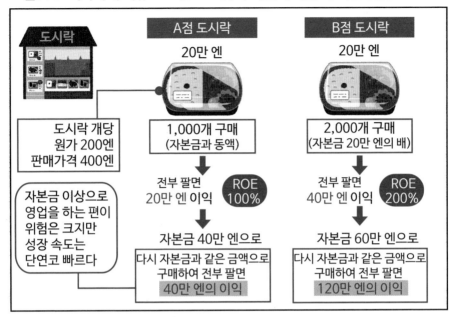

증수 증익에도 ROE 저하로 매도되는 이유

여기까지 이해하면 인기가 좋았던 성장주가 증수 증익임에도 ROE 저하로 주식이 매도되는 이유도 알게 된다. (ROE를 모르는 사람은 도대체 무슨 소리인지 알 수 없다.)

이는 기업의 성장이 둔화하고 있다는 시그널이다.

고성장을 이뤄낸 도시락 가게 B점의 성장이 정체되어 A점 수준이 되면, A점의 3배 속도로 성장한다는 전제로 B점에 투자한 투자자는 어떻게 하느냐는 이야기다.

기업이 성장 단계와 ROE의 관계는 다음과 같다.

성장기: ROE 상승

안정기: ROE 횡보

감속기: ROE 저하

ROE의 하락은 이익 증가율이 순자산 증가율보다 뒤떨어진다는 뜻이다. ROE가 하락으로 전환한 성장 기업은 아무리 증수 증익이 이어진대도 시장에서 높이 평가받지 못하며 실제 주가도 기세가 꺾이는 경향이 있다.

ROE로 성장주를 판단하는 법과 ROE 상승요인

거꾸로 성장 중인 기업은 이익이 순자산의 증가를 앞지르며 성장하므로, ROE는 점점 높아진다.

단순히 ROE가 높은지 낮은지는 업종이나 기업의 특성에 따라 차이가 있으므로, 시간 순서에 따른 ROE 변화를 확인하는 게 좋다.

이 방법은 성장주 후보를 선택할 때도 효과적이다. 제1장에서 소개한 매출 및 이익 신장에 더해 시간 순서에 따라 **ROE가 증가 중**이라는 점도 유력한 기준이 된다.

또 선행투자로 인해 일시적으로 이익이 감소하고 ROE도 떨어지는 성장 기업도 있는데, 이는 예외로 봐야 한다.

마찬가지로 제3장에서 설명한 감가상각비나 브랜드 가치도 ROE에 영향을 준다. 잠재적인 수익력을 중시한다면 EBITDA(이자 지급 전, 세전, 감가상각비 전 이익)를 기준으로 ROE를 보는 것도 방법이다.

그럼 어떻게 하면 ROE를 상승시킬 수 있을까?

ROE의 계산식은 '순이익÷순자산'이다. ROE를 높이려면 분자인 이익을 늘리거나 분모의 순자산을 줄이면 된다.

기업이 이익을 늘리는 것은 당연한 일이므로 분모인 순자산을 줄여서 자산효율을 높이는 데는 다음과 같은 시책이 효과적이다.

●**내부적: 자사주 매입, 배당 환원**
●**외부적: 신규투자, M&A**

많은 성장 기업이 신규투자나 M&A를 통해 성장을 시도하려는 이유를 알 수 있다. 고(高)ROE는 조달한 자금을 활용하여 순조롭게 이익을 창출하고 있다는 증거다. 이러한 기업의 주가나 기업가치는 높아지고 향후 자금조달도 수월해지는 선순환에 접어든다.

성장 정점을 지난 기업은 자사주 매입이나 배당 등 내부적 시책을 순자산을 줄이는 사례가 많은 듯하다. 규모가 큰 기업은 M&A로 얻는 이익이 적을뿐더러 실적 임팩트 역시 크지 않다. 그런데 이 같은 안건에 실패하면 경영책임을 져야 하므로 운신의 폭이 좁다는 측면도 있다.

내부적 시책과 외부적 시책의 방향성이 다르지만, 모두 ROE를 높이는 효과가 있어서 이러한 시책이 발표되면 효과에 대한 기대감이 기업가치를 끌어올리며 PER(주가수익률)과 주가에 반영된다.

ROE와 외국인 투자자

일본 내 주식 거래 중 60~70%는 외국인 기관투자자가 차지하고 있다. 특히 대형주가 모여 있는 도쿄증권거래소 1부에서 두드러진다. 외국인 투자자가 일본 주식시장을 뒷받침하는 주역인 이상, 이들이 어떻게 투자할 기업을 결정하는지는 알아두어야 할 것이다. 대개는 ROE라고 한다.

제2장에서 소개했듯이, 일본인 투자자는 자기자본비율이 높고 위험이 적은 경영방식을 외국인 투자자는 고(高)ROE로 위험을 감수하되 **자본효율이 높은 경영방식**을 선호한다.

소프트뱅크그룹(9984)처럼 극단적인 레버리지(ROE) 경영은 위험도도 높아지지만, 성장주가 지향하는 고(高)ROE 경영은 외국인 투자자 기호에 가까운 경영방식이라 하겠다.

시간 순서에 따라 본 고(高)PER주를 매수하는 이유

ROE를 이해했다면, 다음은 성장주 투자 관점에서 PER을 시간 순서 대로 보는 방법을 소개한다.

그림(표)57은 EPS 성장률 별로 5년 후까지의 EPS와 주가, PER 추이 를 시뮬레이션한 결과다. 처음 주가는 1,500엔, EPS는 100엔으로 주 가가 PER 15배까지 매수된다고 가정한다. 또 EPS가 처음 100엔에서 고정되었다고 가정하고 1년 후~5년 후에 상승한 주가에서 본 PER이 몇 배인가를 '현재 EPS를 기준으로 PER'을 산출했다.

EPS가 100엔 채 **성장하지 않는 기업**의 주가나 PER은 3년 후도 5년 후도 1,500엔으로 변동이 없다. 당연한 일이다.

그러나 5년간 매년 10%씩 성장한다면 5년 후 EPS는 100엔×1.1×⋯ =약 161엔이 되어, 주가는 EPS의 15배인 2,416엔에까지 매수된다. 실 제 PER은 15배이지만, 처음 EPS 100엔에 대한 현재 EPS 기준 PER은 24.2배까지 상승한다.

이것이 20%대 성장이라면 PER 37.3배, 30%대 성장이라면 PER 55.7배, 50%대 성장이라면 113.9배와 같이 이익 성장과 함께 주가와 현재 EPS 기준 PER 배율도 격변한다.

즉 향후 5년간 이익이 연이율 50%대 성장이 확실하다면, 투자자가 **5년 후까지의 성장을 반영**하여 현재의 EPS 대비 PER 100배 이상까 지 주가가 상승해도 이상하지 않다.

실적이 크게 향상되리라고 기대되는 경기 호황기나 성장 기업이 더 성장할 만한 신규 비즈니스가 등장했을 때, 기대감은 높아지고 주가 가 상승하는 이유가 이해된다. 제1장에서 간접 경험한 텐배거 성공담 에서 일어난 변화도 이러한 실적변화가 바탕에 깔려 있어서다.

그림(표)57 FPS(주당 순이익)의 성장률 차이가 5년 후 주가에 미치는 영향

EPS 100엔, 주가 1500엔(PER 15배)의
주식이 매년 0~50% 성장한 경우, 1~5년 후,
PER 15배였다면 주가는 얼마가 될까?
이후 주가는 현재의 EPS에서 본 PER의 몇 배가 될까?

성장하지 않는 경우	현재	1년 후	2년 후	3년 후	4년 후	5년 후
EPS	100	100	100	100	100	100
주가(PER 15배)	1500	1500	1500	1500	1500	1500
현재 EPS 기준 PER	15.0	15.0	15.0	15.0	15.0	15.0

5% 성장한 경우	현재	1년 후	2년 후	3년 후	4년 후	5년 후
EPS	100	105	110	116	122	128
주가(PER 15배)	1500	1575	1654	1736	1823	1914
현재 EPS 기준 PER	15.0	15.8	16.5	17.4	18.2	19.1

10% 성장한 경우	현재	1년 후	2년 후	3년 후	4년 후	5년 후
EPS	100	110	121	133	146	161
주가(PER 15배)	1500	1650	1815	1997	2196	2416
현재 EPS 기준 PER	15.0	16.5	18.2	20.0	22.0	24.2

15% 성장한 경우	현재	1년 후	2년 후	3년 후	4년 후	5년 후
EPS	100	115	132	152	175	201
주가(PER 15배)	1500	1725	1984	2281	2624	3017
현재 EPS 기준 PER	15.0	17.3	19.8	22.8	26.2	30.2

20% 성장한 경우	현재	1년 후	2년 후	3년 후	4년 후	5년 후
EPS	100	120	144	173	207	249
주가(PER 15배)	1500	1800	2160	2592	3110	3732
현재 EPS 기준 PER	15.0	18.0	21.6	25.9	31.1	37.3

30% 성장한 경우	현재	1년 후	2년 후	3년 후	4년 후	5년 후
EPS	100	130	169	220	286	371
주가(PER 15배)	1500	1950	2535	3296	4284	5569
현재 EPS 기준 PER	15.0	19.5	25.4	33.0	42.8	55.7

50% 성장한 경우	현재	1년 후	2년 후	3년 후	4년 후	5년 후
EPS	100	150	225	338	506	759
주가(PFR 15배)	1500	2250	3375	5063	7594	11391
현재 EPS 기준 PER	15.0	22.5	33.8	50.6	75.9	113.9

즉 향후 50% 성장이 확실하고 성장이 반영된다면, 주가가 PER 100배가
넘는 수준까지 상승해도 이상할 게 없다.

PER로 보는 실적과 시장평가의 차이

5년 후 PER을 시뮬레이션했듯이, PER도 시간 순서대로 보면 실적 추이와 평행선을 그린다. PER만으로도 주가에 대한 시장평가 추이를 읽을 수 있다.

투자자에게 평가가 높으면 기쁘고, 평가가 낮으면 안타깝지만, 기대한 대로 되라는 법은 없다.

PER의 높고 낮음은 시장평가로 두고 왜 그렇게 평가하는지를 되짚어보는 습관을 들여야 한다. 그러면 미처 고려하지 못한 평가 요인도 조금씩 알게 된다.

그런다고 바뀌는 일은 많지 않다. 시장평가 역시 실적 중심으로 이뤄지므로 기타 요인은 (일부를 제외하고는) 보조적으로 된다.

실적과 PER을 통한 시장평가에 차이가 있다고 여기에만 몰두하기보다, **변덕스러운 시장평가**는 있는 그대로 받아들이고 장래의 기업가치 분석에 시간을 할애하는 편이 훨씬 생산적이지 않을까.

저(低)PER주를 매수하지 않는 이유

'PER이 낮으니까 저평가'라고 판단하고 저(低)PER주를 샀다가 실패하는 경우를 **밸류 트랩**(Value trap)'이라고 한다. 즉 '저(低)PER주가 저평가된 것이므로 사는 게 낫다고 판단했지만, 실은 그렇지 않았다'라는 함정이다.

밸류 트랩의 요인은 저(低)PER주가 미래 실적 변화나 이익 성장에 대한 기대, 성장 여지가 부족해서다. 그래서 주가도 저평가된 채 방치되며 때로는 더 하락하기도 한다.

현실에서도 공부하기 싫어하던 아이가 갑자기 성적이 오르거나, 운동을 꺼리던 아이가 느닷없이 만능 운동선수가 되는 일은 좀처럼 어렵다.

마친가지로 지(低)PER 주식도 **'기대치가 낮다'**라는 매수하지 않는 분명한 이유가 있다.

물론 뭐든 못하던 아이가 계속 100% 못하는 채 있으란 법도 없다. 또 환경이나 의식 변화로 인해 잠재능력이 폭발하거나 좋은 교사나 코치를 만나 노력한 결과 변하기도 한다.

드문 사례이기는 해도, 이런 변화를 결산서에서 알 수 있다.

제2장 제1계명에서 언급했듯이, '기대치가 낮은' 기업이 '기대치가 높은' 기업으로 변할 때는 투자할 기회라는 걸 명심한다.

저(低)PER 주식이 매수되려면, 기업의 현상 유지이거나 우하향 중인 실적을 우상향으로 전환하려는 지속적인 노력이 필요하다. 노력의 정도가 부족하면 일시적으로는 상승하지만 '장기적으로 상승하는 성장주'는 되지 못한 채, **'단기로 끝난 주식'**이 된다. (어느 쪽일지는 ROE의 변화 여부로 알 수 있다.)

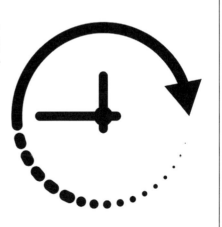

가치함정(價値陷穽)
주가의 급락으로 현재는 주가가 싼 것처럼 보이지만 미래의 실적 하향을 감안하면 실제로 주가가 싸지는 않은 상태.

PER이 주린이에게 어려운 이유

여기까지 한 이야기를 바탕으로 PER이 주린이에게 얼마나 어려운 지표이지, ROE까지 묶어서 정리했다. 처음부터 잘하는 사람이 어디 있을까, 누구나 처음에는 고민하기 마련이다.

1. 주가가 매일 변동한다
'PER=주가÷EPS' 수식에서 알 수 있듯이, PER의 분자가 주가이므로 매일 변동한다. 따라서 PER도 매일 혹은 실시간으로 계산해야 한다.

2. EPS 종류가 많다
PER의 분모인 EPS는 계산방식이 여러 종류다. 같은 EPS(주당 순이익)이라고 해도 다음처럼 많다.
- 전기실적 EPS
- 당기 기업 예상 EPS(가장 많이 사용된다)
- 회사 사계보의 예상 EPS
- 시장 컨센서스의 예상 EPS
- 당기 사분기 실적 EPS
- 기업의 중기계획 EPS

이 중 어느 EPS를 사용하는지에 따라 PER 배율도 달라진다.

참고로 핫산은 위의 EPS 대신 자체 계산한 독자적인 예상 EPS를 쓴다.

3. 특별이익과 특별손실, 법인세 문제
결산보고서에는 최종이익(순이익)을 바탕으로 계산한 '주당 순이익(EPS)'이 기재되어 있는데, 여기에는 특별이익, 특별손익 등 연속성이 없는 일시적인 이익과 손실도 포함되어 있다.

반면에 주식시장에서는 **대개 연속성이 없는 이익을 평가하지 않으므로**, EPS나 PER 계산에서 특별이익과 특별손실을 제외해야 한다.

이런 생각으로 필자는 최종이익이 아니라 경상이익에 상정 실효세율 30%를 일률적으로 적용하여 EPS를 계산한다.

EPS=경상이익×0.7÷(발행주식수-자기주식수)

일본 국내에서 활동하는 기업의 **실효 법인세율**은 30% 내외다. 글로벌 기업 중에서는 외국 법인세율이 낮은 덕에 20~25% 정도인 곳도 있다. 또 회계 기술이나 국가 우대제도를 활용하여 법인세를 내지 않는 기업도 있다.

도요타자동차(7203)이나 소프트뱅크그룹과 같은 기업이 유명한데, 법인세를 내지 않았다고 한다. 그렇다면 세금을 내지 않은 기업의 최종이익을 기업가치로 평가할 수 있을까.

두말할 필요 없이, 세금을 내지 않았더라도 다른 기업과 마찬가지로 30%를 냈다고 가정하고 평가해야 한다. 기업가치는 전년도 세금 납부 여부가 아니라, 미래의 이익을 바탕으로 계산하기 때문이다.

이렇게 보니 PER 계산에 사용되는 최종이익을 바탕으로 한 EPS에 문제가 많다는 걸 알 수 있다. 이러니 PER이 쉬울 리 있을까.

4. PER로 설명하지 못하는 종목이 있다

PER을 본다는 것은 주가를 통해 실적이 시장에서 어떻게 평가받는지를 보는 것이므로 주식시장에는 PER로는 설명하지 못하는 종목이 있다. 대표적인 사례는 다음과 같다.

- ●IPO주
- ●우대주
- ●바이오주
- ●투기주

주식시장에서는 '매도세보다 매수세가 우위에 있으면 주가가 기업가치와 괴리되어도 상승'한다. 수급이 가장 우선되기 때문이다.

PER에서 설명하지 못하는 주식은 PER과는 다른 메커니즘에 따른 **실적과 PER로 인해 시장평가를 웃도는 수급**이 생겨서 가격이 매겨지기 때문이다.

IPO주의 단기적인 투기 가치일 수도 있고, 우대주의 배당에 우대이율을 붙인 우대 프리미엄일 수도 있다.

이러한 종목에 PER을 적용하여 고평가되었대도 의미가 없다. 주가에 가치를 매기는 구조 자체가 달라서다.

PER을 기준으로 하는 투자란, 시장의 다수파인 실적과 어느 정도 연동된 표준적인 가치가 매겨진 종목군을 대상으로 실적의 변화와 장기적인 성장을 예측하며 투자해서다.

다른 투자법과 비교하면, 다수파인 PER을 바탕으로 하는 투자는 불확실성이 적고 재현성이 높은 편이다. 다만 전제되는 PER과 다른 메커니즘으로 움직이는 종목을 배제해야 한다.

5. 타당한 PER은 ROE에 따라 변한다

일본 주식 평균 PER은 15배이지만, 자본효율(ROE)이 높은 주식의 PER은 높아지며 낮으면 PER도 낮아진다. 이것이 PER이 만만치 않은 이유다.

PER, PBR, ROE 계산식을 복습해보자.

세 지표는 다음처럼 계산한다.

PER=주가÷EPS(주당 순이익)
PBR=주가÷BPS(주당 총자산)
ROE=EPS÷BPS

이렇다는 것은, 이 식을 다음처럼 치환해 볼 수도 있다.

ROE=PBR÷PER

※ROE=(주가÷BPS) ÷(주가÷EPS)

즉, PBR이 같다면, 고(高)ROE로 수익 효율이 높은 기업이 PER이 낮아서 잘 매수된다.

거꾸로 PER이 일정한 경우, **ROE 높을수록 PBR도 높은 상태가 허용되므로, 주가 상승 가능성 높다.**

이처럼 PER은 PBR을 통해 ROE와 균형을 맞춘다.

위의 계산식이 어렵게 느껴진다면, 본 장 시작에서 소개한 주가 진단차트로 되돌아가서 시각화해 본다. 어렵게 보여도 주가나 BPS, EPS처럼 항목 조합만 다른 단순한 이야기다.

6. ROE 변동이 교란의 요인이 된다

ROE 계산식이 'ROE=EPS÷BPS'라서 소형주와 성장주의 주가나 PER이 변동하기 쉬운데, 이는 ROE 자체가 변동 여지가 많아서라고 본다.

소형주나 성장주에서는 ROE 요소인 EPS나 BPS가 결산기 혹은 분기 단위로 크게 변동하는 경우가 많다. ROE가 자주 변하면, 타당한 PBR이나 PER 수준도 진폭이 커진다.

반면에 대형주는 ROE도 안정되고 분기별로 다소의 변동이 있어도 **'기대치의 흔들림이 적으므로'** PER이나 PBR의 수준도 안정적이다.

자기자본이익률(Return On Equity, ROE)이란,
기업이 자본을 이용하여 얼마만큼의 이익을 냈는지를 나타내는 지표로, 당기순이익 값을 자본 값으로 나누어 구한다.

7. 시장평가는 틀릴 때도 많다

제1장에서 텐배거 주식의 5년 동안을 봤던 것처럼, 나중에 시장평가를 보면 단기적으로 과대 과소하여 빗나가는 일이 많다. 따라서 주가나 PER의 숫자에 휘둘리지 말아야 한다.

성장주 투자에서 기업가치를 고려한다면, 오히려 '주가'라는 불확정 요소가 없는 편이 예상하기 쉬울 수 있다.

성장주 투자에서도 기업가치만 쫓다보면, 미래 EPS나 ROE의 성장을 예측하며 최종적으로 '결국 PER 몇 배까지 갈 것인가?'로 흐르기 쉽다.

그러면 **미래 기대치와 불확실성이 대치상태**가 된다. 따라서 PER이나 주가보다 한발 앞에 있는 EPS, BPS, ROE까지 염두에 두어 불확실하고 무모한 '주가'라는 변수에서 거리를 둔다.

마무리 :
성장주 투자와 PER, ROE 보는 법

이렇게 PER이나 ROE는 여러 평가지표 중 하나일 뿐, 꼭 봐야 하는 것도 아니다. 사실, 필자도 현재는 PER과 ROE를 바탕으로 한 이론주가를 주로 사용하다 보니, 더욱이 PER은 거의 보지 않는다. 그래도 PER과 ROE를 기본으로 하는 성장주 투자 관점은 그대로다.

●**EPS의 향상이 미래로 연결된다.**
●**ROE의 관점에서 실적변화를 예측한다.**

이는 성장주 투자에서는 불변의 원점이다.

불확실성은 적고 재현성은 높은 투자를 지속하는 것이 주식투자에서 성공 기회를 늘리는 비결이다.

차분히 차근차근 지속하는 것이 성장주 투자에서 성공하는 지름길이라고 생각한다. 핫샨식 PER×ROE 투자법을 다섯 가지 포인트로 정리하면 다음과 같다.

1. PER이 ○○배이므로 저평가, 고평가라는 생각은 버린다.
2. 현재의 주가, PER이 된 이유를 받아들인다.
3. 기업가치는 시장평가가 아니라 EPS 향상으로 판단한다.
4. ROE의 꾸준한 상승이 성장 엔진이다.
5. 시간 순서에 따른 실적과 주가의 연동성을 검증하여 3년 후, 5년
후에 투자한다.

[핫산 칼럼⑤]
주식분할과 기업가치에 대해서

성장 기업에서는 **'주식분할'**을 실시하는 사례가 자주 보인다. '주식분할'이란 지금까지 1주였던 주식을 2주, 5주, 10주로 나누는 것이다. 자본금을 늘리는 **'증자'**와는 달리 자본 금액 자체는 변하지 않으므로 주식분할로 기업가치는 변하지는 않는다.

실제로는 되려 주가가 상승하는 사례가 많아 보인다.

예를 들어 1:2로 분할했다면 '주가는 1/2'이고 '발행주식수가 2배'라는 변화가 생긴다.

기업의 시가총액은 '주가×발행주식수'로 계산하므로 주식을 분할해도 이론상 기업가치는 변하지 않는다.

만일 주가 1,000엔 주식 200주(시가 20만 엔)를 보유 중인데 1:2로 분할되었다면, 500엔 주식 400주(시가 20만 엔)를 보유하는 셈이므로 시가는 변하지 않는다.

분할 전 : 1,000엔×200주=20만 엔
분할 후 : 500엔×400주=20만 엔

그런데도 주식분할로 주가가 상승하는 인상을 받는다면, 아마도 수급적인 요인이 크기 때문이 아닐까.

그렇다면 기업은 왜 주식분할을 하는 걸까? 주식분할을 하는 대부분 기업은 성장 기업으로 실적호조가 이어지면서 주가가 지나치게 상승한 기업들이다.

현재 일본 주식은 100주 단위로 매수해야 하는데, 주가가 1만 엔이라면 100주를 매수하는데 100만 엔이라는 매수자금이 필요하다.

따라서 주가가 너무 오르면 개인투자자가 매수하기 힘들어지고 주주 수나 유동성에 영향을 미치게 된다. 그래서 주식분할을 통해 개인투자자가 **매수하기 쉽게 한 것**이다.

이러한 이유로 주식분할을 통해 혹여 예산 문제로 주식을 매수하지 못했던 투자자에게 매수할 기회를 열어주기 위해서다.

역설적으로는 '주가가 상승 중이어서 분할이 필요해진 것으로, 주식분할로 주가가 상승한 것은 아니다'라고도 생각할 수 있다. 이론상 기업가치는 변하지 않으니까 말이다.

여기에 이치 하나를 더한다면, **'주식분할을 하는 기업에 투자하면 주가가 상승할 가능성이 높다**(적어도 계속 분할하는 동안은)'라는 가설을 세울 수 있다.

실제로 주식분할을 하는 기업이 재분할하는지는 정확히 예측하기 힘들지만, 과거 성장 기업의 사례에서 보면 많은 기업이 성장기에 연속적으로 주식분할을 했다.

그러나 성장 기업도 시간이 흐르면서 성장 속도가 느려지고 마침내 주가 상승 속도가 줄어들면 더는 주식분할을 하지 않는다.

대개 과거 사례를 보면 그렇다.

예를 들어 현재 Z홀딩스(Z Holdings Corp., 4698), 예전의 야후는 1997년 11월에 장외거래시장(현 자스닥)에 신규상장 후, 1999년 3월 26일에 1:2 분할을 시작으로 총 13회나 주식분할을 반복했다. (한때는 일본 첫 주가 1억 엔을 달성하며 화제도 되었다.)

그 결과 첫 1주는 81만 9,200주로 쪼개졌다.

2013년 9월 26일에 실시된 마지막 100주 분할은 매매단위를 1주에서 100주로 맞추기 위한 예외였다고 생각한다면, 2006년을 마지막으로 주식분할은 없었다. (주가의 정점은 2005년 말)

즉 주식분할에 나선 성장 기업이 **'주식분할을 그만두면 성장에 정점을 찍은 것'**이라는 뜻이다.

주식분할에서 성장주 투자가가 고려할 점은 위의 2가지뿐일까.

우선 적어도 주식분할하는 기업은 기본적으로 성장 기업이므로, 투자처로써의 가치를 판단하기 위해 결산서를 찾아볼 만하다.

그리고 보유한 종목의 주식분할이 일시 정지된 경우다.

성장 단계가 끝난 건 아닌지 의심해볼 필요가 있다.

이쪽도 결산서를 찾아보며 성장성이나 미래성을 재검증한다. 다른 주식분할 기업과 비교해보는 것도 좋다.

지금부터 약 20여 년 전에는 라이브도어[33]가 주식을 100분할하며 세상을 떠들썩하게 했다. 라이브도어 충격 이전에는 주식시장에서 주식분할하면 신주 발행까지 시차가 발생하므로, 주권이 시장에서 고갈하여 수급 차원에서 주가가 상승하기 쉬운 구조였다.

이러한 구조(결함)를 교묘하게 이용하여 10분할이나 100분할 등으로 시가총액을 끌어올린 것이 호리에몬[34]으로 유명한 라이브도어였다.

---

(33) 라이브도어는 2004년 9월 결산보고서로 제출한 유가증권 보고서에 허위 내용을 기재한 혐의를 받으며 증권거래법 위반으로 법인으로써 라이브도어와 라이브도어 마케팅 및 동사의 당시 이사진이 기소되며 세상을 떠들썩하게 했다.

(34) 堀江 貴文(호리에몬 다카후미, 1972~현재), 일본 사업가, 저작가, 투자자, 연예인. 전 라이브도어 이사.

지금은 주식분할 후 곧바로 신주가 유통되므로 이러한 결함을 악용할 수 없지만, 주식분할로 주가가 상승하기 쉬워지는 경향은 계속되고 있다.

【핫산 칼럼⑥】
증자와 MS 워런트에 대해서

성장 기업에 투자 중이라면 피할 수 없는 것이 증자다. 증자에는 신주를 발행하는 공모증자와 제3자 할당증자 그리고 신주예약권을 발행하는 '**MS 워런트(Moving Strike Warrant)**'라는 두 가지 방법이 있다.

신주를 발행하여 증자하면 발행주식수가 증가하여 주당 가치가 감소하므로, ('**희박화**'라고 한다.) 주식이 매도된다.

예를 들어, 발행주식수가 10만 주인 기업이 신주를 10만 주 발행하면 발행주식수는 20만 주가 되어 의결권과 주당 이익 가치는 절반이 된다.

증자 전 10만 주 : 주당 의결권은 0.001%

증자 후 20만 주 : 주당 의결권은 0.0005%

이익을 1,000만 엔이라 가정하면?

증자 전 10만 주 : 주당 이익은 100엔

증자 후 20만 주 : 주당 이익은 50엔

그렇다면 증자=악재일까? 꼭 그렇지는 않다. 증자로 조달한 자금이 희박화(稀薄化)한 이상으로 이익을 얻으면 기업가치는 되려 오른다. 그래서 성장 기업이 신규투자목적으로 실시하는 증자는 꼭 악재라고는 할 수 없다.

거꾸로 자금조달이 어려워진 사양 기업이 부채 변제를 위해 증자하여 자금을 조달하는 일도 있다. 이러면 주당 이익만 희박화할 뿐이므로 주주에게 이익이 되지 않는다.

이러한 기업은 자금을 조달하지 않으면 존폐의 위험에 빠질 수도 있어서, 오히려 증자로 자금조달이 가능하다면 안심감에서 주식이 매수되기도 한다.

쉽지 않다.

그런데 신주를 발행하는 공모증자나 제3자 할당증자와 비교하여, 신주예약권을 발행하는 'MS 워런트'는 주주 측면에서 **'악마의 증자'**라고도 부른다.

행사가격 수정조항이 붙은 신주예약권이라서다.

통상 증자에서 발행가격은 공모나 제삼자와의 교섭으로 결정한다. 즉 주당 1,000엔짜리 신주 10만 주를 발행하여 1000엔×10만 주=1억 엔의 자금을 조달하는 것이나 마찬가지다.

제대로 된 우량 기업이라면 이러한 조건으로 자금조달이 가능하지만, 실적이나 체력이 불안한 기업이나 신용이 낮은 신규 기업은 쉽지 않다.

투자자 측면에서 보면 주당 1,000엔 출자한 후에 주가가 하락하면 손해 보기 때문이다.

이럴 때, '악마의 증자' MS 워런트가 등장한다. MS 워런트는 수정조항이 붙은 신주예약권으로 자금을 조달하므로 주가가 변동하면 조달 금액도 달라진다.

위와 같이 10만 주 신주예약권을 발행해도, 주가가 1,000엔이면 조달자금은 1억 엔, 그러나 주가가 500엔으로 하락하면 500엔×10만 주로 절반인 5,000만 엔밖에 되지 않는다.

이렇게 주가가 1,000엔에서 500엔이 되었을 때 행사가격을 수정할 수 있다면 투자자 측의 주가 하락 리스크는 경감되기도 한다.

그렇다면 이렇게 발생한 **리스크는 누가 메우느냐**, 바로 기업과 기존주주들이다.

MS 워런트를 발행하는 투자자 측(증권회사)은 미리 해당 종목을 공매도하여 신주로 변제하는 방식을 취하므로 조달자금에 상당하는 매물이 쏟아져나와 주가는 하락한다.

기업 측은 행사가격이 수정되므로 조달금액에 불확실성이 더 해진다.

MS 워런트에는 보통 행사금액 하한선이 설정되는데, 하한선을 밑돌면 자금조달이 불가능해지므로 이 역시 악재가 아닐 수 없다.

또한 권리 행사 후에는 유동주가 늘어나므로 수급은 더욱 악화하다. 그래서 '악마의 증자'라고 부르는 것이다.

이처럼 부채 변제가 목적인 MS 워런트라면 더는 논할 가치도 없다. 기존주주들을 자기들 지갑쯤으로 여길 뿐이라서다. 그래도 도산하는 것보다는 나은 정도다.

안타깝게도 신용이 부족한 성장 기업 중에는 MS 워런트를 선택하는 곳도 있다. 자금조달의 목적이 부채 변제가 아니라 투자라면 **그 이상의 기업가치를 투자자에게 환원할 수 있다**고 경영자가 판단해서다. (성장 기업의 경영은 속도감이 매우 중요하다.)

투자자로써는 리스크에 합당한 보수를 기대하든가, 리스크에 맞지 않으면 주식을 매도할 수밖에 없지 않을까.

증자나 MS 워런트 발행 소식은 갑자기 찾아오지만, 대차대조표(BS)나 현금흐름표(CF)를 시간 순서대로 보고 있노라면 자금 상황이 어떤지 정도는 예측할 수 있다.

제 5 장

엑셀 시트로
'5년 후 주가를 예측한다면'
~중기계획을 분석하여, 과거와 미래를 관리하다~

기업의 중기 경영계획에서 주가를 예측한다면

　제4장에서는 성장주 투자라는 관점에서 PER(주가수익률)과 ROE(주주자본이익률) 보는 법과 시간 순서에 따라 미래의 기업가치를 예상해봤다.

　제5장에서는 엑셀 시트도 활용하며 과거 5년 동안 분석과 5년 후 중기경영계획분석과 같은 본격적인 시계열 분석을 학습한다.

　상장기업 중에는 향후 3~5년 정도의 경영방침과 실적목표를 정한 **'중기경영계획'**을 발표하는 곳도 있다.

　기업 스스로 '5년 후에 EPS(주당 순이익)를 얼마까지 늘리겠다'라며 구체적인 수치를 제시하므로, 기업가치를 예측하는 전망치로 활용할 수 있다.

　'성장주로써 투자'하고 싶은 기업이 있으면 해당 기업의 사이트 내 IR 페이지에 접속하여 중기경영계획을 열람해보자.

　예를 들면, 콜센터 인재파견이나 장애우 고용지원으로 급성장 중인 에스풀(S-Pool,Inc., 2471)은 2021년 1월 13일에 2025년 11월 결산까지 향후 5기에 이르는 신·중기경영계획을 발표했다.

　해당 중기경영계획에는 2021년 11월 결산에서 총매출 248억 엔, 영업이익 25억 엔(기업 예상 기준)을 4년 후인 2025년 11월 결산에서는 총매출 410억 엔, 영업이익 50억 엔까지 **거의 배로 늘리겠다**고 표명하고 있다. 이 값으로 에스풀이 직접 상정한 향후 4년간 매출과 EPS 성장을 계산할 수 있다.

　그러니까 4년간 총매출을 248억 엔에서 410억 엔으로 늘리겠다는 이야기는 복리 계산식으로 역산하면 총매출을 매년 약 13.4%씩 늘린다는 뜻이다.

　영업이익은 2021년 11월 결산 예상치 25억 엔에서 4년 후 50억 엔까지 늘리겠다는 계산이다. 복리 계산식으로 역산하면 4년간 평균이익성장률은 약 19%다.

기업이 자체적으로 내건 매년 13.4% 증수, 19% 증익이라는 목표치로 미래의 기업가치다.

그리고 주가까지 예측할 수 있다.

에스풀이 결산을 발표하면, 앞에 정리한 중기경영계획의 미션(총매출 13.4%, 영업이익 19% 증가)을 성공했는지 판단하는 기준이 된다.

이처럼 중기계획은 **결산설명회 자료**에 포함되기도 하는데, 결산보고서와 같은 날이던가 시차를 두고 발표하는 결산 관련 자료들도 챙겨본다.

또 결산설명회가 개최된다면, 동영상이라도 찾아보자. 경영자의 말투나 질의응답 태도부터 계획에 대한 의지, 자신감 등을 알 수 있다.

또한 대개 중기경영계획은 의욕적으로 보여도 전반은 살살, 후반부터 큰 폭으로 상승하는 식으로 계획을 세우는 기업이 많다. 이런 경우, 전반의 계획을 앞당겨 달성하겠는 정도의 기세가 없으면 예상보다 성장세에 속도가 붙지 않는 사례도 많다.

따라서 **성장주 후보로 기대한다면, 계획을 앞당겨 달성하는 기업에** 한정한다는 판단기준이 적당하겠다.

중기경영계획이 변경되기도

무엇보다 기업의 중기 경영계획이 '그림의 떡'으로 끝나는 사례도 적지 않다.

예를 들어 기업의 복리 후생 서비스 아웃소싱기업으로 장기적으로 성장해 온 리로그룹(Relu Group,Inc., 8876)은 2019년 5월 23일에 2020년 3월 결산에서 2023년까지 4년간에 걸친 '제3차 올림픽 작전'이라는 중기경영계획을 발표했다.

그림(표)58 리로그룹의 중기경영계획과 변경

리로그룹이 2019년 5월에 발표한 2023년 3월 결산기까지의 4년 계획

[제3차 올림픽 작전]

실적목표 (단위: 억 엔)

	목표			최종연도
	제53기 2020년 3월	제54기 2021년 3월	제55기 2022년 3월	제56기 2023년 3월
총매출	2,800	3,100	3,400	3,700
세전이익	225	248	286	355

코로나 팬데믹으로 2021년 5월, 2025년 3월 결산기까지 계획 변경

실적목표 (단위: 억 엔)

	실적		목표			최종연도
	제53기 2020년 3월	제54기 2021년 3월	제55기 2022년 3월	제56기 2023년 3월	제57기 2024년 3월	제58기 2025년 3월
총매출	3,130	3,336	3,500	3,700	3,900	4,100
세전이익	112	157	190	240	290	355

계획을 보면, 2019년 3월 결산기 총매출 2508.6억 엔, 세전이익 200.7억 엔을 2023년 3월 결산기에는 각각 3700억 엔, 355억 엔까지 성장하겠다며 목표치를 내걸었다.

(그림(표)58・위)

각 연도에 따라 구체적인 목표치도 발표되었지만, 코로나 팬데믹으로 신규 경영활동에 지장이 생긴 탓에 2020년 11월에 중기 경영계획을 기간 연장한다고 발표했다.

실제로 리로그룹의 2021년 3월 결산기의 총매출은 3,336억 엔으로 목표치인 3,100억 엔을 초과했으나, 세전이익은 목표치인 248억 엔에는 미치지 않는 161.3억 엔으로 전기대비 감소했다. 그때까지 리로그룹은 11기나 되는 꽤 긴 기간 동안 경상이익이 증가했으나, **코로나 팬데믹**으로 맥이 끊기면서 주가도 하락했다.

그리고 2021년 5월에 위의 중기경영계획의 목표연도를 2년 후로 미루며 2025년 3월 결산기에 총매출 4,100억 엔, 세전이익 355억 엔으로 계획을 변경했다.

(그림(표)58 · 아래)

이처럼 중기경영계획에는 기업이 자체적으로 내세운 구체적인 실적목표치가 제시되므로 주가를 예측하는 데 도움이 된다.

그러나 코로나 팬데믹과 같은 예외적인 사건이 발생하면 미달하는 사례도 수없이 많으며, (중기경영계획을 편입한) 주가 하락요인이 되므로 조심해야 한다.

독자적인 중기계획과 투자 판단

중기경영계획이 발표되지 않더라도 **투자자 스스로 독자적인 중기계획을 세울 수도 있다.** 과거의 매출과 이익의 신장, 이익률의 경향, 투자 현금흐름(CF) 상황, ROE(주주자본이익률) 추이 등 결산서 내 숫자들을 참고하여 독자적인 중기계획 숫자를 만들어보는 것이다.

기본적으로는 과거의 성장실적을 연장하며 동시에 다른 평가는 더하고 빼는 형태가 된다. 독자적으로 중기계획을 세운 후에는 기업 판과 마찬가지로 분기별 결산에 따라 매출과 이익 성장을 확인하고, 중기계획의 달성 여부를 판단한다.

처음에는 어려울지도 모르지만, 나름대로 가설을 세우고 검증하는 과정에 성공과 실패를 반복하며 성장 예측의 정밀도도 조금씩 향상되어 갈 것이기 때문이다.

그리고 독자적인 중기계획을 마주하고 있노라면 다음과 같은 국면을 만날 수도 있다.

● **중기계획을 크게 상향 수정해야 하는 게 아닐까?**
● **중기계획을 크게 하향 수정해야 하는 게 아닐까?**

이것이야말로 성장주 투자자로써의 판단이 요구되는 중요한 국면이 아닐 수 없다. 이때다 싶어 신규투자에 발을 들일 것인가, 이미 투자했다면 추가할 것인가, 혹은 발을 뺄 것인가.

이처럼 과거의 실적을 근거로 스스로 예측한 미래를 토대로 투자를 판단하는 것이 어엿한 성장주 투자자가 아닐까.

결산서와 마주하여 고민하는 시간이 중요

조금 오래전 이야기인데, 필자보다 10살 위의 사장님이 계셨다. 그가 경영하는 기업에서는 영업 인수인계에서 고객명부를 신규담당자에게 다시 정리하게 시킨다고 한다.

파일을 전달받고 끝낼 게 아니라, 실제로 고객의 이름을 다시 타자하면 손으로 전해지는 정보가 기억에 남아 "△△씨이십니까? 제가 담당자입니다!"처럼 말문이 트이며 업무 효율도 달라진다고 한다.

결산이 발표될 때마다 재무제표의 숫자는 달라진다. 해당 숫자를 엑셀 등에 직접 입력하다 보면 시간도 걸리지만, **결산과 마주하여 생각하는 시간**이 되기도 한다. 그만큼 기억에 잘 남는다.

결산서를 보는 요령은 기초지식을 배우면서도 알게 되지만, 실제 결산서와 실시간으로 마주하며 고민한 시간에 비례하여 축적된다. 이렇게 이론을 배우고 또 실천하는 게 중요하다.

결산서 값을 시간 순서대로 입력하며 정리하는 습관을 들이자. 제4장에서는 도구로써 엑셀을 사용한다. (실전에는 엑셀의 기초적인 지식이 필요하다.)

이 책의 간행에 있어 두 종류의 분석 템플릿을 준비했다. 다음의 URL에서 내려받을 수 있다.

●결산서 분석 시트

5년 동안 결산을 입력하여 실적과 주가 추이를 분석 및 검증한다.

 본격적인
결산 분석에
도전한다면,
'결산서 분석 시트'
http://hashang.kabuka.biz/thinking/
tools/excel2

●중기계획 분석 시트

5년 후까지의 중기계획을 입력하여 중기간의 실적 및 주가를 예측한다.

 중기경영계획 등으로
장기적으로 주가와
실적을 예측한다면
'중기계획 분석 시트'
http://hashang.kabuka.biz/
thinking/tools/excel3

위의 두 종류의 템플릿을 이용하여 일반에게는 잘 알려지지 않은 결산의 특성과 등급을 추출하여 그래프로 표시할 수 있다. 지금부터는 실전연습을 주제로, 실제로 엑셀을 사용하여 입력 및 분석하는 과정을 체험할 수 있다.

필자 핫산은 현재 자작 프로그램으로 이용한 프로그램 분석이 중심이 되어 엑셀은 일부의 데이터입력에만 사용하고 있다.

처음 기업분석을 목표로 삼았을 때부터 엑셀 시트로 몇백 장이나 만들어온 노하우가 현재의 기업분석 원점이 되었다.

결산 분석 템플릿 사용법

최초로 엑셀로 만든 '결산 분석 시트'는 숫자만 입력하면 되는 **'결산서 입력 탭'**과 그 값을 바탕으로 기업의 성장성을 분석하는 **'결산서 분석 탭'**의 두 종류로 구성되어 있다.

결산서 입력 탭에는 4기분 본 결산과 직전 사업연도의 기업 예상, 분기별 실적치를 입력한다.

각 항목에 값을 입력하면, 다음 결산서 분석 탭에 해당 내용이 반영되어 각종 지표가 자동계산되며 기업의 재무내용과 성장성, **'이론주가'**를 분석한다.

'이론주가'는 해당 기업의 실적(EPS=주당 순이익)과 재무지표(BPS=주주자본이익률), 자기자본비율, 여기에서 산출되는 ROE(주주자본이익률)에서 보고 적정한 수준의 주가로, 필자 핫샨이 고안한 **'핫샨식 이론주가 밸류 모델'**의 간이판이다.

이론주가는 제6장에서 상세히 이야기하겠지만, 여기에서는 간단히 '해당 기업의 실적 및 재무 측면에서 본 적정 주가' 정도로 여기면 된다.

그림(표)59는 결산 입력 탭 화면이다. '결산 입력 탭'에 입력하는 항목은 셀 색이 옅은 노란색이다. (그림에서는 붉은색으로 표시한 곳) 항목은 다음과 같다.

- 결산서의 손익계산서(PL)에 기재된 **'총매출' '매출원가' '매출총이익' '판관비' '영업이익' '경상이익' '순이익'**.
- 결산서 요약이 2페이지째에 기재된 **'기말 발행주식수'**
- 대차대조표(BS)의 **'자산합계'**와 **'순자산합계'**(이상의 두 항목을 대차대조표 칸에 입력). 그러면 '부채'가 자동계산된다.
- 현금흐름표(CF)에 기재된 **영업, 투자, 재무 현금흐름표**. 마이너스인 경우에는 '-' 기호를 붙여서 입력한다.
- 그 아래에 있는 '현금잔고' 항목은 결산서 1페이지째 '현금흐름표' 상황란의 **'기말잔고'**나 현금흐름표 칸이 없다면 BS 자산부의 유동

그림(표)59 핫샷 작성 '결산 분석 시트'의 '결산 입력 시트' 페이지

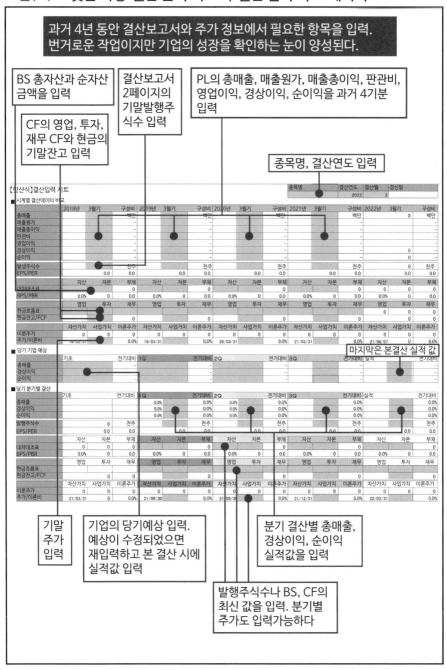

과거 4년 동안 결산보고서와 주가 정보에서 필요한 항목을 입력.
번거로운 작업이지만 기업의 성장을 확인하는 눈이 양성된다.

BS 총자산과 순자산 금액을 입력

결산보고서 2페이지의 기말발행주식수 입력

PL의 총매출, 매출원가, 매출총이익, 판관비, 영업이익, 경상이익, 순이익을 과거 4기분 입력

CF의 영업, 투자, 재무 CF와 현금의 기말잔고 입력

종목명, 결산연도 입력

마지막은 본결산 실적 값

기말 주가 입력

기업의 당기예상 입력. 예상이 수정되었으면 재입력하고 본 결산 시에 실적값 입력

분기 결산별 총매출, 경상이익, 순이익 실적값을 입력

발행주식수나 BS, CF의 최신 값을 입력. 분기별 주가도 입력가능하다

자산 서두에 기재된 **'현금 및 예금'** 금액을 기입한다.

● '주가/이론화' 칸에 **기말시점 주가의 종가**를 입력한다.

● '당기 기업 예상' 칸에 **기업의 예상치**를 입력. '기초'에서 '3Q'까지 순서대로 기업 예상치를 마지막에는 실적치를 입력한다. 실적이 수정되었다면 해당 시점을 찾아 재입력한다.

● '당기분기결산'은 발표될 때마다 최신의 **'총매출' '경상이익' '순이익'**과 BS의 **'자산' '자본'**을 현금흐름표가 공시되었다면 **'영업, 투자, 재무 CF'**와 **'기말잔고'**를 입력한다.

● 마지막 행에는 분기 말 **'주가'**를 입력한다.

발행주식수와 자본에 대해서

BPS(주당순자산), EPS(주당순이익)은 '주당' 순자산 혹은 당기순이익이므로 결산기말 시점의 발행주식수를 입력해야 계산된다.

주로 결산보고서 2페이지에 기재되는 발생주식수는 대개 3단 구조로 ①'기말 발행주식수(자기주식 수 포함)', ②'기말 자기주식수', ③'기중 평균 주식수'의 세 가지다.

BPS나 EPS 계산 시, '1주'는 엄밀히는 '자기주식을 제외한 기말 발행주식수'로 계산한다. 즉 ①에서 ②를 빼야 한다. 다만 매년 대대적으로 자사주를 매입하는 기업이 아닌 한, 자기주식 수는 전체에서 보면 미미하여, 단순히 ①의 숫자를 입력해도 BPS나 EPS에 크게 오차가 발생하지는 않는다.

주식분할 등 실시했을 때는 발행주식수가 2분할이라면 2배, 3분할이라면 3배로 크게 바뀌므로 반드시 템플릿 처음으로 돌아가서 주식수를 변경한다. 주식분할을 보정하지 않으면 BPS나 EPS의 연속성이 보장되지 않는다. 분할 전 주가도 분할을 고려한 주가로 변경한다.

<u>또</u> 자기자본비율 계산 시의 자기자본은 원래 대차대조표의 순자산 총액이 아니라 그중에서 '비지배 주식지분' 등을 뺀 '주주자본합계'를 적용하여 계산한다.

다만 이렇게 하면, '자산-순자산=부채'로 부채를 자동계산하지 못하므로, 본 템플릿에서는 간략화하여 '자기자본=순자산'으로 계산한다. 그러면 결산보고서 1페이지에 기재된 본래 자기자본비율보다 조금 높게 계산되는데, 성장주 투자에서는 무시할만한 오차이므로, 고민하지 말고 BS의 '순자산 합계' 값을 입력하면 된다.

이상의 값을 입력하면, 결산 분석 탭의 시트에 핫샨식 이론주가(자산가치+사업가치)와 EPS, PER, PBR(주가순자산배율), ROE, ROA(총자산이익률) 등의 주가지표, 1~3분기라면 기업의 사업연도 예상 대비 진척률 등이 자동으로 계산된다.

참고로 EPS는 제4장에서 설명한 것처럼 **'경상이익×0.7÷발행주식수'**로 계산한다.

결산 분석 시트 화면 중앙에 그래프 6개가 표시되는데, 분석 사례를 통해 그래프를 하나하나 살펴본다.

템플릿 시트는 A4 크기로 인쇄되도록 설정했으므로 종이가 보기 쉬운 분은 인쇄해서 보시기 바란다.

BPS(Book-value Per Share) :
총자산에서 총부채를 차감한 금액을 발행주식수로 나눈 것. 주당 장부상의 가치를 의미한다.

EPS(Earning Per Share) :
당기 순이익을 발행 주식 총수로 나눈 값. 이것이 높을수록 주식의 투자 가치는 높다고 볼 수 있다.

가격 이상의 니토리의 5년 결산 시트

홋카이도에서 창업하여 저렴한 가구와 인테리어 판매로 전국을 제패한 니토리홀딩스(Nitori Holdings Co.,Ltd., 9843)의 2018년 2월 결산부터 2022년 2월 결산의 제1분기까지의 값을 입력한 시트를 예로 들었다.

그림(표)60은 결산입력 시트에 값을 입력하면 자동 작성되는 결산 분석 시트 화면이다.

결산분석 시트에 자동표시되는 그래프 6개에는 다음의 내용이 담긴다.

그래프① 과거 4기+당기 매출, 주가, EPS 등의 추이

그래프② 주당 총자산과 주당 순자산, PBR 등의 재무 상황 추이

그래프③ 실제 주가와 이론주가, 해당 계산에 사용하는 기업의 자산가치 및 사업가치 추이

그래프④ 손익계산서의 각 숫자 상황이나 이익률, 판관비 비율, 경상이익률 추이

그래프⑤ ROA, ROE 등 자산, 자본비율이나 PER 추이

그래프⑥ 현금흐름표를 누적 세로 막대형으로 표시

그러면 니토리 결산서를 사용하여 각 그래프의 상세를 하나씩 살펴보자.

그림(표)60 니토리 결산분석 시트(2018년 2월 결산~2022년 2월 결산의 1분기)

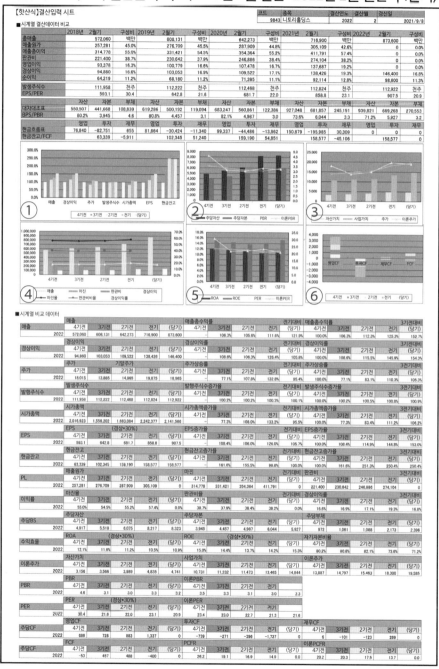

그림61 니토리 결산 시트 그래프① 4기 전부터의 실적 추이

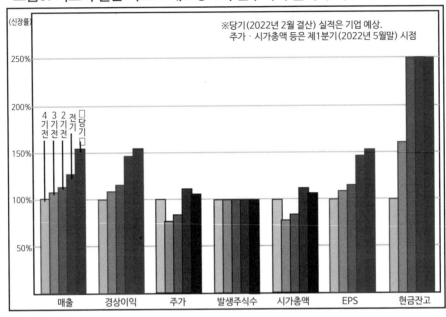

결산 분석에 그려진 그래프 6개의 의미

그래프①(그림61※ (35))은 4기 전부터 당기에 이르기까지 매출, 경상이익, 주가, 발행주식 수, 시가총액, EPS, 현금잔고의 추이를 나타낸 막대그래프다.

성장주에서는 **발행주식 수를 제외한 모든 항목이 우상향**으로 성장 중인지 확인한다.

니토리는 이미 시가총액 2조 엔을 넘는 대기업이면서도, 과거 4기 결산을 돌아봐도 매출과 이익 모두 전기대비 5~26% 성장이 이어지는 성장주다.

---

(35) (저자 주) ※ 실제 그래프는 엑셀에서 컬러로 작성되었으나, 책에서 보기 쉽도록 가공했다. 이하의 그래프도 동일하다.

그림62 **니토리 결산 시트 그래프② 주당 자산, 주당 자본과 PBR 추이**

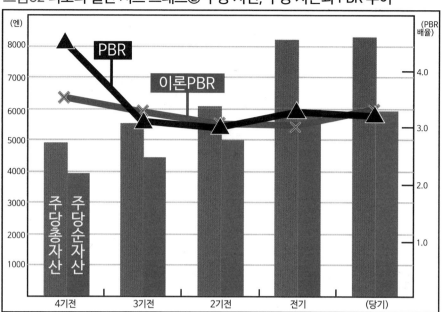

매출, 경상이익 모두 우상향이나, 주가는 여전히 답보상태다. 성장의 절정기를 지나 시장에서 성장에 대한 기대가 후퇴했다는 것이 실적 성장과 연동하여 주가가 상승하지 않는 원인으로 보인다.

그래프②(그림62)는 주당 (총) 자산이나 주당자본(≒순자산)을 4기 전부터 추적한 결과이며 여기에서 이론 PBR(이론주가÷순자산으로 계산)과 실제 PBR을 꺾은선 그래프로 표시했다.

성장 기업이라면 계속된 증수 증익이 자본에 편입되어 주당 총자산과 자본이 증가한다.

이익축적으로 향후 자산과 자본이 증가할 가능성이 큰 기업은 이론 PBR도 자본증가를 반영하여 우상향한다.

니토리는 계속되는 증수 증익으로 자산, 자본(≒순자산)이 순조롭게 상승 중인데도 주가는 보합세. 그 때문에 이론 PBR은 주춤, 실제 PBR은 2기 전까지 하락한 후 답보상태에 있다.

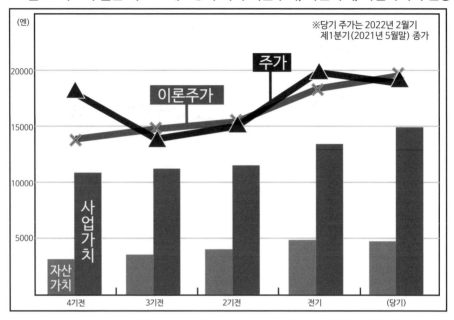

그림63 니토리 결산 시트 그래프③ 주가와 이론주가, 자산가치, 사업가치의 신장

즉, 투자자는 니토리 주식의 PBR이 높아도 적극적으로 매수하려는 자세는 아니라는 뜻이다. 그러나 PBR은 실적, 이론값과 함께 3배 초과하며 보통주에 비해 높은 수준이다.

그래프③(그림63)은 이론주가와 실제 주가를 꺾은선 그래프로 나타낸 것이다. 이론주가의 산출에 사용하는 자산가치, 사업가치를 막대그래프로 나타냈다.

현재 주가가 이론주가보다 높은지 낮은지에 따라 고평가됐는지 저평가됐는지 알 수 있다. 성장주의 주가가 이론주가보다 저평가인 경우는 거의 없으나, 현실 주가가 이론주가를 훨씬 웃돌며 주가가 과열 양상인지는 여기에서 알 수 있다.

니토리를 보면, 4기 전 주가가 이론주가를 웃돌며 기대감이 선행되며 매수세였으나, 현재는 이론주가에 근접한 형태로 완만하게 반전 상승하고 있다.

그림64 니토리 결산 시트 그래프④ 매출 대비 각종 이익과 판관비 비율

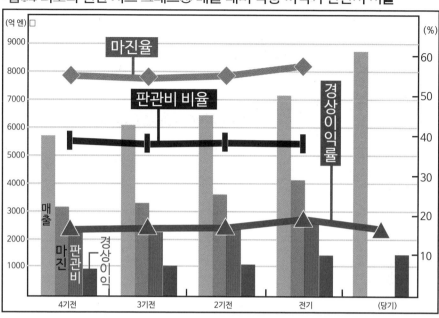

이익률, ROE, PER의 시계열 추이

하단의 **그래프④(그림64)** 손익계산서의 막대그래프와 그 수치에서 분석해낸 '마진율' '판관비 비율' '경상이익률'의 꺾은선 그래프를 더하여 이중으로 만든 것이다. 성장이 계속되는 중에 주가도 반응하는 기업이라면 대개 **이익률은 우상향**한다.

니토리의 경우, 경상이익률은 그림64의 우측 눈금에서 알 수 있듯이 10%대 후반으로 일정하다. 50%대 후반에서 주춤했던 마진율도 살짝 상승했다.

이런 변화는 시간 순서대로 결산서 값을 좇지 않으면 알 수 없다. **마진율이 상승하고 판관비율은 저하되는 것이 바람직**한데, 이러한 움직임이 니토리의 전기 결산에서 보인다. 경상이익률이 조금이나마 상향 중이다.

그림65 **니토리 결산 시트 그래프⑤ ROA, ROE의 추이와 PER, 이론PER**

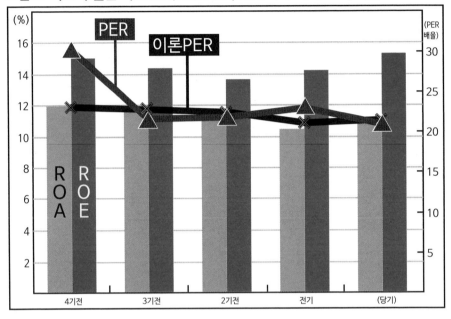

당기 경상이익률은 어디까지나 기업의 예상이므로 전기에서의 경향이 이어진다면, 2022년 2월 결산에서 경상이익률은 떨어지기보다 올라갈 것으로 예측해볼 수 있다.

그래프⑤(그림65)는 과거 4기분과 당기의 ROA(총자산이익률), ROE(주주자본이익률) 추이를 막대그래프로 표시했다. 여기에 '이론주가÷EPS'로 계산한 '이론PER'과 실제 주가를 EPS로 나눈 PER은 꺾은선 그래프로 그렸다.

기업이 총자산이나 자기자본을 효율적으로 사용하여 수익이 늘었는지, 줄었는지를 보는 그래프다. ROE나 ROA의 시계열 변화는 성장의 속도를 보여주는 중요한 사인이다.

니토리의 경우, 지금까지 매출이 성장하고 있다. 그러나 그림을 보면 2기 전까지는 ROE, 전기까지는 ROA가 저하되며 수익증가라는 면에서 효율적이지 못했다.

그림66 니토리 결산 시트 그래프⑥ 누적 세로막대 그래프로 보는 과거 4기분 현금흐름

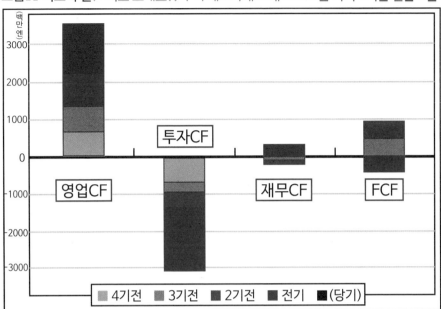

꺾은선 그래프를 보면, 이론 PER과 실제 PER이 모두 20배대 전반에서 주춤하고 있는데, EPS의 성장기대가 조금씩 가라앉아 있는 상황임을 알 수 있다.

그러나 최근 ROA, ROE가 다시 상승으로 전환하여 수익력이 향상되면서 (코로나 특수로 인한 일시적인 현상인지 투자자 스스로 판단할 것) 시장이 이 점을 평가한다면 주가나 PER도 재상승할지도 모른다.

그래프⑥(그림66)은 현금흐름표의 영업, 투자, 재무CF와 잉여현금흐름(FCF=영업CF+투자CF로 계산) 과거 4기분을 누적 막대그래프로 만든 것이다.

기업은 계속해서 영업, 투자, 재무의 CF 활동을 영위하며, 각기 현금잔고는 차기 기수 잔고에 반영된다. 따라서 시간 순서로 볼 때는 누적식이 **4기분을 하나로 묶어주므로 동향**을 파악하기 편리하다.

이 그래프를 보면, 4기 동안 본업에서 현금을 얼마나 벌어들이고 (영업CF 막대그래프), 현금으로 미래 성장을 위해 투자 활동을 했는지 (투자CF 막대그래프)가 일목요연하게 알 수 있다.

재무CF가 플러스인 경우는 은행 차입금이나 공모 증자로 조달한 자금의 사내로 유입됐다는 뜻이다. 해당 자금은 성장을 위한 자금이지만, 플러스가 지나친 것도 썩 좋은 경향은 아니다.

최근 4기를 합해서 보면 니토리의 FCF가 플러스이므로, 과거 4기 동안 영업CF의 범위 내에서 투자 활동을 했음을 알 수 있다. 특히 전기의 투자CF의 마이너스 폭, 재무CF의 플러스 폭이 크게 확대되었다는 것은 더욱 적극적으로 투자에 나섰음을 선명하게 보여주고 있다.

니토리의 정성정보를 보면, 패션 점포의 출점, 외식사업으로의 진출, M&A로 대형가구업체 시마츄(Shimachu Co., Ltd)의 자회사화, 코로나 팬데믹을 기회로 투자 공세를 펼쳤다는 것을 알 수 있다.

니토리가 투자에 적극적이었던 점을 시장이 평가한다면 주가가 이론주가를 밑도는 수준까지 하락한 당기(2022년 2월기)는 '매수' 기회일지도 모른다. 15%대에 이른 ROE, 10%대의 ROA라는 높은 수준의 수익력과 신규투자의 시비가 어떻게 평가될 것인지에 달려 있다.

이처럼 5년 동안 결산에서 발표된 수치를 하나하나 입력하여 상장기업의 경영상황과 재무내용의 추이, 주가와의 연동성을 시간 순서대로 봄으로써 해당 **기업의 장래를 예측하는 토대**를 마련할 수 있었다.

컨설팅 업계 성장주, 베이커런트의 5년 결산 시트

2016년 9월에 상장한 베이커런트 컨설팅(BayCurrent Consulting Inc., 6532)는 코로나 팬데믹으로 주목받은 DX(디지털 트랜스포메이션) 파도를 타고 2020년 3월부터 2021년 8월까지 주가가 약 15배나 급상승했다.

그림67 베이커런트 결산 시트 그래프① 4기 전부터 본 실적 추이

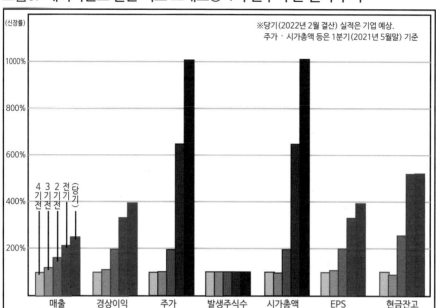

2018년 2월 결산부터 2022년 2월 결산의 1분기 실적치는 2022년 2월 결산 시 통산 기업 예상의 실적을 입력하고 매출 및 경상이익, 주가, EPS 등의 신장 추이를 시간 순서대로 보면(**그래프① 그림67**), 4년 만에 매출은 배로 증가, 경상이익과 EPS는 4배 가까운 증가가 예상되는 전형적인 성장주다.

그런데 주가와 시가총액은 2021년 2월 결산기에 들어서면서 크게 상승하기 시작했다. 성장주에서는 **'실적이 신장하는데 주가에는 잘 반영되지 않는 시기'**도 있으면, '인기가 생기면서 주가가 실적을 단숨에 뛰어넘어 급상승하는 시기'도 있다.

주가와 이론주가의 추이를 보면(**그래프③** 다음 페이지 **그림68**), 2기 전인 2020년 2월 결산까지는 이론주가가 실제 주가를 웃돌았다. 현재는 주가가 급등하여 이론주가를 조금씩 따돌리고 있다.

그림68 베이커런트 결산 시트 그래프③ 주가와 이론주가, 자산가치, 사업가치의 신장

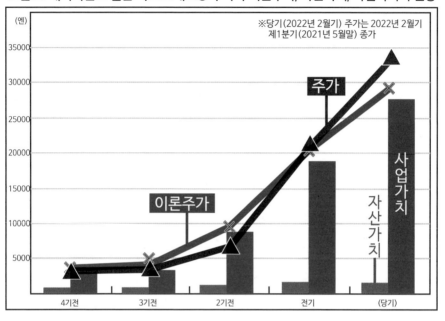

현금흐름을 세로 누적 막대그래프로 표현한 **그래프⑥ 그림69**를 보면, 대대적인 설비투자 없이 비즈니스를 전개하는 컨설팅 기업이라는 업종 덕에 투자CF가 거의 외부로 유출되지 않는 모양이다. 주주배당이라는 형태로 재무CF가 항상 마이너스이지만, 영업CF는 이를 훨씬 웃도는 플러스이므로, FCF 즉 현금이 점점 사내에 축적되고 있다.

그래프⑤ 그림70의 ROA(총자산이익률)나 ROE(주주자본이익률)도 수준이 높은 데다가 우상향이므로 여기에 이끌리듯이 PER도 상승 중이다. 제4장에서 언급했듯이 ROA, ROE가 높은 수준에서 성장 중인 기업은 PER이 높아도 투자자는 매수한다.

IT 계열 성장 기업, 오케스트라 홀딩스의 5년 결산 시트

성장주 후보로 자주 언급되는 IT기업의 결산 시트도 살펴보자.

그림69 베이커런트 결산 시트 그래프⑥ 누적 세로막대 그래프로 보는 과거 4기분 현금흐름

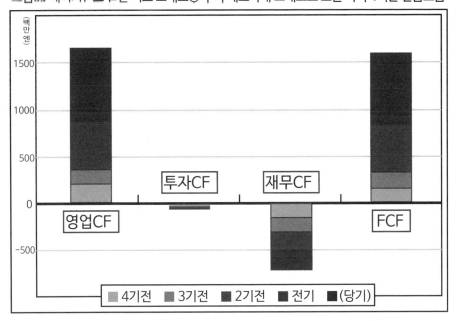

그림70 베이커런트 결산 시트 그래프⑤ ROA, ROE의 추이와 PER, 이론PER

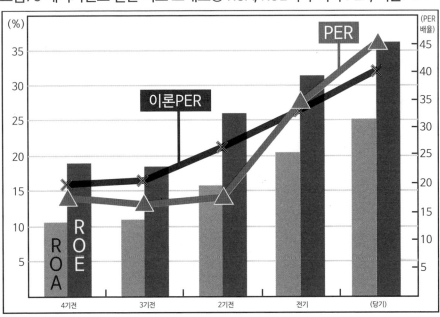

그림71 오케스트라 홀딩스 결산 시트 그래프① 4기 전부터 본 실적 추이

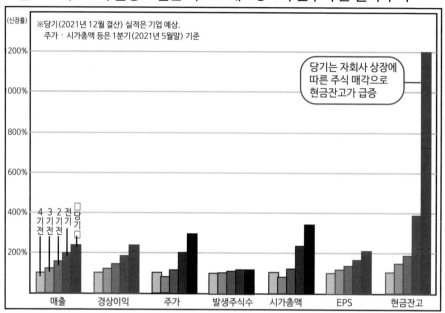

오케스트라 홀딩스(Orchestra Holdings Inc., 6533)는 기업용 디지털 마케팅에 주력하는 기업이다.

코로나 팬데믹으로 실적이 급신장하며 DX 관련 자회사 셰어링 이노베이션(Sharing Innovations Inc., 4178)이 2021년 3월에 상장한 덕분일까, 오케스트라의 주가도 상승했다.

2017년 12월 결산부터 2021년 12월 결산의 1분기까지의 결산 시트를 작성했다.

그래프① 그림71에서 매출과 경상이익의 추이를 보면 2021년 12월 결산에는 기업이 예상한 수준이었으나, 5년간 매출과 이익은 모두 약 2.4배까지 올랐다. 당기 현금잔고가 급격하게 증가했는데, 이는 자회사 상장으로 주식을 매도하면서 얻은 이익 때문이다.

다만, **그래프④** 그림72에 나타난 매출, 경상이익 등의 신장과 대비율을 매출과 비교하면 경상이익률이 5%대로 주춤하고 있다. IT 기업치고는 상당히 낮은 편이라 마음에 걸린다.

그림72 오케스트라 홀딩스 결산 시트 그래프④ 매출 대비 각종 이익과 판관비 비율

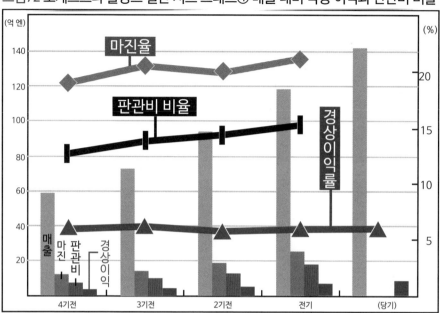

　　ROA(총자산이익률)이나 ROE(주주자본이익률)의 추이를 나타낸 **그래프⑤** 다음 페이지 **그림73**을 봐도 둘 다 하락하고 있다.

　　매년 증수 증익이 이어지며 착실하게 자본과 자산을 늘리고 있으나 매출과 자본, 자산 신장과 비교하면 이익이 뒤따르지 못하는 상황으로 보인다.

　　그 때문에 주가와 이론주가 추이를 나타낸 **그래프③** 다음 페이지 **그림74**에서도 이론주가가 천 엔대로 보합세인데 실제 주가는 3천 엔대에 도달. 2021년 8월 말 시점에서는 3천6백 엔까지 상승했다.

　　실적과 주가가 연동하는 성장주 투자에서 연동되지 않는다면 원인을 찾아야 한다. 그러지 않으면 위험요인이 된다.

　　그림에는 없지만, 2017년 12월 결산이나 2019년 12월 결산에는 잉여현금흐름(FCF)가 마이너스가 될 정도로 투자에 힘을 쏟았다.

그림73 오케스트라 홀딩스 결산 시트 그래프⑤ ROA, ROE의 추이와 PER, 이론PER

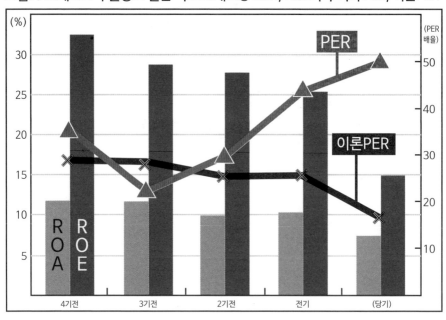

그림74 오케스트라 홀딩스 결산 시트 그래프③ 주가와 이론주가, 자산가치, 사업가치의 신장

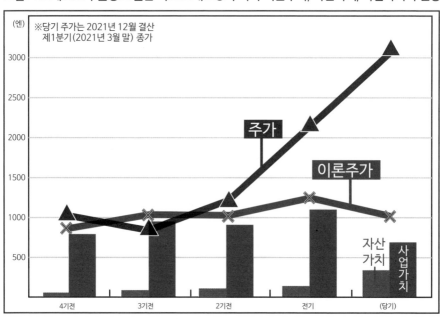

자회사 상장 외에 투자의 성과가 올 2021년 12월 결산 이후 이익과 이익률을 끌어올려 수익성이 더 높은 비즈니스모델 확립할 것이다. 주가가 지속해서 상승하려면 꼭 필요하지 않을까.

인기의 반도체주, 도요합성공업의 5년 결산 시트

도요합성공업(Toyo Gosei Co.,Ltd., 4970)는 반도체 회로를 실리콘 웨이퍼에 묘사하기 위한 감광 소재로 세계시장점유율 정상급에 속하는 화학제조업체다.

도요도 레이저테크(6820)과 마찬가지로 반도체업계의 최첨단 기술인 EUV(극단자외선)의 미세가공에 대응하는 감광 소재의 개발 및 판매로 주가가 2019년 1월부터 2021년 8월까지 17배 이상 상승했다.

2018년 3월 결산부터 2022년 3월 결산의 1분기까지의 실적 및 주가를 입력한 **그래프①** 다음 페이지 **그림75**를 보면 매출, 경상이익, EPS 모두 순조롭게 상승했으며 특히 매출 이상으로 이익 증가율이 눈길을 끈다. 2020년 3월 결산부터 주가가 실적 이상으로 상승하기 시작하더니, 2021년 3월 결산에 인기가 오르며 급등. 현재 2022년 3월 결산인 8월 이후로도 더욱 상승하고 있다.

그래프④ 다음 페이지 **그림76**의 매출 및 이익, 매출 대비 이익률을 보면, 마진율이나 경상이익률은 상승, 판관비 비율은 하락이라는 이상적인 이익 성장을 계속하고 있음을 알 수 있다.

그림에서는 나타나지 않지만, 2018년 3월 결산에 9%대였던 ROE는 2022년 3월 결산의 기업 예상은 17%대까지 성장하며 수익력이 크게 향상하는 것을 알 수 있다.

최근 주가가 급상승하며 이론주가에 비해 훨씬 고평가되고 있어 이쯤에서 매수해야 하는지 판단하기 어려울지 모르겠으나 성장이 계속되는 한, 지켜볼 가치는 있어 보인다.

그림75 도요합성공업 결산 시트 그래프① 4기 전부터 본 실적 추이

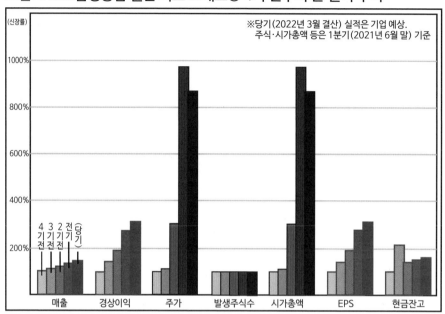

(신장률)

※당기(2022년 3월 결산) 실적은 기업 예상.
주식·시가총액 등은 1분기(2021년 6월 말) 기준

1000%
800%
600%
400%
200%

4 3 2 전 (당
기 기 기 기 기
전 전 전

매출　경상이익　주가　발생주식수　시가총액　EPS　현금잔고

그림76 도요합성공업 결산 시트 그래프④ 매출 대비 각종 이익과 판관비 비율

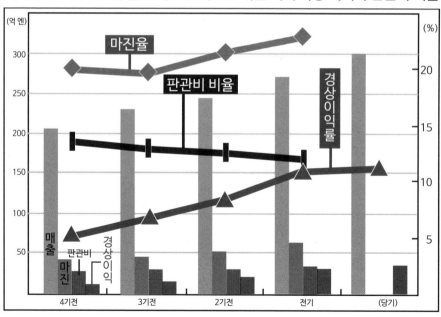

(억 엔)　　　　　　　　　　　　　　　　　　　　　　　(%)

마진율

판관비 비율

경상이익률

300　　　　　　　　　　　　　　　　　　　　　　　20

250　　　　　　　　　　　　　　　　　　　　　　　15

200

150　　　　　　　　　　　　　　　　　　　　　　　10

100

50　　　　　　　　　　　　　　　　　　　　　　　5

매출

마진

판관비

경상이익

4기전　3기전　2기전　전기　(당기)

컨설팅이나 IT에 비교하면 제조업은 성장주여도 실적 성장은 그만 고만한 편이다.

다만 레이저테크 사례에서처럼, 높은 기술력과 시장점유율, 세계적 인 수요 급증 등은 장기적으로 실적 및 주가가 모두 상승해간다는 점 이 매력이다.

부실 성장, 페퍼푸드서비스의 5년 결산 시트

부실 성장에 빠져 파탄 직전까지 내몰린 사례도 구체적으로 살펴보 자. '생각나면, 스테이크!'의 흥망으로 실적이 악화한 페퍼푸드서비스 (3053)의 결산 시트 그래프 6개 화면(다음 페이지 **그림77**)이다.

2017년 12월 결산부터 과거 최고 경상이익을 기록한 2018년 12월 결산을 지나며, 폐점과 '페퍼런치' 사업 매각으로 매출 반감, 경상수지 39억 엔 적자를 기록한 2020년 12월 결산의 2분기까지의 실적을 입 력했다.

결산 시트 **그래프②** 다다음 페이지 **그림78**에서도 알 수 있듯이, 손 실과 구조조정으로 주당 자산과 주당 자본이 심하게 감소했다. 특히 자본은 막대그래프에서 보이지 않을 정도로 감소하여 기업의 계속 전 제에도 지장이 있을 것 같은 사태가 벌어졌다.

페퍼푸드는 '생각나면 스테이크!'가 붐이었을 때 무리하여 점포확 대와 해외 진출을 꾀하여 높은 성장을 이어가려고 했으나, 탈이 나면 서 부실 성장은커녕 더 심각한 파탄위기에 빠지고 말았다.

'성장 중인가, 삐걱거리지 않는가'라는 징조는 매출 성장 대비 경상 이익 하락, 현금흐름표 내 잉여현금흐름(FCF) 감소, 자본이나 자산의 감소, 마진율 저하, 판관비 상승 등에서 읽어낼 수 있다.

그림77 페퍼푸드서비스 결산 시트: 6개 그래프(화면)

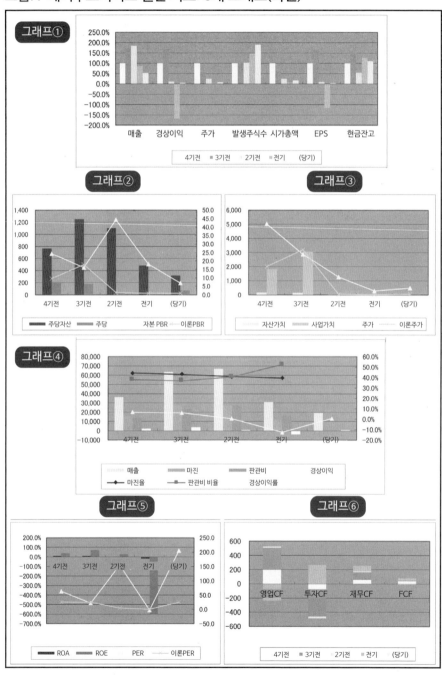

그림78 페퍼푸드서비스 결산 시트 그래프② 주당 자산, 주당자본과 PBR 추이

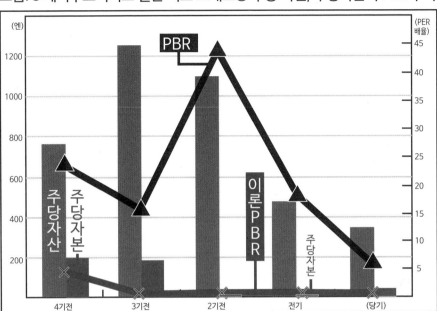

여러분도 '성장성' 궁금하거나 '장기투자'하고 싶은 종목이 있다면 **결산 시트에 숫자를 입력**하여 성장 기업의 경영, 실적, 재무를 자기 힘으로 판단할 수 있어야 한다.

엑셀 시트에 숫자를 입력하기란 수고로운 작업이다. 그러나 자기 눈과 손으로 결산서 숫자를 하나하나 좇다보면 분석기술도 향상된다는 건, 이미 필자 핫샨의 경험이기도 하다.

중기계획 분석 시트로 미래의 기업가치를 예측한다면

과거가 아니라 앞으로의 미래를 분석하는 도구로 **'중기계획 분석 시트'**도 만들었다. 중기계획 시트는 결산분석 시트의 5년 후 미래예상 버전이다. 결산분석 시트와 마찬가지로 '중기계획 입력 탭' '중기계획 분석 탭'의 두 종류로 구성했다.

'**중기계획 입력탭**'에 입력하는 정보는 결산분석 시트와 유사한데, 맨 왼쪽 열만 입력한다. 다음은 아래의 성장률 칸에 성장률을 입력하면 자동계산된다. 또 분기 결산 입력이 생략되어 있다는 점이 다르다. (그림79)

그림79에는 다음과 같은 결산정보를 입력한다.

● 우선 결산서 입력 시트와 마찬가지로 '**총매출**' '**총매출이익**' '**영업이익**' '**경상이익**' '**순이익**'을 입력한다. '매출원가'와 '판관비'는 자동계산된다.

● 결산서 서머리 2페이지에 기재된 '**기말 발행주식수**'를 입력한다.

● 대차대조표의 '**자산합계**' '**순자산합계**'(이상의 두 항목을 대차대조표 칸에 입력한다). 자동으로 '부채'가 계산된다.

● 현금흐름표에 기재된 '**영업, 투자, 재무 현금흐름**' 마이너스인 경우에는 '-'를 앞에 붙인다.

● 그 아래에 있는 '현금잔고' 항목은 결산보고서 첫 페이지의 '현금흐름 상황' 칸의 '**기말잔고**'에서 입력한다. 현금흐름 칸이 없다면 BS 자산부의 유동자산 서두에 기재된 '현금 및 예금'을 기입한다.

● '주가/이론대비' 칸에는 **기말 주가**를 입력한다.

모두 입력하면, 5년 후까지의 실적과 주가가 초기 상태에서는 '**120%(+20% 성장)**'으로 자동계산되어 표시된다. 좌단과 비교하여 4년 후 매출, 이익, 주가가 약 2배가 된다.

이러한 성장률은 아래 성장률 칸에서 항목별, 결산기별로 변경 가능하므로, 분석하려는 기업의 성장예측이나 예상에 맞춰서 수정한다.

BS(Balance Sheet, 대차대조표) :
상인의 영업상의 재산 및 손익의 상황을 명백히 하기 위하여 상법이 작성을 요구하는 상업장부를 말한다.

그림79 핫샨 작성 '중기계획 분석 시트' 입력 페이지

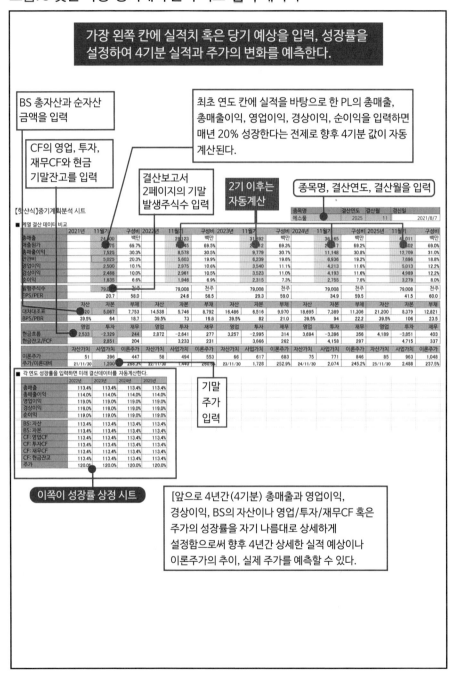

가장 왼쪽 칸에 실적치 혹은 당기 예상을 입력, 성장률을 설정하여 4기분 실적과 주가의 변화를 예측한다.

BS 총자산과 순자산 금액을 입력

최초 연도 칸에 실적을 바탕으로 한 PL의 총매출, 총매출이익, 영업이익, 경상이익, 순이익을 입력하면 매년 20% 성장한다는 전제로 향후 4기분 값이 자동 계산된다.

CF의 영업, 투자, 재무CF와 현금 기말잔고를 입력

결산보고서 2페이지의 기말 발생주식수 입력

2기 이후는 자동계산

종목명, 결산연도, 결산월을 입력

【핫샨식】중기계획분석 시트

종목명	결산연도	결산월	경신일
에스풀	2025	11	2021/8/7

■ 계열 결산 데이터 비교

	2021년	11월기	구성비	2022년	11월기	구성비	2023년	11월기	구성비	2024년	11월기	구성비	2025년	11월기	구성비
총매출		24,100	백만		28,123	백만		31,892	백만		36,165	백만		41,011	백만
매출원가		16,575	69.7%		19,545	69.5%		22,112	69.3%		25,017	69.2%		28,302	69.0%
총매출이익		7,525	30.3%		8,578	30.5%		9,779	30.7%		11,148	30.8%		12,709	31.0%
관리비		5,025	20.3%		5,603	19.9%		6,239	19.6%		6,936	19.2%		7,696	18.8%
영업이익		2,500	10.1%		2,975	10.6%		3,540	11.1%		4,213	11.6%		5,013	12.2%
경상이익		2,488	10.0%		2,961	10.5%		3,523	11.0%		4,193	11.6%		4,989	12.2%
순이익		1,635	6.6%		1,946	6.9%		2,315	7.3%		2,755	7.6%		3,279	8.0%
발행주식수		79,008	천주		79,008	천주		79,008	천주		79,008	천주		79,008	천주
EPS/PER		20.7	58.0		24.6	58.5		29.3	59.0		34.9	59.5		41.5	60.0

	자산	자본	부채	자산	자본	부채	자산	자본	부채	자산	자본	부채	자산	자본	부채
대차대조표	12,820	5,067	7,753	14,538	5,746	8,792	16,486	6,516	9,970	18,695	7,389	11,306	21,200	8,379	12,821
BPS/PBR	39.5%	64	18.7	39.5%	73	19.8	39.5%	82	21.0	39.5%	94	22.2	39.5%	106	23.5

	영업	투자	재무	영업	투자	재무	영업	투자	재무	영업	투자	재무	영업	투자	재무
현금흐름	2,533	-2,329	244	2,872	-2,641	277	3,257	-2,995	314	3,694	-3,396	356	4,189	-3,851	403
현금잔고/FCF		2,851	204		3,233	231		3,666	262		4,158	297		4,715	337

	자산가치	사업가치	이론주가	자산가치	사업가치	이론주가	자산가치	사업가치	이론주가	자산가치	사업가치	이론주가	자산가치	사업가치	이론주가
이론주가	51	396	447	58	494	553	66	617	683	75	771	846	85	963	1,048
주가/이론대비	21/11/30	1,200	268.3%	22/11/30	1,440	260.0%	23/11/30	1,728	252.9%	24/11/30	2,074	245.2%	25/11/30	2,488	237.5%

■ 각 연도 성장률을 입력하면 미래 결산데이터를 자동계산한다.

	2022년	2023년	2024년	2025년
총매출	113.4%	113.4%	113.4%	113.4%
총매출이익	114.0%	114.0%	114.0%	114.0%
영업이익	119.0%	119.0%	119.0%	119.0%
경상이익	119.0%	119.0%	119.0%	119.0%
순이익	119.0%	119.0%	119.0%	119.0%
BS: 자산	113.4%	113.4%	113.4%	113.4%
BS: 자본	113.4%	113.4%	113.4%	113.4%
CF: 영업CF	113.4%	113.4%	113.4%	113.4%
CF: 투자CF	113.4%	113.4%	113.4%	113.4%
CF: 재무CF	113.4%	113.4%	113.4%	113.4%
CF: 현금잔고	113.4%	113.4%	113.4%	113.4%
주가	120.0%	120.0%	120.0%	120.0%

기말 주가 입력

이쪽이 성장률 상정 시트

[앞으로 4년간(4기분) 총매출과 영업이익, 경상이익, BS의 자산이나 영업/투자/재무CF 혹은 주가의 성장률을 자기 나름대로 상세하게 설정함으로써 향후 4년간 상세한 실적 예상이나 이론주가의 추이, 실제 주가를 예측할 수 있다.

●구체적으로는 '총매출' '총매출이익' '영업이익' '경상이익' '순이익' 'BS: 자산' 'BS: 자본' 'CF: 영업CF' 'CF: 투자CF' 'CF: 재무CF' 'CF: 현금잔고' '주식' 성장률을 변경할 수 있다.

성장률을 다 보정했으면 '중기계획 분석탭'에서 성장 예상도를 확인할 수 있다. 그림80은 전체 그래프에서 6개만 발췌한 것이다.

보는 법은 결산분석 시트와 같지만, **결과가 아니라 미래예상**이라는 점이 다르다.

중기계획 분석 시트는 같은 기업의 결산분석 시트도 작성하여 비교 및 검증하면 과거에서 미래까지의 흐름이 한눈에 보이게 된다.

매출과 이익 성장이 과거 5년의 연장이라고 봐도 타당한지 어떤지, 총매출 이익률이나 판관비 비율 값이 과거와 비교하여 부자연스럽지 않은지 등 성장 시나리오가 바르게 세워졌는지 확인하자.

중기계획 분석 시트로 성장 시나리오를 작성한다면

중기계획 분석 시트는 기업이 발표한 '중기경영계획'에서 값을 입력하여 분석하는 데 적합하다.

중기경영계획에서 공표된 수치에 일정한 양식은 없이 기업에 따라 각양각색이나, '매출과 이익을 5년 후에 얼마까지 늘리겠다'라는 식으로 목표는 같다. 이들 수치를 실제로 입력하면 결산분석 시트와 비슷한 수준으로 상세하게 분석할 수 있다.

기업에 따라서는 중기경영계획을 발표하지 않는 곳도 있다.《회사사계보(會社四季報)》의 2기분 예상이나 과거 5년 동안 실적, 기업을 둘러싼 외적 요인 등도 참고로 투자자 자신의 손으로 중기계획을 책정할 수도 있다.

성장주 투자는 3년 후, 5년 후 실적과 기업가치를 예측하는 투자다. 성장주 투자자 여러분께서 꼭 도전하기를 바라마지 않는다.

그림80 중기계획 분석 시트에 작성되는 6가지 그래프

에스풀, 중기계획 분석 시트

여기에서 처음에 소개한 에스풀의 중기경영계획을 중기계획 분석 시트에 입력한다.

에스풀은 콜센터 인재파견이나 장애우 고용에서 성장 중인 기업으로 '4년 후인 2025년 11월 결산에 매출 410억 엔, 영업이익 50억 엔'이라는 목표를 내세웠다.

우선 중기계획 입력시트 왼쪽에 당기 예상치를 입력한다. 당기 예상으로 공시된 항목은 '총매출' '영업이익' '경상이익' '순이익'뿐이다.

'총매출이익'은 공표되지 않았으므로, 최신 실적을 바탕으로 입력한다. 당기와 같던가, 약간 상향하면 된다.

대차대조표나 현금흐름표의 수치도 과거 5년의 경위를 참고로 1년 후를 예측하여 입력한다.

그림(표)81은 모두 입력한 결과다. 하단의 성장률은 스스로 정하여 입력한다. 매출은 113.4%, 총매출이익은 114.0%, 이익은 119%, BS나 CF는 113.4%, 주가는 120%의 성장률로 설정했다. (다다음 페이지 **그림(표)82**)

여기에서는 4년간 성장률을 일정하게 설정했으나, 성장이 가속한다고 가정하에 점점 커지게 입력해도 된다.

이것으로 4년 후 기업이 목표로 설정한 매출 410억 엔, 영업이익 50억 엔과 **거의 비슷한 수치가 엑셀 상에 재현**되었다.

PL(Profit And Loss Statement, 손익계산서) :
한 회계 기간에 기업의 모든 비용과 수익을 비교하여서 손익의 정도를 밝히는 계산서

그림(표)81 중기계획시트에 입력한 에스풀 2021년 11월 결산 실적

> 에스풀의 기업예상에서 총매출, 영업이익, 경상이익,
> 순이익을 입력. 매출총이익은 최신 실적을 바탕으로 추측.
> BS나 PL도 과거 5년 동안 성장률에서 추측하여 입력한다

【핫샨식】중기계획입력시트

■ 시계열 결산데이터 비교

	2021년	11월기	구성비
총매출		24,800	백만
매출원가		17,275	69.7%
매출총이익		7,525	30.3%
판관비		5,025	20.3%
영업이익		2,500	10.1%
경상이익		2,488	10.0%
순이익		1,635	6.6%
발행주식수		79,008	천주
EPS/PER		20.7	58.0
	자산	자본	부채
대차대초표	12,820	5,067	7,753
BPS/PBR	39.5%	64	18.7
	영업	투자	재무
현금흐름	2,533	−2,329	244
현금잔고/FCF		2,851	204
	자산가치	사업가치	이론주가
이론주가	51	396	447
주가/이론 대비	21/11/30	1,200	268.3%

> 이것이 기업의 미래 실적을 예측하는 첫걸음

그림(표)82 미래 성장률을 설정하여 향후 실적 및 주가의 신장률을 계산한다

> 에스풀의 중기경영계획에서 매출, 이익, 주가의 성장률을 역산하여 입력

> 성장률 설정이 미래 실적예측에는 꼭 필요!

■ 각 연도 성장률을 입력하면 미래의 결산데이터를 자동계산한다

	2022년	2023년	2024년	2025년
총매출	113.4%	113.4%	113.4%	113.4%
매출총이익	114.0%	114.0%	114.0%	114.0%
영입이익	119.0%	119.0%	119.0%	119.0%
경상이익	119.0%	119.0%	119.0%	119.0%
순이익	119.0%	119.0%	119.0%	119.0%
BS: 자산	113.4%	113.4%	113.4%	113.4%
BS: 자본	113.4%	113.4%	113.4%	113.4%
CF: 영업CF	113.4%	113.4%	113.4%	113.4%
CF: 투자CF	113.4%	113.4%	113.4%	113.4%
CF: 재무CF	113.4%	113.4%	113.4%	113.4%
CF: 현금잔고	113.4%	113.4%	113.4%	113.4%
주가	120.0%	120.0%	120.0%	120.0%

분석 시트를 보면, 영업이익률이 당기 예상인 10.1%에서 4년 후에는 12.2%로 2.1% 우상향하는 계획임을 알 수 있다. (그림83)

영업이익률을 2.1% 향상하려면, 매출원가와 판관비의 합계액을 2.1% 삭감해야 한다. 그림에는 없지만, 이정표가 되는 숫자도 2, 3, 4년째에 반영하여 계산한다.

이처럼 중기계획 분석 시트에서 작성한 성장 시나리오와 실제로 기업에서 발표한 결산결과를 비교하며 분기별로 매출이 계획을 웃돌았는지, 이익률은 이정표에 근접했는지 등을 확인한다.

결산이 발표된 뒤에는 결산결과를 반영한 수치로 경신하여 성장 시나리오를 수정해도 된다.

결산이 중기계획을 능가할 정도로 좋다면 계획보다 앞서 목표가 달성될 가능성도 있으므로 긍정적으로 판단한다. 거꾸로 중기계획 달성이 요원하게 보이는 결산이라면 부정적이라고 봐야 한다.

그림(표)83 기업에서 내건 중기경영계획에서 세부사항 속 주목 포인트

2025년	11월	결산 구성비
총매출	41,011	백만
매출원가	28,302	69.0%
매출총이익	12,709	31.0%
판관비	7,696	18.8%
영업이익	5,013	12.2%
경상이익	4,989	12.2%
순이익	3,279	8.0%
	79,008	千株
	41.5	60.0

자산	자본	부채
21,200	8,379	12,821
39.5%	106	23.5

영업	투자	재무
4,189	−3,851	403
	4,715	337

자산가치	사업가치	이론주가
85	963	1,048
25/11/30	2,488	237.5%

1기째 실적과 성장률을 입력하면 4년 후 실적을 예측할 수 있다. 세부사항의 수치를 보고 계획달성에 필요한 조건에 주목한다.

계획 달성에는 영업이익률을 5년간 2.1% 향상해야 한다. 이를 실현하려면 원가와 판관비 합계를 2.1% 삭감해야 한다는 알 수 있다.

에스풀의 중기경영계획을 재현한 중기계획시트

이처럼 단순히 결산결과의 호불호뿐 아니라, 기업이 스스로 세운 **중기경영계획에 따르고 있는지**, 성장 시나리오와 비교하여 어떠한가를 중장기적 관점에서 투자를 판단하는 것도 중요하다.

마무리 :
엑셀 시트로 5년 후 예측

제5장에서는 엑셀 템플릿을 사용한 본격적인 결산서 분석과 중기경영계획분석을 소개했다.

다음 제6장에서는 엑셀 템플릿에도 등장한 '핫샨식 이론주가 밸류모델'과 이론주가를 기준으로 텐배거를 실현하기까지의 흐름을 소개한다.

【핫산 칼럼⑦】
핫산식 이론주가 차트로 5년간 실적을 읽다

　그림84는 핫산식 이론주가 차트로 반도체 관련주 레이저테크의 주가와 실적 추이를 나타낸 그래프다.

　주가는 캔들의 월봉으로 5년 동안 주가 추이다.

　실적은 **XBRL형식**(제6장 칼럼에서 설명)의 결산보고서 5년 동안 (파일 20분기 양) 데이터를 다운로드하여 작성했다. 이 책은 흑백이므로 조금 보기 힘들지 모르겠으나, 웹상에서는 다음처럼 계산하여 표시했다.

●**이론주가(자산가치+사업가치)**: 오렌지색선

●**자산가치**: 녹색선

●**상한가(자산가치+사업가치×2)**: 하늘색선

그림84 레이저테크의 이론주가 차트(2016년 7월~2021년 8월)

이론주가 차트를 한번 쓱 보기만 해도 과거 5년 동안 실적과 주가 추이, **실적과 주가의 연동성**을 파악할 수 있다.

제1장에서 지난 5년 간 성장 스토리를 체험한 레이저테크를 다시 한번 이론주가 차트로 보니, 2019년 여름부터 이론주가의 급상승과 함께 실적이 우상향을 기록이다. 실제 주가(캔들)가 이론주가를 스치 듯이 급부상하며 텐배거로 상승한 경위를 확인할 수 있다.

핫샨의 컴퓨터 환경에서는 전체 상장종목의 이론주가 차트를 레이저테크와 같이 표시할 수 있게 만들어서 투자가 VTuber의 '결산분석 Live'(URL은 248페이지 참조)에서 같은 환경으로 '오늘의 결산' '이번 주 결산'을 실시간으로 방송하고 있다.

현재 이론주가 차트는 핫샨이 감수하는 웹사이트 '성장주 워치'에서 팔로우하는 종목과 유튜브 채널 '투자자 VTuber 핫샨 『kabukabiz tv』'에서 공개한 이론주가 동영상이나 라이브에서만 볼 수 있다. 앞으로는 더 많은 분이 사용하실 수 있도록 새로운 프로그램도 준비하고 있다.

이 책에서는 제6장에서 이론주가 차트를 사용한 분석을 소개한다.

【핫샨 칼럼⑧】
반도체 산업에 10배주가 많은 이유와 주의점

텐배거주 레이저테크가 속한 반도체 산업은 **'실리콘 사이클'**이라고 부르는 반도체 수급 정도에 따라 실적도 요동친다.

최근 수년간 클라우드 컴퓨팅 보급으로 서버 수요나 비트코인 채굴용 PC수요, 나아가 스마트폰의 진화와 사물인터넷 보급에 더해 자동차 EV화, 자율운전기술에 의한 스마트화 그리고 코로나 팬데믹으로 인한 비대면 수요까지 더해지며 극단적이리만큼 호황을 누리고 있다.

반도체 제조 면에서 일본 내 기업들은 타이완의 TSMC[36]나 한국의 삼성전자에 필적하지 못하고 내리막길에 있다.

그러나 반도체 제조과정에서 필요한 다양한 장치 분야를 보면, 반도체 제도장치로 매출 세계에서 꼽히는 도쿄일렉트론(Tokyo Electron Limited, 8035), 메모리용 반도체검사 장치에서 세계 제일의 어드밴티스트(Advantest Corp., 6857), 반도체 웨이퍼 세정장치에서 세계시장점유율의 80%를 차지하는 디스코(Disco Corp., 6146) 등 성장주 투자 대상이 될만한 기업이 많다.

반도체 제조에 필요한 화학약품 분야에서는 본 장의 '결산서 분석 시트'에서도 소개한 도요합성공업도 유망하다. 실리콘 웨이퍼에 미세한 회로를 그리기 위한 포토레지스트 소재를 만드는 도요합성의 주가는 2019년 1월 800엔대에서 2021년 1월에는 1만 4천 엔대에 도달, 2년 만에 텐배거 이상을 달성했다.

더욱이 반도체 제조에 사용하는 화학약품으로 틈새시장을 만들며 높은 기술력을 자랑하는 트리케미컬 연구소(Tri Chemical Laboratories Inc., 4369)도 장기적으로 주가 상승이 이어지고 있다. 2016년 8월에 415엔※을 기록한 주가가 2021년 1월에는 5,043엔까지 상승, 5년 만에 약 12배를 달성했다.

그림85는 트리케미컬 연구소의 이론주가 차트다. 실적을 나타낸 이론주가가 2017년과 2018년, 2019년에 우상향 상승하며 주가를 견인했음을 알 수 있다. 특히 2019년 중반까지는 이론주가가 선행했지만, 반도체 관련주에 매수세가 생긴 2019년 후반부터 주가가 단숨에 상승한 장면은 매우 흥미롭다.

(36)Taiwan Semiconductor Manufacturing Company Limited

그림85 트리케미컬 연구소의 이론주가 차트(2016년 7월~2021년 8월)

이처럼 반도체 관련주는 그야말로 성장주의 보고다.

다만 주의점도 있다.

하나는 성장주로써 반도체 관련주에 장기투자한다면, '실리콘 사이클'에 의존하는 **'싸이클리컬**(Cyclical=경기순환)' 경향이 있다는 점을 기억해야 한다.

호황과 불황으로 주가가 크게 파도친다.

다만 현재는 앞선 언급처럼 호황이 장기간 이어지는 '슈퍼사이클'일 가능성도 있다.

또 하나는 **'세계에서도 가장 경쟁이 극심한 업계'**라는 점이다. 한때 반도체 제조의 노광장치 스테퍼라는 분야에서 캐논(Canon Inc., 7751)과 니콘(Nikon Corp., 7731)과 같은 유명 대기업이 세계시장점유율에서 정상에 올랐지만, 현재는 그 자리를 위협받고 있다.

현시점에서 경쟁력이 뛰어나고 반석에 올랐다고 한들, 미래는 아무도 모른다.

이렇게 생각하니, 역시 결산서는 반드시 봐야겠다는 생각이 든다.

제 6 장

제로부터 배운다
'이론주가 밸류 모델'
~목표 달성을 위한 과정과 이정표~

이론주가와 텐배거 실현 과정

제5장은 필자 핫샨이 개발한 엑셀 템플릿을 사용한 5년 동안 결산 분석과 중기경영계획 분석을 소개했다.

제6장도 필자가 개발한 '핫샨식 이론주가 밸류 모델'과 텐배거 실현 과정을 중심으로 소개한다.

텐배거와 목표주가

지금까지 텐배거 사례를 봐서 알 수 있듯이 두 배, 다섯 배, 열 배로 계속 상승하는 성장주를 매도하지 않고 보유하기란 의외로 어려운 법이다. 처음부터 텐배거라는 **목표와 기준이 되는 이정표**를 설정하지 않으면, 주가가 조금만 올라도, 거꾸로 주가가 내려도 팔고 싶어져서 손쉽게 텐배거까지 이르지 못한다.

아무리 아이의 운동 능력치가 만랩이어도 '프로야구선수'가 되고 싶다거나 '올림픽 수영종목에서 금메달'을 따고 싶다는 구체적인 목표를 설정하고 **전문적인 훈련**을 받아야 제 능력을 발휘할 수 있다.

공부 잘하는 아이도 마찬가지다. '의사'나 '변호사'가 되고 싶다는 전문적인 목표가 있어야 꿈을 이루기 위해 노력한다.

텐배거 획득까지는 초등학생쯤 되는 아이가 올림픽 출전권을 획득할 정도의 또 의대나 법대에 합격할 정도의 시간이 필요하다. 그때까지는 이론주가가 이정표가 되어줄 것이다.

ROA(Return On Assets, 총자산이익률):
금융기관의 당기 순이익을 총자산으로 나누어 얻어지는 수치.

　이론주가의 가장 큰 장점은 기업의 성장과 함께 상승해 가는 기업 가치를 목표주가로 설정하고, 장기간 보유하기 위한 기준으로 활용할 수 있다는 데 있다.

　실적이 안정되었더라도 (이론주가는 하락하므로) 이익 실현이나 손절매 결단을 위한 객관적인 지표로써도 도움을 준다.

　제5장에서는 중기계획 분석 시트를 소개했는데, 이러한 미래 그림이 없는 투자와 '이 주식은 여기까지 상승'한다는 가이던스가 있는 투자와는 결과에 차이가 크다.

　텐배거에 이르기까지는 목표가 필요하다. 여러분도 결산서를 마주하며 해당 기업의 목표주가 즉 이론주가를 계산하는 습관을 들여야 한다.

핫산식 이론주가 밸류 모델 계산식

　거두절미하고 이론주가 계산식을 소개하겠다.

　핫산식 이론주가 밸류 모델에서는 기업가치를 '자산가치'와 '사업가치'의 두 가지로 나누어서 계산하고 합산하여 산출한다.

　계산식은 다음과 같다.

자산가치 =BPS(주당 순자산)×할인평가율

사업가치 =EPS(주당 순이익)×[ROA(총자산이익률)×150×재무 레버리지 보정]

이론주가 =(자산가치+사업가치)×리스크 평가율

　하나씩 살펴보자.

자산가치 계산식에 대하여

자산가치는 BPS(주당 순자산)가 바탕이 되는데, 이는 결산서 상의 수치에 불과하다. 경영 위기에 빠진 기업이 부채를 전부 변제하고 보유자산을 매각하면 결산서에 기재된 순자산이 그대로 남는 경우는 거의 없다.

그 때문에 자기자본비율에 따른 할인평가율을 설정하여 **보기보다 낮게 계산**한다.

$\boxed{\text{자산가치}}$ =BPS(주당 순자산)×할인평가율

일본 주식의 자기자본비율은 평균 40% 정도이며 할인율은 65%로 설정한다.

반면에 일본 주식의 평균PBR(주가순자산배율)은 1.3배이므로 BPS×65%의 할인율은 PBR1.3배의 약 절반이다. 즉 실제 일본 주식의 평균적인 주가 수준에 봤을 때, **주가를 결정하는 가치의 절반이 해당 기업의 자산가치로 결정**된다고 볼 수 있다.

할인평가율은 자기자본비율이 낮을수록 디스카운트한다. 자기자본비율이 낮을수록 불확실성이 커져서다.

자기자본비율 : 할인평가율
80% 이상 : 80%
67% 이상 : 75%
50% 이상 : 70%
33% 이상 : 65%
10% 이상 : 60%
10% 미만 : 50%

그림86은 혼다(Honda Motor Co. Ltd., 7267)의 이론주가 차트다. 제5장 칼럼에서 소개했듯이, 과거 5년 동안, 파일만도 20여 개나 되는 결산서에서 핫샨식 이론주가 밸류 모델로 이론주가를 산출하여 차트로 작성했다.

혼다는 2019년 이후 자산가치와 주가가 거의 비슷하게 연동하여 움직이는 것을 알 수 있다. **시장에서 기대하지 않는 기업** 대부분이 이론주가의 자산가치 선에 연동한다.

일본 제조업을 대표하는 대기업 혼다가 이러한 평가를 받는다니 의외일지 모르지만, 성장의 정점을 지나서 다음에 언급할 사업가치에 대한 성장기대감이 생기지 않으면 어느 기업이든 이같은 평가를 받는다.

그림86 혼다의 이론주가 차트(2016년 7월~2021년 8월)

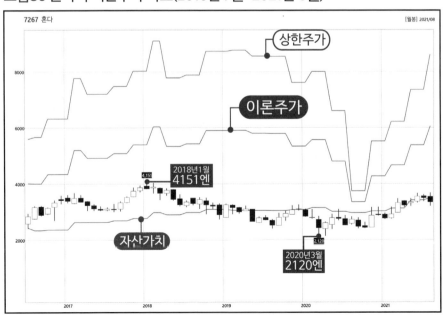

현재 자동차업계는 도요타자동차(7203)가 분발 중이기는 하나, 미국의 테슬라(TSLA)를 시작으로 전기자동차나 자율운전기술에서 앞서가는 차세대 기업에 인기가 집중되며 혼다와 같은 노포 기업은 최저점에 가까운 평가를 받는다.

예전부터 혼다 팬이었던 입장에서 반격해 주기를 기대하지만, 현재 상태에서는 투자할 생각은 들지 않는다.

사실 혼다뿐 아니라, 일부 성장주를 제외한 대부분의 일본 주식이 이처럼 자산가치에 연동하여 주가가 움직인다. 안타깝게도 이것이 저출산 고령화, 우하향에 있는 일본경제의 현실이다.

또 **자산가치는 주가의 하한가 저항선으로 기능**한다. 만약 주가가 자산가치를 밑돈다면 저평가된 기업가치에 투자하는 '가치주 투자' 방식으로 투자할 수 있는 수준임을 나타낸다.

혼다의 이론주가 차트에서도 자산가치 선이 지지선으로 기능하는 것처럼 보인다.

혼다의 사례에서는 주가와 자산가치가 연동하기는 하나 시장평가가 낮을 뿐, 사업가치는 잃지 않았는 점에 주목할만하다.

텐배거 발굴 패턴 중 하나가 이처럼 **수익유지형 저평가 기업이 돌연 잠에서 깨어나 성장 기업으로 돌변할 때**다.

이러한 의미에서 (적어도 이익을 내는 중인) 저평가 기업 중에는 보석 같은 존재들이 숨어 있을지도 모른다.

사업가치 계산식에 대하여

이어서 기업이 손대고 있는 사업에 어느 정도 가치가 있는지 알아보는 계산식은 다음과 같다.

사업가치 =EPS(주당순이익)×[ROA(총자산이익률)×150×재무 레버리지 보정]

일본 주식의 PER(주가수익률) 평균값은 15배이므로, 사업가치도 '주가는 EPS의 15배까지 매수'를 기준으로 EPS×PER15배가 얼마인지를 계산한다.

계산식에서는 ROE(주주자본이익률)을 ROA(총자산이익률)과 재무 레버지리로 나누어서 PER의 '15배'를 'ROA의 10배×재무 레버리지 보정'으로 치환하여 기업의 수익력에 맞춘 적정PER을 설정한다.

[EPS×ROA×150]=[EPS×15×ROA×10]= [PER15배×ROA×10]

전체 일본기업의 ROA는 약 5%로, 즉 일본의 평균적인 기업은 총자산을 사용하여 사업을 펼치면 총자산의 5%를 이익으로 얻는다는 뜻이다.

5%=0.05의 10배는 0.5. 이를 PER15배에 곱하면 PER7.5배.

이는 일본 주식의 평균적인 주가 수준 PER15배의 약 절반이다.

즉, 실제 일본 주식의 평균적인 주가 수준에서 봤을 때, **이론주가의 남은 절반은 사업가치로 결정된다**. 그리고 자산가치와 사업가치를 절반씩 합산한 값이 이론주가가 된다.

이럴 때 ROA가 높을수록 허용되는 PER도 높아지므로 과거 수준이 지속 가능할 때 ROA의 상한치는 30%로 한다.

총자산을 잘 활용하여 ROA가 30%를 웃도는 수익력이 있는 기업은 0.3×10=3을 PER15배에 곱하게 되므로, PER45배까지 매수해도 이상할 것 없다고 본다.

재무 레버리지로 적성 PER 보정

이어서 ROE의 자본효율 장점을 사업가치에 반영하기 위해 '재무 레버리지 보정'을 사용한다.

'재무 레버리지'는 제4장에서 도시락집의 비유에서 설명했듯이, 부채가 원 자금의 몇 배나 되는지를 나타내는 지표다. ROA와의 관련에서는,

ROE=ROA×재무 레버리지

'재무 레버리지=총자산÷순자산'으로 계산하는데, 이는 총자산 대비 자기자본비율이 몇 %인지를 나타낸 자기자본비율('순자산÷총자산')의 역수다.

즉 자기자본비율이 작을수록 재무 레버리지는 높아지는데, 너무 작으면 별일 아닌 외부환경 변화에도 도산까지 갈 우려도 있으므로 상하한선을 설정한다. 구체적으로는 다음과 같다.

●재무 레버리지	●자기자본비율	●보정
1.5배 이하	66% 이상	1배
2배	50%	1.2배
2.5배	40%	1.36배
3배 이상	33% 이하	1.5배

1~1.5배 범위에서 'EPS×ROA×150'로 보정한다.

자기자본비율이 33% 이하로 낮은 편인 기업은 불확실성이 높으므로 재무 레버리지의 최대 배율을 1.5배로 조정한다.

사업가치는 PER 0~67.5배, 상한 PER 135배로 계산

　이처럼 핫샨식 이론주가 밸류 모델에서 기업의 사업가치를 계산할 때는 ROA의 비율에 따라 EPS의 최대 45배까지, 재무 레버리지로는 최대 PER 67.5배까지를 '해당 기업의 사업가치'로 간주하다.

　그리고 핫샨식 이론주가 밸류 모델에서는 **'자산가치+(사업가치× 2)'를 '상한 이론주가'**로 설정했다. 이는 자본효율에 따라 최대 PER 135배까지를 상한으로 허용하고 있음을 의미한다.

　그림87은 일본을 대표하는 제조업체 도요타자동차의 이론주가 차트다. 앞선 혼다와 마찬가지로 여기도 과거 5년 동안, XBRL 결산서 파일 20개에서 이론주가를 산출했다.

그림87 도요타자동차 이론주가 차트(2016년 7월~2021년 8월)

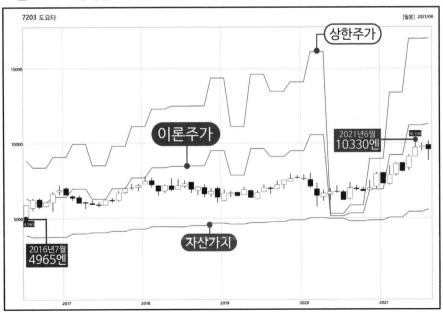

혼다와 다르게 주가가 이론주가와 연동하는데, 시장이 도요타자동차의 사업가치를 포함하여 기업가치를 적성이라고 평가했음을 알 수 있다.

그림88은 일본을 대표하는 IT기업 후지쓰(6702)의 이론주가 차트다. 이론주가가 우상향으로 주가와 연동하며 상승 중임을 알 수 있다.
코로나 팬데믹 후에는 주가가 이론주가보다 높이 있는데, 성장기대가 높다는 것도 알 수 있다.

그림89는 제1장에서 텐배거 사례로 소개한 IR재팬홀딩스(6035)의 이론주가 차트다. 우상향으로 이론주가와 연동하여 상승하던 주가가 2019년 후반부터 비행기가 이륙하듯이 급상승 중임을 알 수 있다.
성장에 속도가 붙으면 3년 후, 5년 후 기대치가 더욱 크게 상승하므로, IR재팬홀딩스처럼 현재의 이론주가 이상으로 시장에 평가받게 될 것이다.

다다음 페이지의 그림90은 에스풀(2471)의 이론주가 차트다. 여기도 이론주가가 우상향으로 주가와 연동하여 상승 중인데, 그중에서도 주가는 5년간 최대 약 34배나 올랐다.
에스풀은 5년 후 중기계획을 공시했으므로, 이를 바탕으로 제5장에서의 미래 결산서와 이론주가를 계산했는데 실적 추이는 양호하다. 이처럼 목표와 이론주가를 연결하여 결산서에서 텐배거를 사냥한다.

그림88 후지쓰 이론주가 차트(2016년 7월~2021년 8월)

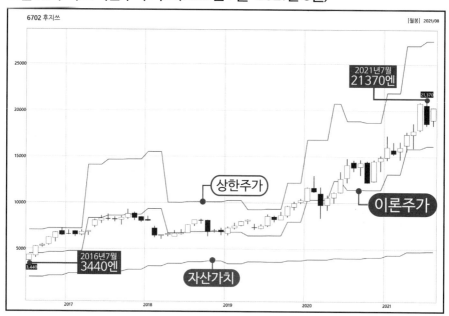

그림89 IR재팬홀딩스 이론주가 차트(2016년 7월~2021년 8월)

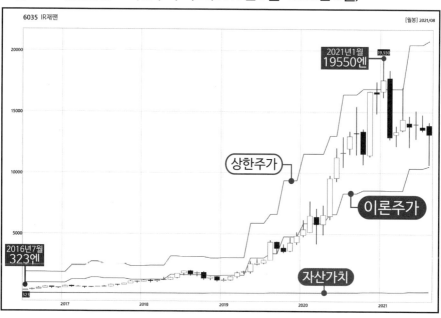

그림90 에스풀 이론주가 차트(2016년 7월~2021년 8월)

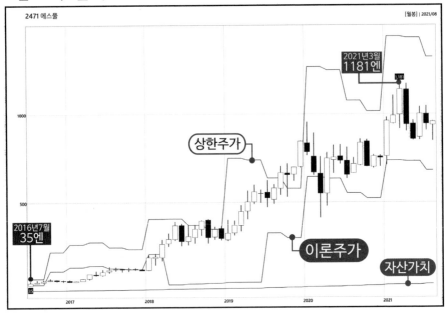

이론주가 밸류 모델은 얼마나 정확할까?

주가와 이론주가가 연동해서 상승하는 차트의 사례를 소개했는데, 실제로 핫샨식 이론주가 밸류 모델은 어디까지 정확할까.

제4장에서 이야기했듯이, 주식시장에는 IPO주나 우대주, 세력주 등 이론주가가 바탕으로 삼는 **PER과 연동하지 않는** 특수한 종목이 있다. 이런 종목은 이론주가로는 설명하지 못하는 주가를 형성하고 있다. 그런데도 상장종목 모두를 통계를 내어 분석하면 전체적으로는 들어맞는다는 답이 돌아온다.

특히 성장주에서 텐배거를 노리는 유력한 방법 중 하나가 **이론주가 밸류 모델과 부합하는 성장주**, 즉 주가와 이론주가가 연동하여 우상향하는 종목으로 한정한 투자다.

모든 주가와 이론주가가 연동하지는 않지만, 우상향으로 연동한다면 기회라고 봐도 좋다.

핫샨은 상장종목 모두의 실제 주가와 이론주가의 상관도를 회귀분석이라는 통계학 방법으로 검증하여 인터넷에서 공개하고 있다.

그것이 '투자학습 Web'에 있는 **'이론 시가총액 맵'**(http://kabuka.biz/funda/capital/)이다.

'회귀분석'은 두 개의 연관된 변수의 상관관계가 어느 정도냐를 알아보는 통계분석이다. 예를 들어 신장과 체중 등 서로 의존관계에 있는 두 개의 변수 중에서 한쪽의 값을 정하면 다른 쪽의 값을 알 수 있다. 완전한 상관관계라면 1이 되고, 상관성이 하나도 없다면 0이 된다. 0.7 이상이면 '상관이 강하다'라고 할 수 있다.

실제로는 주가와 이론주가뿐 아니라, 주가와 이론가에 발행주식수를 곱한 시가총액을 비교한다.

주가와 이론주가의 강한 상관성

다음 페이지 **그림91**은 2021년 8월 6일 시점의 전체 상장종목의 실시간 시가총액과 이론 시가총액이 기업별로 얼마나 상관이 있는지를 나타낸 분포도다.

그림의 적색 굵은 선 위가 '상관관계:1', 즉 실시간 시가총액과 이론 시가총액이 완전히 일치하는 선이다. 그 아래에 있는 적색 점선은 이론 시가총액의 '회귀선', 즉 전체 상장주식의 이론 시가총액이 실시간 시가총액과 어느 정도 상관관계에 있는지를 나타낸 평균선이다.

해당 값이 0.71이므로 상관이 '강하다'고 할 수 있다.

그림91 전 상장종목의 실시가 시가총액과 이론시가총액의 통계분포

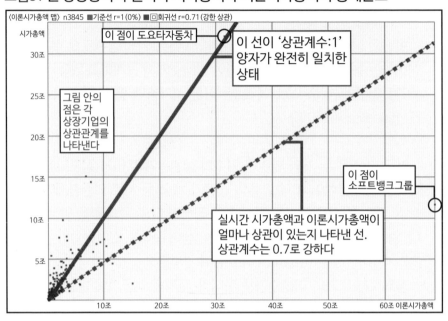

〈이론시가총액 맵〉 n3845 ■기준선 r=1 (0%) ■回회귀선 r=0.71 (강한 상관)

시가총액

- 이 점이 도요타자동차
- 이 선이 '상관계수:1' 양자가 완전히 일치한 상태
- 그림 안의 점은 각 상장기업의 상관관계를 나타낸다
- 이 점이 소프트뱅크그룹
- 실시간 시가총액과 이론시가총액이 얼마나 상관이 있는지 나타낸 선. 상관계수는 0.7로 강하다

30조 / 25조 / 20조 / 15조 / 10조 / 5조

10조　20조　30조　40조　50조　60조 이론시가총액

이러한 상관계수는 0.9 수준까지 상관이 강한 사례도 많은데, 코로나 팬데믹이 덮친 2020년 3월 18일에도 상관계수는 0.92로 상관이 강하다는 걸 확인했다.

다만, 시가총액에서 본 상관성이면 도요타자동차나 소프트뱅크그룹 등 대형주에 영향이 크므로, 기업 규모나 시장별로도 상관관계를 검증하고 있다.

그 결과는 다음과 같다.

● **이론주가와 실시간 주가는 상관관계가 강하다.**
● **다만, 기업 규모가 작을수록 상관관계는 약해진다.**
● **이론 시가총액 50억 엔 이하에서는 상관관계가 거의 없다.**

소형주에서는 주가가 이론주가와 벌어지는 사례가 많지만, 대형주는 이론주가를 기준으로 움직이고 기업 규모가 클수록 주가는 이론주가에 수렴한다.

이론시가총액 50억 엔는 초소형주나 신흥시장 주가 중심인데, 여기에는 옥석이 뒤섞여 있는 불확실성이 높은 시장이다. 이론주가와 상관이 없는 것도 이해가 된다.

여기까지 핫샨식 이론주가 밸류 모델의 계산법을 설명했다. 이는 프로그램식으로 개발한 복잡한 계산식으로 구조를 모두 이해할 필요는 없다. 간단히 이론주가만 선별 분석하고 싶은 분부터 차분히 분석하려는 분까지, 핫샨이 감수한 웹사이트에서 편리한 도구를 제공하고 있다.

이제부터는 이론주가에 관한 웹 도구를 소개한다.

핫샨 작성 · 이론주가 관련 도구 사용법

이론주가 웹에서 기업가치에서 투자처를 찾는다

다음 페이지 **그림92**는 핫샨이 2007년부터 감수하는 '**이론주가 웹**' 사이트 화면이다.

이론주가 웹에서는 상장하는 모든 종목의 결산자료를 XBRL형식(본 장의 칼럼에서 설명)으로 다운로드하여 이론주가를 산출하고 인터넷에서 공개 중이다.

이론주가에서 본 상승 여지 랭킹이나 주가진단, 재무평가 등도 제공하고 있으므로 염두에 둔 종목의 이론주가가 궁금하다면, 우선 이론주가 웹부터 참조하라.

다만, 이론주가 웹에서는 현재 이론주가로 한정하고 있으므로 여기까지 해설해 온 과거의 시계열 데이터나 미래의 기업가치는 알 수 없다.

텐배거를 노려서 성장주를 본격적으로 분석하기 전에 최소한의 정보로 주가와 이론주가를 확인하는 1차 도구로 생각하면 좋겠다.

그림92 핫샨 감수 '이론주가 웹'

이론주가 계산기로 이론주가 계산

그림93은 핫샨이 인터넷에서 공개중인 '이론주가 계산기'다.

'BPS' '자기자본비율' 'EPS(※예상 경상이익×70%÷발행주식수로 계산한 값을 사용)' 그리고 현재의 '주가'만 입력하면 자동으로 이론주가를 계산한다.

모두 결산서나 주가 정보에서 찾은 값이다.

이쯤에서 결산서에서 실제로 어떻게 값을 입력하는지, 성장주 후보 중 하나인 패스트 피트니스 재팬(Fast Fitness Japan Incorporated, 7092)를 사례로 구체적인 방법을 살펴보자.

다다음 페이지 **그림94**는 앞 기업의 2021년 3월 결산보고서다.

결산서에 기재된 숫자는 다음과 같다.

그림93 핫샨 감수 '이론주가 계산기'

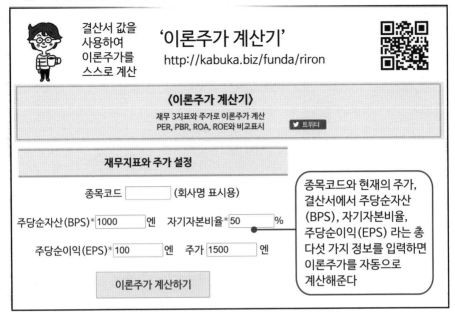

결산서 값을
사용하여
이론주가를
스스로 계산

'이론주가 계산기'
http://kabuka.biz/funda/riron

〈이론주가 계산기〉
재무 3지표와 주가로 이론주가 계산
PER, PBR, ROA, ROE와 비교표시   🐦 트위터

재무지표와 주가 설정

종목코드 [   ] (회사명 표시용)

주당순자산(BPS)* [1000] 엔   자기자본비율* [50] %

주당순이익(EPS)* [100] 엔   주가 [1500] 엔

[이론주가 계산하기]

> 종목코드와 현재의 주가,
> 결산서에서 주당순자산
> (BPS), 자기자본비율,
> 주당순이익(EPS) 라는 총
> 다섯 가지 정보를 입력하면
> 이론주가를 자동으로
> 계산해준다

자기자본비율 38.5%
BPS 521.66엔

EPS는 앞서 언급한 대로 해당 연도만의 특별한 손익을 배제하려는 것이므로 '(경상이익×70%)÷발행주식수'로 계산한다.

해당 기업의 경상이익은 2255(백만 엔), 22억 5500만 엔으로 코로나 팬데믹의 영향으로 전기대비 20.3%나 줄었다.

발생주식수는 결산보고서 2페이지에 기재된 값을 사용한다.

패스트 피트니스는 상장한 지 얼마 되지 않아 자기주식은 0주이므로, '기말 발행주식수(자기주식 포함)'의 1588만 2450주로 계산한다. 이 주식 수로 앞선 '경상이익×70%'을 나누면 '(22억 5500만×70%)÷1558만 2450주'로, 이론주가 산줄에 사용하는 주당 이익은 약 101.3엔이 된다.

그림94 결산보고서에서 '이론주가 계산기'에 입력값 찾는 법

'이론주가 계산기'에 패스트 피트니스 재팬(7092)의 결산서에서 값을 찾아 입력한다

결산보고서 첫 페이지

2021년 3월 결산보고서 [일본기준] (연결)

2021년 5월 14일

상장회사명　주식회사 패스트 피트니스 재팬 상장거래소 도쿄
코 드 번 호　7092　　　　　　　　　　URL http://fastfitnessjapan.jp/
대 표 자 (직위)　　　대표이사 사장　　(성명) 쓰치야 아쓰키(土屋敦之)
문의책임자 (직위)　　부사장　　　　　(성명) 야마구치 히로히사(山口博久)
정기 주주총회 개최 예정일　2021년 6월 24일　　배당지불개시예정일
유가증권보고서 제출 예정일　2021년 6월 25일
결산보충 설명 자료작성의 유무 : 유
결산설명회 개최의 유무 : 유 (기관투자자, 애널리스트, 개인 투자자)

> 주당순이익은 '경상이익×70%'를 발행주식수로 나누어 독자적으로 계산

1. 2021년 3월 결산 연결실적(2020년 4월 1일~2021년 3월 31일)
　(1) 연결경영실적

경상이익

	총매출		영업이익		경상이익		지배주주 귀속 당기순이익	
	백만 엔	%	백만 엔	%	백만 엔	%	백만 엔	%
2021년 3월 결산	11,163	△1.5	2,293	△19.0	2,255	△20.3	920	△43.4
2020년 3월 결산	11,333	41.2	2,831	69.0	2,828	69.3	1,627	75.4

(주의) 포괄이익　2021년 3월기　920백만 엔(△43.4%)　2020년 3월기　1,627백만 엔(75.4%)

	주당 당기순이익	잠재주식조정후 주당 당기순이익	자기자본 당기순 이익률	총자산 경상이익률	총매출 영업이익률
	엔 전	엔 전	%	%	%
2021년 3월 결산	70.66	65.61	16.1	12.3	20.5
2020년 3월 결산	135.37	−	64.6	21.5	25.0

> **주당 순이익 (EPS)**

> 이 수치는 사용하지 않고 경상이익을 쓴다

(주의) 1. 당사는 2019년 8월 29일자로 보통주식 1주당 500주, 2021년 4월 1일자로 보통주식 1주당 1.3주의 비율로 주식분할을 시행했습니다. 전 연결회계연도의 기초에 해당 주식분할이 시행되었다고 가정하고 주당 당기순이익 및 잠재주식 조정 후 □□□□□□□□다.
　2. 전 [주당 순이익(EPS) 잠재주식순이익]은 2020년 3월기는 신주예약권 잔고는 (글씨에 가려짐-역자) 평균주가를 파악할 수 없으므로, 기재하지 않았습니다
　3. 당 연결□□□□□□□□□□□ 당기순이익에 대해서 □□□□□□□□□□□에 도쿄증권거래소 마더즈 시장□□□□□□□□□□□□□□□□□□□ 결산회계연도말[자기자본□□□□□□□□□ 산정(글씨에 가려짐-역자)
　(2) 연결재정□□□□□□□□□□□□□□□□□□□□□□□이익을 사용)

자기자본비율

	총자산	순자산	자기자본비율	주당순자산
	백만 엔	백만 엔	%	엔 전
2021년 3월 결산	21,093	8,128	38.5	521.66
2020년 3월 결산	15,624	3,318	21.2	275.99

(참고) 자기자본　2021년 3월결산　8,128백만 엔　2020년 3월 결산　3,318백만 엔
(주의) 1. 당사는 2019년 8월 29일자로 보통주식 1주당 500주, □□□□로 보통주식 1주당 1.3주의 비율로 주식분할을 시행했습니다. 전 연결회계연도의 기초에 해당 주□□□□□□□□□고 가정하고 주당 순□□□□□□□□다.
[주당순자산(BPS)]

> **발행주식수**

> **주당순자산 (BPS)**

결산보고서 2페이지

(3) 발행주식수(보통주식)	2021년 3월 결산	15,582,450 주	2020년 3월기	12,025,000 주
① 기말 발행주식수(자기주식 포함)	2021년 3월 결산	1주	2020년 3월 결산	1주
② 기말 자기주식수	2021년 3월 결산	1주	2020년 3월 결산	1주
③ 기중 평균주식수	2021년 3월 결산	13,027,681 주	2020년 3월 결산	12,025,000 주

(注) 당사는 2019년 8월 29일자로 보통주식 1주당 500주, 2021년 4월 1일자로 보통주식 1주당 1.3주의 비율로 주식분할을 시행했습니다. 2020년 3월 결산기초에 해당 주식분할이 시행되었다고 가정하고 주식 수를 산정했습니다.

이 기업의 경우 해당 기의 코로나 관련으로 인한 특별손실을 계상하여 순이익이 줄었으므로, 결산보고서의 주당 당기이익은 70.66엔으로 이론주가를 크게 밑돌았다. 그러나 이는 과거의 일. 코로나로 인한 손실은 향후 해소될 것이므로, 경상이익×70%이라는 본래의 실력을 중시한다.

'이론주가 계산기'에 값을 입력하면 자동 계산

이상의 요령으로 패스트 피트니스 재팬의 2021년 3월 결산보고서에서 발췌한 값을 앞서 소개한 '이론주가 계산기'에 입력한다.

종목코드 7092
BPS 521.66엔
자기자본비율 38.5%
EPS 101.3엔
주가 3530엔(2021년 3월 31일 종가 기준)

그리고 '이론주가 계산'이라는 버튼을 클릭하면, 위의 그래프가 변화하며 하단에 패스트 피트니스의 이론주가와 다양한 주가지표가 자동으로 계산되어 표시된다.

다음 페이지 **그림95**는 표시화면과 이론주가 차트를 서적용으로 편집한 것이다.

그러면 표시된 그림에서 가장 왼쪽에 있는 막대그래프 두 개에 주목하시라.

두 개 막대그래프중 왼쪽(웹 상에서는 청색 그래프)가 현재의 주가로, 옆의 2단 누적 모양 막대(웹 상에서는 오렌지의 사업가치와 초록의 자산가치를 겹쳐서 표시)가 이론주가다.

하단을 보면 값이 기재되어 있고 패스트 피트니스의 이론주가는

그림95 패스트 피트니스 재팬의 이론주가(2021년 3월 결산 말 시점) 외 각종 주가지표

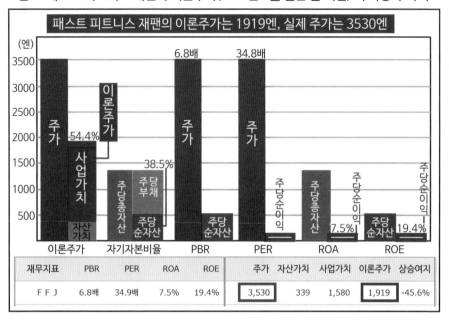

재무지표	PBR	PER	ROA	ROE		주가	자산가치	사업가치	이론주가	상승여지
F F J	6.8배	34.9배	7.5%	19.4%		3,530	339	1,580	1,919	-45.6%

1,919엔으로 실제 주가 3,530엔보다 45.6%나 낮다.

미래성이 기대되는 기업일수록 주가는 이론주가보다 높다. 성장주라면 이론주가 대비 자산가치 비율이 매우 낮으며, 성장성이 높은 사업가치가 이론주가의 대부분을 차지한다.

이론주가 계산기에서는 참고지표로 PBR이나 PER, ROA나 ROE도 계산된다.

예상한 이익성장률에서 5년 후 주가 계산법

패스트 피트니스 재팬의 현재 주가는 이론주가보다 상당히 고평가되었다는 판단이 나왔는데, 주식투자는 미래의 주가를 예측하는 게 먼저다.

따라서 향후 해당 기업이 계속 성장한다면 **5년 후 이론주가**가 어느

정도이지 알아야 하다. 특히 성장주 투자에서 텐배거를 누리려면 장기투자가 전제되므로 해당 주식이 장기보유에 적절한지 기준이 있어야 한다.

이럴 때 '**5년 후 주가 계산 도구**'가 도와준다.

제5장에서 엑셀 템플릿의 중기계획 분석 시트로 5년 후 기업가치를 계산했는데, 조금 더 간편하게 이용할만한 도구도 웹에서 제공하고 있다.

엑셀 템플릿은 작성에도 시간이 걸리므로 가볍게 조사하는 단계에서는 웹 도구, 실제로 투자하려고 생각한다면 엑셀 템플릿처럼 구분하여 사용한다.

'5년 후 주가 계산 도구'로 미래 이론주가 산출

앞서서 이론주가 계산기에서 사용한 값과 이익성장률을 '5년 후 주가 계산 도구'에 입력한다. (다음 페이지 **그림96**)

이익성장률은 첫해부터 5년째까지 지정할 수 있다. 여기에서는 근거가 있는 값을 입력해야 한다.

패스트 피트니스 재팬은 당기 경상이익률을 10.8%라고 예상하는데, 이는 코로나 팬데믹을 상정한 것이다. 코로나 팬데믹 이후에서는 성장 속도가 높아질 것이라고 여겨지므로 조금 높여서 이익성장률을 15%로 설정한다.

그러면 도구 상에 패스트 피트니스 재팬의 5년 후까지의 이론주가가 묘사된다. (다음 페이지 **그림97**) 매년 15%씩 성장했을 때 1년~5년 후에 이론주가와 상한주가가 얼마나 상승할지 누적 막대 그래프로 표시된다.

그림96 핫샨 감수 '5년 후 주가 계산 도구'

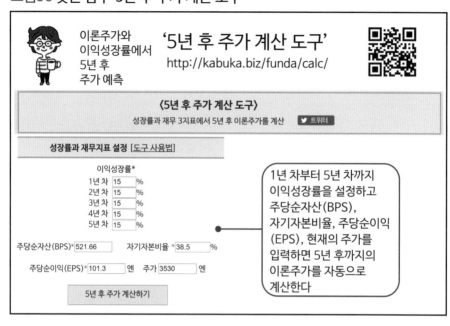

그림97 패스트 피트니스 재팬의 1~5년 후 이론주가(이익성장률 15%일 때)

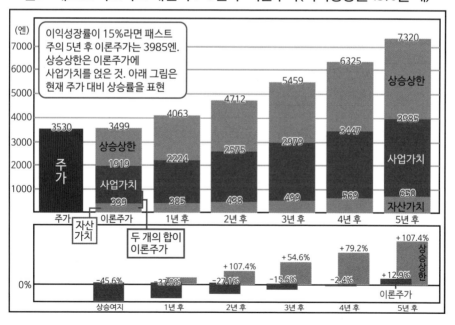

성장률 값을 변경하면 이론주가도 바뀌므로 강도 예상이나 초강도 예상 등, 여러 가지로 시뮬레이션할 수 있다.

핫샨식 이론주가 밸류 모델을 바탕으로 한 주가 예측은 '그림의 떡'에 지나지 않는다. 이익 성장이라는 목표가 달성되면 이 정도 주가라는 **통계적 근거가 있는 수준**을 나타낸 것이다.

주가가 고평가되기 쉬운 성장주 투자에서는 실적이나 성장률에서 미래의 주가를 기준으로 설정하는 것이 자산을 최대화하는 동시에 예기치 못한 사태를 대비하는 방어책이 된다.

최종적으로는 스스로 분석하여 판단

이론주가 계산기나 5년 후 주가 계산 도구에 입력한 것은 EPS, BPS, 자기자본비율과 같은 결산서를 바탕으로 하는 기초적인 데이터다.

제4장에서 살펴본 것처럼 핫샨식 이론주가 밸류 모델은 다음과 같은 생각을 바탕으로 하고 있다.

●**EPS 향상이 미래로 연결된다.**

●**ROE 시점에서 실적변화를 예측한다.**

이론주가라는 명칭처럼 주가를 보는 게 아니냐고 생각될지 모르지만, 실제로는 결산서 값, 특히 EPS와 ROE를 본다.

미래의 일은 아무도 모른다. 신형 코로나 팬데믹이나 동일본 대지진과 같은 예기지 못한 사고도 발생한다. 최종적으로는 스스로 판단할 수밖에 없다. 결산서나 이 책이 제공하는 엑셀 분석 템플릿, 핫샨이 웹에서 제공하는 이론주가 웹, 이론주가 계산기, 5년 후 주가 계산도구를 활용하여 텐배거 확률이 높은 '좋은 성장주'를 찾아내라.

마무리 :
이론주가 계산 방법과 생각

이론주가 활용 장점 10

1. 저평가인가 고평가인가, 기준으로 사용한다.
2. 고평가에서 매수하지 않게 된다.
3. 결산서에서 타당한 주가를 계산할 수 있다.
4. 상향수정이나 하향수정 시 충격을 계산할 수 있다.
5. 증자나 워런트로 인한 희박화 시 충격을 계산할 수 있다.
6. 월간정보에서 실적 발표 시 충격을 계산할 수 있다.
7. 사계보 예상이나 중기경영계획에서 기업가치를 계산할 수 있다.
8. 기업가치를 바탕으로 미래의 성장 시나리오를 작성할 수 있다.
9. 장기투자의 이정표가 되어 준다.
10. 투기성 투자에서 졸업하여 가설과 검증이 바탕인 재현성 있는 투자로 이행할 수 있다.

이론주가를 계산할 때는 할인율을 적용하거나 보정과 평가율을 더하여 현실에 입각한 이론주가가 산출되도록 핫샨 나름대로 기준을 정하고 있다. 이를 정리해봤다.

자산가치의 계산

• 자산가치는 기업의 BPS를 바탕으로 자기자본비율로 할인평가한다.

자기자본비율 : 할인평가율
80% 이상 : 80%
67% 이상 : 75%
50% 이상 : 70%
33% 이상 : 65%
10% 이상 : 60%

10% 미만 · 50%

사업가치 계산

EPS=경영이익×0.7÷(발행주식수-자기주식수)

- 단, EPS 상한을 BPS 60%로 한다(과소자본종목의 과잉평가방지를 위해)
- 예를 들면, 채무초과 종목은 흑자여도 사업가치는 제로다.

사업가치 계산에 사용하는 PER 범위
- 사업가치계산시 ROA 평가 상한은 30%다.
- 자본효율을 가미하기 위한 재무 레버리지 보정은 다음 식으로 계산한다.

재무 레버리지 보정=1÷[0.66<=(자기자본비율+0.33)<=1]

재무 레버리지 1.5배 이하: 보정 1배
재무 레버리지 2배: 보정 1.2배
재무 레버리지 2.5배: 보정 1.36배
재무 레버리지 3배 이상: 보정 1.5배
※ EPS는 종목에 따라서는 순이익이 아니라 경상이익×실효세율로 계산한다.

리먼 사태 후 정한 규칙
당초 이론주가는 주가를 포함한 지표는 예외로 하고 순수하게 재무지표만으로 계산했다. 그러나 2008년 9월 리먼 사태를 경험하고 생각을 바꿨다.

다음의 위험 평가율을 전체 '자산가치+사업가치'에 곱하여 '이론주가'를 계산한다. 또한 위험 평가율을 곱하는 적용대상을 PER 0.5배 미만(거의 도산 예비군)으로 삼는다.

이 규칙은 PBR 0.5배 미만을 도산 예비군으로 보고 이들의 이론주가는 시장평가인 주가가 사실이라고 보는 것이다.

공황 시에는 결산보다 전에 주가가 선행 폭락하며 직전 결산이 증수 증익으로 흑자인 기업이 실적이 하향수정되자마자 도산해버린다. **결산을 기다렸다가 재무지표를 확인해서는 이미 늦다.**

0.5배 이상 : 100%
0.41~0.49배 : 80%
0.34~0.40배 : 66%
0.26~0.33배 : 50%
0.21~0.25배 : 33%
0.04~0.20배 : 5~25% ((PBR/5×50)+50)
0.00~0.03배 : 0.5~2.5% ((PBR-1)×10+5)

텐배거 실현 플로 차트로 종목 찾기

여기까지 주식투자에 필요한 결산서 분석과 이론주가 밸류 모델로 기업가치와 주가 예측을 소개했다.

제6장 후반부는 핫샨 방식의 집대성으로 성장주 투자에서 텐배거를 획득하기까지의 **'텐배거 플로 차트'**(그림98)을 설명한다.

그림98 성장주에서 10배를 올리기까지의 '텐배거 실현 플로 차트'

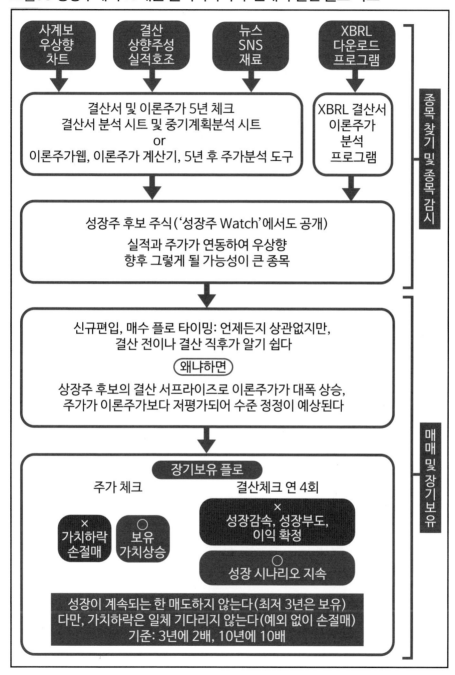

성장주 중 텐배거 후보군

우선 텐배거 실현 과정 차트의 위쪽을 보라. 나름대로 종목을 찾아 투자 후보가 되는 **'성장주 후보군'**부터 수집한다.

조건은 간단하다. 지금까지 본 성장주 조건은 다음과 같다.

'주가와 실적이 연동하여 우상향'

'향후 그럴 가능성이 큰 종목'

'향후 그럴 가능성이 큰 종목'은 다음 중 하나에 해당하는 종목이다.

'주가가 우상향으로 실적이 기준에 미치지 않는 종목'

'실적이 우상향으로 주가가 기준에 미치지 않는 종목(주가가 지나치게 고평가된 경우와 저평가로 방치되어 평가받지 못하는 패턴이 있다)'

이들 종목을 '성장주 후보군'에서 후보주로 주시하며 성장에 속도가 붙거나 실적이 호전되어 지속적 성장이 예상되는 전환점을 노린다.

성장주 후보군에 추가할 때는 다음이 중심이 된다.

1. 사계보에서

2. 결산발표에서

3. 뉴스나 SNS에서

그밖에 어떤 방식으로 찾아도 상관없지만, 후보군에 더하기 전에 제5장에서 해설한 '결산서와 이론주가 5년 체크'에서 과거 5년간 결산서를 확인하거나, 본 장에서 소개한 이론주가 웹이나 이론주가 계산기 등 웹 도구를 사용해도 좋다.

'성장주 후보군'이 너무 많으면 관리하기 힘들므로 **50종목에서 많아도 100종목**까지가 현실적이라고 생각한다.

1. 사계보의 성장주 후보 찾는 법

《회사사계보(會社四季報)》에는 좌우 두 페이지에 걸쳐 기업 네 곳을 소개하며 페이지 윗부분에는 4장의 월봉 차트를 소개한다.

핫샨의 주식 블로그나 유튜브에서도 소개했듯이 **'핫샨식 사계보 속독법'**은 간단하다. 2장의 제10조에서 소개한 '우상향 주가 차트 선택법'의 요령으로《회사사계보(會社四季報)》의 4개 기업 분 차트를 한꺼번에 쓱 확인하고 흥미로운 차트가 있으면 책갈피를 붙여둔다. 익숙해지면 1시간 정도면 모든 종목을 확인할 수 있다.

 《회사사계보》에서
우상향 차트를
고른다면

YouTube 동영상
'핫샨식 사계보 속독법'
http://www.youtube.com/
watch?v=9eslwfqlOpo

회사사계보(會社四季報)는 책갈피를 붙인 다음에는 실적 칸에서 증수 증익 등 실적도 간단히 확인할 수 있어서 추천한다.

2. 결산 발표에서 성장주 후보 찾는 법

결산 발표 시에는 많은 기업의 최신 실적이 발표되며, 그 안에서 실적변화가 큰 성장주 후보가 새롭게 등장한다.

결산 발표 시에 **어닝서프라이즈**인 종목을 본다. 의뢰로 좋은 종목일지도 모른다. 화제가 된 결산은 신문이나 뉴스로도 확인할 수 있다.

핫샨도 유튜브에서 투자자 VTuber 핫샨 'kabukabiz TV'라는 채널에서 **'결산분석 라이브'**라는 타이틀로 주목할만한 결산을 방송하고 있다.

'당일 결산 라이브' 등 핫샨의 라이브 동영상이 보고 싶다면

YouTube 채널

'투자자 VTuber 핫샨 "kabukabiz TV" 결산분석 라이브'

http://www.youtube.com/playlist?list=
PL9oDFL5ntov1rHF6htvXxolLRGZBnpxOA

3. 뉴스나 SNS에서 성장주 찾는 법

뉴스 사이트나 SNS에서 제공하는 투자에 관한 경제뉴스나 기업정보 중에서도 찾을 수 있다.

뉴스나 SNS에서 본 종목을 **곧이곧대로 받아들여 매수하는 것은 위험하지만**, 지금껏 배운 대로 결산 분석을 통해 기업가치를 예측하여 스스로 판단하여 매수한다면 아무 문제 없다.

핫샨도 트위터나 블로그에서 정보를 서비스하고 있다.

핫샨의 매일매일의 정보 제공서비스를 보고 싶다면

Twitter '핫샨 투자가 VTuber'
http://twitter.com/trader_hashang/

'주식블로그 핫샨의 슬로 트레이드'
http://hashang.kabuak.biz/

성장주의 신규매수, 추가매수

성장주 후보군에서 실제로 신규 매수하거나 추가 매수하는 데는 두 종류의 관점이 있다.

1. **진짜 성장주라면 향후 우상향하므로 언제 매수해도 된다. (빠를수록 싸다)**
2. **결산 전후나 사계보 발표 시 등 실적 변화 서프라이즈를 확인하고 매수한다.**

1의 '언제 매수해도 된다'를 굳이 설명할 필요가 있을까. 성장주 주가는 위아래로 요동치는 게 일상적이므로 손절매를 제대로 해야 한다. 여기에 대해서는 나중에 설명한다.

2의 '실적 변화 서프라이즈 노리기'는 성장주 매수에 가장 효과적인 방법의 하나다. 성장주 후보군 실적이 크게 신장하여 이론주가가 급상승하는 타이밍을 노린다.

이런 타이밍에서는 주가도 급상승하는데, **기업가치의 수준이 정정되는 폭도 크고 가치도** 상승할 가능성이 크다. 실적 변화 서프라이즈 확인은 제1~2장에서 소개한 결산서 1페이지에서 매출과 이익의 신장을 확인하는 간이 체크에서도 가능하다. 제5장에서 소개한 결산서 5년 동안 결산 분석 시트를 만들어서 이론주가와 중장기 기업가치도 점검해두면 더 좋다.

다음 페이지 **그림99**는 중고오토바이크를 취급하는 바이크 왕&컴퍼니(Bike O & Company Ltd., 3377)의 이론주가 차트다. 실적이 호전되며 몇 번인가 이론주가가 급상승하는 시기가 있었다는 걸 알 수 있다.

이처럼 성장주라고 해도 **초동기에는 미처 평가받지 못하기**도 하고, 주가는 실적 확대에 이끌려 상승한다.

매수 시에는 현재의 이론주가보다 고평가된 가격으로 매수하지 않는 것도 중요하지만, 3년 후 5년 후까지 기업가치를 정밀히 조사하여 장래의 이론주가와 비교한 후에 저평가라고 판단하는 경우라면 더할 나위 없다.

이러한 경우라도 물론 손절매에는 빈틈없어야 한다. (후술)

다음 페이지 **그림100**은 반도체 패키지나 리드 프레임 대형제조업체 신코전기공업(SHINKO Electric Industries Co.,Ltd., 6967)의 이론주가 차트. 2019년 후반부터 주가가 이론주가를 선행하는 형태로 계속 상승해온 것을 알 수 있다. 기간에 따라서는 최고가 기준이 되는

그림99 바이크 왕&컴퍼니의 이론주가 차트(2016년 7월~2021년 8월)

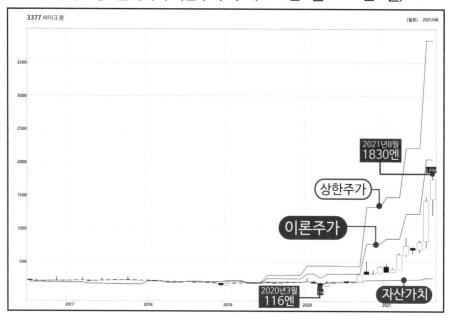

그림100 신코전기공업 이론주가 차트(2016년 7월~2021년 8월)

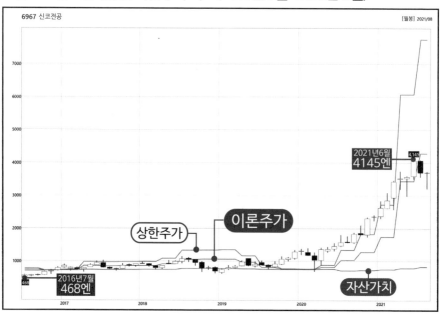

싱힌기도 웃돌았다.

2021년에 주가가 4배 이상 오르며 드디어 이론주가가 주가를 따라 잡았다. 이처럼 **향후 상승 예상이 강한 성장주를 저가에서 매수하려면 아무리 시간이 흘러도 사지 못한다.** 이런 장면에서는 미래의 이론주가와 비교하여 지금이 매수 적기인지 결정해야 한다. 실패하면 타격도 크다.

그림101은 산업폐기물 처리 및 관리업체 미닥(MIDAC Holdings Co. Ltd., 6564)의 이론주가 차트다. 주가가 이론주가의 상한가를 돌파하며 크게 상승했다. 앞의 신코전기공업을 웃도는 속도다. 여기까지 **크게 상승해버린 종목의 신규매수는 원칙적으로 미뤄야 한다.**

3년 후, 5년 후 기업가치까지 계산한대도 대개 주가 수준이 위험을 무릅쓰기에 적당하지 않아서다. 이미 보유 중이라면 우상향 주식 차트의 조건이 무너지든가, 부실 성장이 아닌 한 유지해도 좋다.

그림101 미닥 이론주가 차트(2018년 12월~2021년 8월)

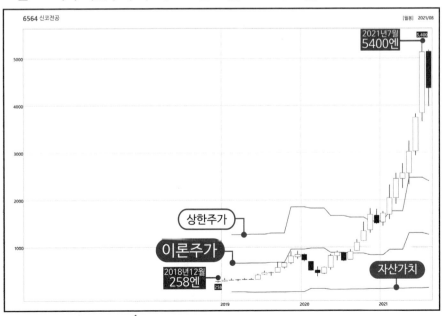

그림102는 스마트폰 액세서리 판매업인 하미(Hamee Corp., 3134)의 이론주가 차트다. 결산 호조를 발표하며 2021년 6월에 이론주가가 크게 상승했지만, 주가는 미동도 하지 않았다.

이처럼 이론주가가 상승해도 **시장기대가 낮으면**, 주가가 반응하지 않을 때도 있다. 다만 이런 타입은 어떤 한 계기로 급격히 매수되기도 하므로 주시할만한 가치가 있다.

텐배거를 장기 보유하려면

마지막으로 텐배거에 오르기까지 인내하기 위한 장기보유 과정을 소개한다.

의외로 간단하므로 꼭 실천하였으면 좋겠다.

그림102 하미 이론주가 차트(2016년 7월~2021년 8월)

1. 성장이 계속되는 한 매도하지 않는다(최저 3년은 보유)
2. 성장주의 가치하락은 일절 용납하지 않는다(예외 없이 손절매)

간단하다. '매도하지 않는 규칙'과 '예외 없는 손절매 규칙'은 서로 모순되지만, 꼭 지켜야 할 것은 **'손절매 규칙'이 우선**이다.

항상 우상향 성장주에 투자해야 하는 성장주 투자라면 가치가 하락하는 일은 없어야 한다. 가치하락은 **종목선택이나 매매 타이밍 중 하나가 틀려서다.** 반드시 손절매하고 다시 시작한다.

손절매은 운도 좀 따라야 해서 **시장환경**에 크게 좌우된다. 모두 유리할 때도 있지만, 부진한 시장환경에서는 전부 손절매해야 할 때도 생긴다.

그 어떤 최악의 상황에서도 성장주는 항상 존재하므로, 성적이 부진할 때는 어디가 잘못됐는지 이 책을 다시 읽으며 확인해보라.

최소 3년간 보유하는 것도 중요하다. 기본적인 사고방식은 이 책에서 반복해온 것과 같이,

'매출이 2배가 되면 이익은 2배가 되고 주가도 2배가 된다'

이다. 3년간 손절매하지 않고 보유한다면 우선 합격인데, 2배에 이르지 못했고 앞으로도 어렵다고 여겨질 때는 다른 성장주를 찾는다.

3년에 2배를 달성했다면, 다음은 6년에 4배를 노린다. **성장이 계속한다고 판단하면 추가 매수**해도 된다. (성장주 투자에서는 추가 매수도 이익을 늘리는 중요한 선택지다)

6년 다음은 9년에 8배. 10배 이상의 대성공에 이르렀다고 해도 성장이 계속된다면 매도하지 않아도 된다. 그대로 20배, 50배, 100배까지 더욱 큰 성공을 기대하자.

성장주와 매도 적기

그렇다면 성장주는 언제 매도하면 될까? 매도 타이밍은 주가와 실적의 두 항목을 보고 판단한다.

1. 주가가 우상향에서 꺾였다.
2. 실적이 우상향에서 꺾였다.

1의 '주가가 우상향에서 꺾였다'라는 항목은 실적이 성장하는 동안은 원칙적으로 매도하지 않아도 된다. 하지만 **이론주가의 상한가를 크게 초과하여 상승**한 경우라면 5년 후 기업가치를 넘어 10년 이상 미래의 실적까지 선취할 때가 있다.

이처럼 초고평가권에서 주가의 상승이 멈췄다면 일단 이익을 확정하는 것도 선택지 중 하나다.

주가 차트에서 매도 타이밍을 찾을 때는 우상향의 역으로 판정하면 된다.

- **우하향 차트**
- **음봉이 많은 차트**
- **반년 이내에 신고가를 경신하지 않는 차트**

그림103은 제1장에서도 소개한 의사용 사이트를 운영하는 엠쓰리(2413)의 이론주가 차트다. 주가가 지나치게 상승한 사례다. 2021년 1월에 기록한 최고가에서 33%나 하락했는데도 이론주가보다 훨씬 높은 수준에서 조정받고 있다.

그림103 엠쓰리 이론주가 차트(2016년 7월~2021년 8월)

5년으로 보면, 아직 우상향이 무너졌다고까지는 할 수 없다. 그러나 최근 1년간을 돌아보면 실적 호조와는 대조적인 주가 추이다. 이미 5배, 10배가 되었다면 보유 여부를 판단해야 하겠으나, 성장주라면 **1년에 25% 성장이 기대치**이므로 기회손실이라고 볼 수도 있다.

2의 '실적이 우상향에서 꺾였다'라는 항목은 결산서로 판단하는데, 성장의 속도 둔화나 부실 성장으로 정점을 지났다고 판단된다면 이익 확정 혹은 손절매해야 한다. 다만 결산서만으로는 **일시적인 성장 감속(그리치)**인지, 부실 성장인지 판단하기 어려울 때가 있다. 이럴 때는 과거 5년 동안 데이터나 5년 후까지의 성장 시나리오와의 정합성을 대조하여 판단한다.

성장주에는 **1년 만에 크게 상승한 뒤 2년 정도 휴식**, 실적이 뒤따르며 다시 상승하는 패턴도 있다.

그림104 워크맨 이론주가 차트(2016년 7월~2021년 8월)

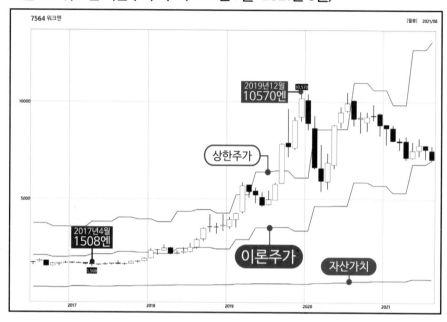

그림104도 제1장에서 소개한 작업복 체인 워크맨(7564)의 이론주가 차트다. 여기도 2019년 주가가 상한가를 뛰어넘으며 정점을 찍었으나, 이론주가는 여전히 우상향 중이다.

주가 차트만 볼 때는 엠쓰리와 마찬가지로 우하향 조건과 일치하나, 현재의 주가는 이론주가에 접근하고 있어서 성장이 계속된다면 매수 기회라고 할 수 있겠다. 최종적으로 어떻게 될지는 앞으로의 실적, 즉 결산서가 정해줄 것이다.

리먼 사태급 실적 악화란

간혹 **결산서로는 뒤쫓지 못할 정도로** 가파르게 실적이 악화한다면 조심해야 한다. 일본에서도 상장기업 50곳 이상이 도산을 피하지 못한 바로 그, 리먼 사태다. 제1장에서 실패사례로 꼽은 호프(6195)와 매우 유사한 사례다.

그림105는 전력소매업으로 급성장한 호프의 이론주가 차트다. 전형적인 부실 성장형임을 알 수 있다. 자세히 살펴보면 결산서의 이론주가보다 2~3개월 앞서서 주가가 급락하고 있다.

예년에 비해 추웠던 겨울에 현물 전력가격이 급등하며 시장에서 호프의 실적 악화를 우려한 결과다. 이처럼 주식시장은 선견지명의 역할도 있어서 기업의 존망이 걸린 결산에 앞서 주가가 급락하는 경우가 드물지만 있다.

그림105 호프 이론주가 차트(2016년 7월~2021년 8월)

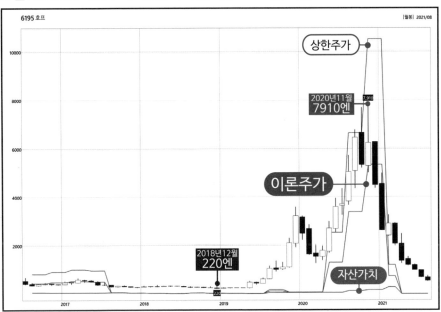

텐배거 실현 과정 차트

제6장의 후반은 텐배거 실현 과정 차트를 소개했다. 여러분의 자산 형성에 성장주 장기투자가 도움이 되기를 간절히 바란다.

제7장에서는 핫샨의 성장주 랭킹에서 엄선한 성장주 후보를 소개한다.

【핫샨 칼럼⑨】
프로그래밍 언어 Python과 결산서 데이터 규격 XBRL이란?

핫샨은 IT엔지니어 투자자로 지금까지 경험한 프로그래밍 언어로는 **BASIC, asm, c, c++, java, javascript, php, SQL, VB, lua, perl** 등이 있다. 최근에는 '**파이썬(Python)**'을 사용할 기회가 많아졌다.

파이썬은 대량의 데이터를 비교적 간단하게 조작할 수 있는 특징을 가진 새 프로그래밍 언어로 프로그래밍 초심자도 시작할 수 있는 간편성과 기계학습이나 심층학습으로 대표되는 AI와의 친화성이 함께 있는 매력적인 프로그래밍 언어다.

'투자자와 무슨 관계가 있을까?'라고 생각하시는 분도 계실지 모르겠지만, 그렇지 않다. 더욱 효율적으로 결산서를 분석할 수 있게 된다.

예를 들어, **엑셀 사용 여부**로도 업무의 능력이나 투자 분석력에 차이가 생기는 정도는 아실 것이다.

AI분야로 진입이 늦어지며 인재 부족에 허덕이는 일본에서도 최근에야 겨우 프로그래밍 교육을 중시하며, 초등학생부터 프로그래밍 학습이 시작되었다. 앞으로 몇 년 후에는 파이썬을 사용한 데이터 분석은 엑셀과 마찬가지로 필수 기술이 될지도 모른다.

반면에 **결산서 규격 XBRL**은 XML이라는 데이터 기술언어의 확장판으로 재무제표 등의 결산서 데이터를 기술하기 위한 규격이다.

일본에서는 2008년부터 결산보고서가 XBRL 형식으로 제공되었다. 예전에 결산서라고 하면 인쇄문서였지만, 시간이 흐르면서 PDF형식으로 디지털화되었다가 지금은 XBRL 형식으로 마크업되며 기술되기 시작했다.

예를 들어 결산보고서 서머리의 매출은 XBRL에서는 다음처럼 기술된다.

```
<ix:nonfraction
contextref="CurrentYearDuration_ConsolidatedMember_Result-
                Member"
decimals="6"
format="ixt:numdotdecimal"
name="tes-ed-t:NetSales"
scale="6"
unitref="JPY">249,197</ix:nonfraction>
```

XBRL형식은 웹사이트를 기술하는 HTML 언어의 친척쯤이어서,
</ix:nonfraction></ix:nonfraction>
이라는 태그로 싸여 있으며 이 태그의 파라미터로 매출이라는 항목이나 속성을 특정할 수 있다.

실제로 태그 기술 규칙에는 다양한 배려가 부족한 등의 문제가 있어서 개선할 여지가 많지만, 어쨌든 **결산서를 데이터베이스화**할 수 있게 되었다.

지금까지 결산서는 '읽는 것'이었으나, 디지털화되면서 데이터로 축적되어 프로그램 등에서 활용할 수 있게 된다.

또 XBRL 형식의 결산데이터는 프로그래밍 능력만 있으면 누구나 취득하여 데이터베이스화할 수 있다.

특히 앞서 소개한 파이썬과 조합하면 대량의 빅데이터를 손쉽게 입수하여 분석할 수 있게 된다. 투자자를 둘러싼 환경은 크게 변화하고 있다.

【핫산 칼럼⑩】
70,000여 개 파일에서 추출한 '성장주 랭킹 베스트 100'

핫산은 3,700사가 넘는 상장기업 결산보고서에서 수년 동안 재무정보(XBRL형식의 디지털 데이터)를 추출하여 데이터베이스화하고 기업가치에 상당하는 '이론주가'를 시간 순서대로 산출, 해당 이론주가가 어디까지 신장하는지, 이론주가 대비 주가가 어느 정도인지 계산한다.

3,700사×5년 동안×4분기=결산서 74,000파일

70,000여 개가 넘는 파일로 빅데이터를 분석하기란 수작업으로는 아예 불가능하므로, 앞서 소개한 '파이썬'을 사용하여 프로그래밍했다.

이렇게 추출한 '스타 성장주 후보' 종목은 핫산이 감수하는 사이트 **'성장주 Watch'** 속 **'성장주 랭킹'**(http://kabuka.biz/growth/ranking.php) 에서도 공개하고 있으며 매일 경신 중이다.

이 책 첫머리에서 소개한 레이저테크(6920)은 최근 2년간 스타 성장주 랭킹 정상권에서 내려오지 않고 있다. 2019년 6월 18일에 '성장주 랭킹 톱100'에 진입된 후부터의 상승률을 보면, 2021년 8월 말 기준 1213.2%다. 블로그에 공개한 후 2년 만에 텐배거 달성이라는 결과를 만든 셈이다.

'성장률 랭킹'에서는 **'실적과 주가가 연동한 성장주'**라는 콘셉트로 주가의 움직임이 나쁘거나 실적에 문제가 발생하는 등 기준에 못 미치는 종목을 제외하고 기준에 맞는 종목이 등장하면 새로 등록한다.

결산보고서 XBRL에 《회사사계보(會社四季報)》 속독, 기업이 매월 발표하는 월간정보 등, 핫산이 펼친 안테나에 걸린 종목이 정기적으로 편입되므로 해당 랭킹 중에 미래의 레이저테크, 미래의 텐배거가 있을지도 모른다.

여러분도 꼭 참고하라.

다음 페이지 **그림106**은 2021년 8월 말 기준 성장주 랭킹 베스트 100에서 상위 30위까지 발췌한 것이다. 나머지는 웹에서 확인하길….

제7장에서는 '성장주 랭킹'에서 성장주 후보가 될만한 종목을 엄선하여 소개한다.

그림(표)106 핫샨의 '성장주 랭킹' 베스트 30 (2021년 8월 말 기준)

NO.	종목	주가	편입비	이론주가	상승여지	타입
1.	<6920> 레이저테크	⬆24,070	+1213.2%	6,363	-73.6%	반도체 [상세]
2.	<6532> 베이커런트	⬆54,700	+762.8%	55,656	+1.7%	컨설팅 [상세]
3.	<6035> IR재팬	⬆13,160	+362.4%	10,520	-20.1%	컨설팅 [상세]
4.	<3923> 라쿠스	⬆3,890	+355.5%	210	-94.7%	DX [상세]
5.	<4970> 도요합성	⬇15,200	+259.8%	4,616	-69.7%	반도체 [상세]
6.	<3697> SHIFT	⬆25,140	+215.0%	2,330	-90.8%	DX [상세]
7.	<3038> 고베물산	⬆4,280	+214.0%	2,253	-47.4%	푸드[상세]
8.	<6254> 노무라 마이크로	⬆4,860	+198.3%	5,336	+9.8%	반도체[상세]
9.	<6095> 메드피어	⬆4,260	+187.1%	1,592	62.7%	미디어 [상세]
10.	<2384> SBSHD	⬇3,960	+174.6%	4,193	+5.9%	택배 [상세]
11.	<7816> 스노피크	⬆5,610	+173.8%	2,349	-58.2%	패션 [상세]
12.	<3377> 바이크 왕	⬇1,747	+165.1%	1,869	+7.0%	리유즈[상세]
13.	<6036> KeePer	⬆3,600	+151.6%	5,256	+46.0%	서비스 [상세]
14.	<7476> 애즈원	⬆16,350	+150.0%	5,957	-63.6%	헬스케어 [상세]
15.	<7780> 메니콘	⬆9,030	+147.4%	2,476	-72.6%	헬스케어 [상세]
16.	<3150> 그림즈	⬇2,795	+125.4%	3,102	+11.0%	신전력 [상세]
17.	<7741> HOYA	⬆17,780	+123.7%	11,068	-37.8%	반도체 [상세]
18.	<6544> J엘리베이터	⬆2,901	+123.3%	926	-68.1%	서비스 [상세]
19.	<6861> 키엔스	⬆66,130	+114.0%	28,261	-57.3%	제조업 [상세]
20.	<2412> 베네핏원	⬇4,415	+107.8%	2,368	-46.4%	DX [상세]
21.	<4934> 프리미어 안티에이징	⬆16,120	+103.8%	15,189	-5.8%	제조업[상세]
22.	<1407> 웨이스트HD	⬆4,905	+98.7%	2,852	-41.9%	신전력 [상세]
23.	<2413> 엠쓰리	⬆7,401	+96.6%	4,134	-44.2%	미디어 [상세]
24.	<3994> 머니포워드	⬆8,860	+94.1%	155	-98.3%	DX [상세]
25.	<3182> 오이식스	⬆3,725	+91.4%	1,803	-51.6%	EC [상세]
26.	<4686> 저스트	⬆6,500	+84.1%	5,878	-9.6%	교육 [상세]
27.	<3626> TIS	⬆3,110	+82.9%	2,260	-27.4%	SI [상세]
28.	<3922> PR TIME	⬆3,240	+81.0%	4,250	+31.2%	미디어[상세]
29.	<2471> 에스풀	⬆957	+77.6%	682	-28.8%	서비스 [상세]
30.	<4307> 노무라 총연	⬆4,135	+76.9%	2,518	-39.2%	SI[상세]

※그림의 '편입비'는 핫샨이 랭킹에 편입한 날로부터 계산한 상승률임.

제 7 장

핫산이 엄선한
성장주 후보군 30
~실적과 주가의 우상향 후보주~

실적과 주가가 우상향 30종목

　제6장에서는 핫샨 오리지널 이론주가 밸류 모델과 텐배거 실현 과정을 소개했다.

　제7장에서는 성장주 투자에서 실제로 텐배거를 발굴하는 첫걸음으로서 필자 핫샨이 이 책 집필 시에 엄선한 실적과 주가가 우상향하는 성장주 후보군 30종목을 소개한다.

　때마침 도쿄올림픽 폐회식이 개최된 2021년 8월 8일에 30종목을 골랐다.

　이때 실적과 주가가 우상향으로 연동하고 이론주가적으로도 고평가된 느낌이 없는 종목으로만 엄선했다. 이후에 결산 호조로 주가가 급상승했거나, 악재로 주가가 급락했다면 대상 외로 보기 바란다.

　또한 최신 이론주가는 제6장에서 소개한 이론주가 웹(http://kabu-ka.biz/riron)에서 확인할 수 있다.

　이번에 소개하는 30종목은 스타 성장주처럼 고평가된 곳은 제외하고 엄선한 후보주이므로 구성이 다소 단조로울지 모르겠다. 구체적으로는 다음과 같은 타입이다.

●**완만한 우상향 상승이다.**
●**크게 상승한 후 잠시 조정이 이어지고 있다.**
●**상승 기조이나 이론주가까지 주가가 상승하지 않았다.**

　단조롭다고는 해도 실적과 주가가 우상향이고 계속 상승하는 종목이므로 이미 텐배거를 달성한 곳도 포함돼 있다.

이 중에 3년에 2배, 10년 후에 10배를 달성할 스타주가 들어 있기를 기대한다. (없다면 죄송합니다.)

성장주 후보군 30 사용법

제6장에서 소개한 텐배거 실현 과정의 첫 단계 '성장주 후보군'으로 편입하여 사용하시라.

앞 장에서 성장주 후보군의 신규매수 방법 두 가지를 소개했다.

1. 진짜 성장주라면 우상향일 것이므로 언제 사도 된다. (빠를수록 싸다)

2. 결산 전후나 사계보 발표 시 어닝서프라이즈를 확인하면 매수한다.

이들 방법을 구체적인 사례를 들어 소개하려고 한다. 참고하라.

'1. 언제든 매수'하는 방법으로 살 때는 즉시 매수한다. 매수방법은 다음의 두 가지가 있다.

집중형 : 종목을 정밀히 조사하고 더욱 유망한 2~3종목으로 좁혀서 매수

분산형 : 30종목 모두를 같은 금액으로 매수

집중형은 이 책에서 소개한 분석 방법으로 범위를 좁혀서 유망주를 노린다.

분산형은 매수한 뒤, 결산이나 주가 움직임을 따라 거르는데, '손절매' '이익 확정'한 후에는 곧바로 남은 종목 중에 **'가치상승이 큰 종목'에 재투자**하여 시간을 들이며 조금씩 범위를 좁힌다. 분산투자는 손절매 규칙을 마이너스 20% 능, 크게 두어도 된다. (분산으로 리스크 헷지되므로)

'2. 어닝서프라이즈로 매수'하는 방법은 우선 결산 발표까지 기다리며 철저히 분석한다. 그리고 결산 발표일을 미리 알아두고, 결산 발표에서 이론주가가 급상승할만한 실적변화가 있으면 곧바로 매수에 돌입한다. 이 방법도 매수대상은 크지 않으리라 생각된다.

또 '1. 언제든 매수'로 분산투자하는 중에 '2. 어닝서프라이즈'가 등장할 때가 있다. 해당 내용이 스타 성장주로의 변신에 상당하다고 판단된다면 분산투자에서 집중투자로의 전환을 검토한다. (집중 후 손절매는 엄정하게)

각 방법의 특징을 정리해두었으므로 선호하는 방법을 참고하기 바란다. 참고로 핫샨은 '언제든 매수 집중형'이다.

1. 언제든 매수 집중형
- 모두 스스로 판단하여 선택한다. 결과는 자기 실력대로
- 잘 고르면 대박이지만, 쪽박 가능성이 크다.
- 좋은 종목을 고르면 시세와 상관없이 고고한 승리도 가능

2. 언제든 매수 분산형
- 분산투자이므로 손실은 적지만 확인이나 관리에 시간이 든다.
- 30종목 중에 하나라도 텐배거가 있으면 획득 가능 (일수도)
- 분산투자이므로 시세나 주식시장 환경에 좌우되기 쉽다.

3. 어닝서프라이즈 매수형

● **결과가 나오기까지 매수하지 않으므로 손실이 적지만, 기회손실이 난다.**

● **결과를 보고 매수하므로 당첨되기 쉽지만, 주가에 이미 반영되었을 가능성이 크다.**

자, 어떤 유형으로 매수하더라도 매수한 다음 날 종가 이후 가치가 하락했다면 '손절매'한다. (분산형에 한해 예외)

다음 페이지부터 성장주 후보군 30종목을 소개한다.

<2130> 멤버즈 고가대비 -28.4% 저가대비 +906.5%

DX 계열, 기업용 디지털 마케팅과 인재파견

<2384> SBS 홀딩스 고가대비 -7.8% 저가대비 +327.0%

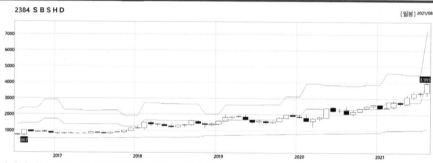

비대면계열, 3PL(EC용 물류일괄수탁)으로 성장

<2491> 밸류커머스 고가대비 -1.2% 저가대비 +1137.3 %

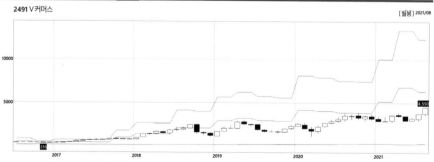

비대면계열, 제휴광고로 성장

<2737> 토멘디바이스   고가대비 -8.6% 저가대비 +159.1%

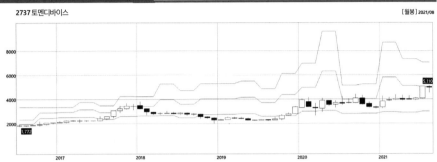

반도체계열, DRAM이나 플래시메모리 중심의 반도체 상사

<2760> 도쿄 일렉트론 디바이스   고가대비 -15.4% 저가대비 +295.1%

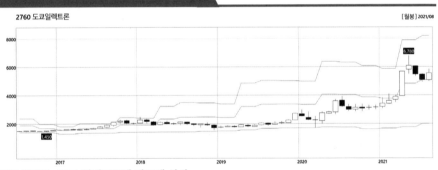

반도체계열, 도쿄 일렉트론계 반도체 상사

<3021> 퍼시픽넷   고가대비 -35.3% 저가대비 +489.3%

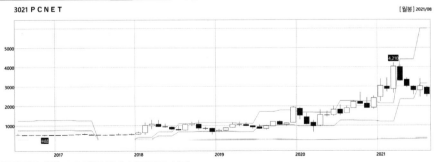

원격근무계열, PC 렌탈이나 서포트로 성장

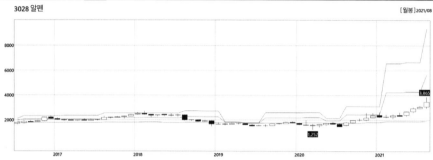

<3028> 알펜   고가대비 -0.1% 저가대비 +182.7%

아웃도어계열, 아웃도어나 골프용품이 호조

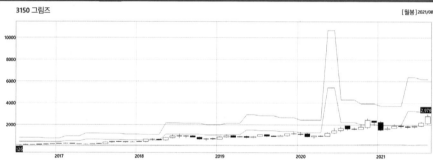

<3150> 그림즈   고가대비 -3.2% 저가대비 +1793.6%

신전력계열, 중소기업을 위한 전력비용 삭감사업으로 성장

<3288> 오픈하우스   고가대비 -2.9% 저가대비 +471.5%

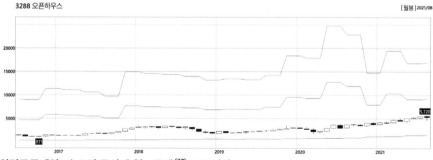

원격근무계열, 수도권 중심 초협소주택 (37) 으로 성장

---

(37) 원서에서는 Pencil House로 소개하였는데, 연필을 세워놓은 것처럼 뾰족한 지붕과 폭이 좁고 여러 층이 있는 집을 가리킨다.

<3465> 케이아이스타 부동산 그룹   고가대비 -20.7% 저가대비 +453.7%

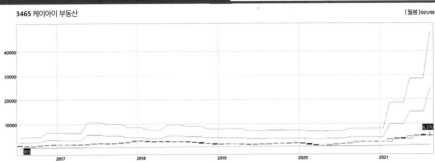

원격근무계열, 호조인 분양주택사업을 더욱 확대

<3798> ULS 그룹   고가대비 -9.8% 저가대비 +453.7%

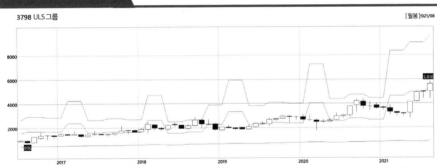

DX 계열, 중소기업을 위한 컨설팅, SI 사업에 순풍

<3839> ODK 솔루션즈   고가대비 -16.0% 저가대비 +147.0%

DX 계열, 교육과 입시 관련 시스템 개발에 강함

<3922> PR TIMES

고가대비 -37.1% 저가대비 +950.3%

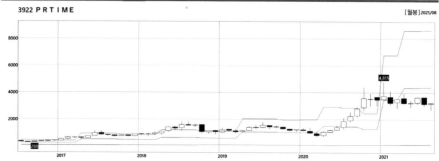

DX계열, 언론 홍보 제공 사이트로 급성장

<3969> 에이트래드

고가대비 -34.6% 저가대비 +144.0%

DX계열, 워크 플로우(work flow) 소프트웨어가 원격근무로 성장

<4187> 오사카유기화학공업

고가대비 -21.4% 저가대비 +504.2%

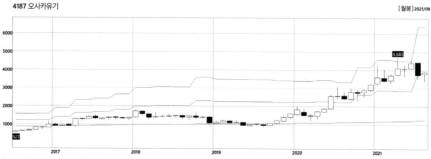

반도체계열, 반도체용 감광제 원료 등이 호조

<4686> 저스트시스템 고가대비 -31.3% 저가대비 +596.4%

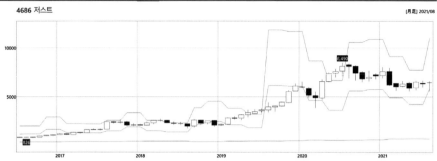

비대면계열, 태블릿 통신교육 서비스로 성장

<5217> 테크노 쿼츠 고가대비 -8.6% 저가대비 +614.6%

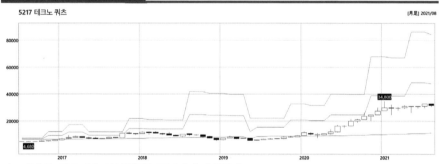

반도체계열, 반도체용 석영부품을 중국에서 생산확대

<5857> 아사히 홀딩스 고가대비 -11.1% 저가대비 +154.6%

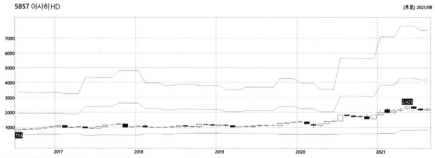

친환경계열, 귀금속 리사이클 사업으로 성장

<6036> KeePer 기연 고가대비 -6.6% 저가대비 +779.5%

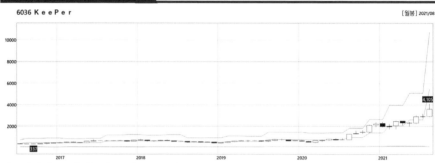

자동차계열, 고가 자동차 코팅으로 급성장

<6254> 노무라 마이크로 사이언스 고가대비 -8.1% 저가대비 +1616.4%

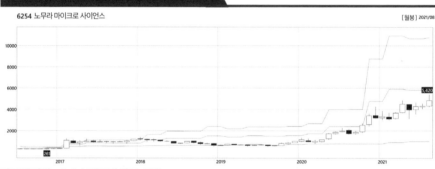

반도체계열, 초순수제조장치로 성장

<6323> 로체 고가대비 -20.4% 저가대비 +632.7%

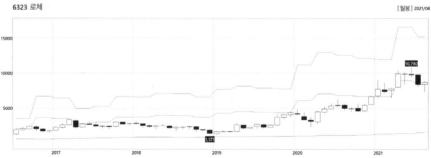

반도체계열, 반도체 관련 운송장치로 성장

<7203> 도요타자동차   고가대비 -4.7% 저가대비 +79.1%

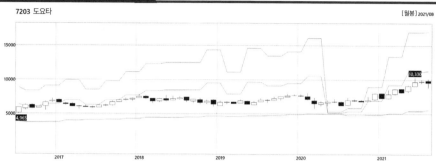

자동차계열, 차세대 전기차나 수소차, 자율운전기술에 투자

<7508> G-7 홀딩스   고가대비 -19.1% 저가대비 +403.3%

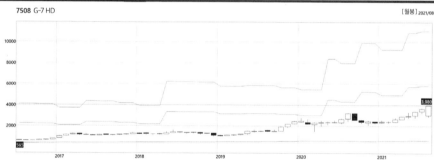

비대면계열, 오토벅스(Autobacs)와 대형식자재마트의 프랜차이즈

<7518> 네트원 시스템즈   고가대비 -32.8% 저가대비 412.6%

DX계열, IT 인프라, 보안 분야가 성장

<7564> 워크맨

고가대비 -31.9% 저가대비 +376.7%

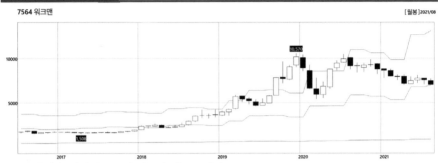

아웃도어계열, 저가격 고품질 캐주얼 의류로 성장

<7839> SHOEI

고가대비 -1.8% 저가대비 +469.5%

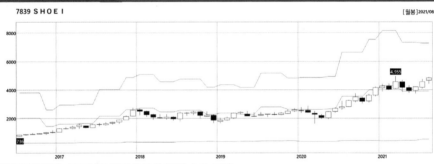

아웃도어계열, 코로나로 인한 2륜차 헬멧 수요 증가

<8918> 카티타스

고가대비 -2.4% 저가대비 +313.3%

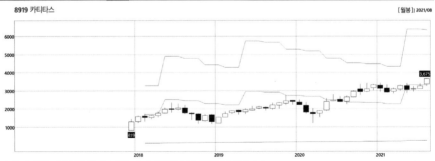

비대면계열, 원격근무로 인한 수요 발생으로 중고주택 호조

〈9418〉 USEN-NEXT HOLDINGS

고가대비 -14.2% 저가대비 +404.4%

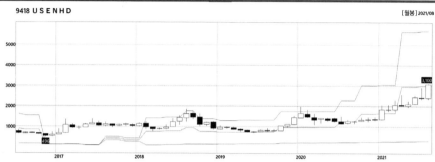

비대면계열, 동영상 스트리밍 서비스가 급성장

〈9697〉 캡컴

고가대비 -20.6% 저가대비 +472.1%

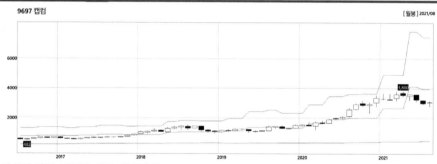

비대면 계열, 가정용 액션 게임이 호조

〈9795〉 NSD

고가대비 -16.4% 저가대비 +141.0%

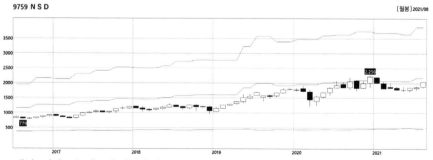

DX 계열, 핀테크용 시스템 개발이 강점

나서면서

마지막까지 읽어주신 데 감사드립니다.

저 핫샨은 2021년 후반 목표를 매매 횟수 제로로 정했습니다.
현재는 유망하게 보이는 성장주 두 종목을 중심으로 투자하고 있는데,
매매할 필요가 없다고 판단했습니다.

이 목표가 달성되면, 무엇보다
코로나 팬데믹으로 일단 초기화한
성장주 투자의 첫 단계가 성공하는 셈이 됩니다.

실제로 11월에는 4분기 결산 발표가 있으며,
성장에 대한 예상이 벗어나면 매각할지도 모릅니다. 어떻게 될지는 알 수 없습니다.

그렇더라도 지금은 5년 후, 10년 후를 상상하며 기대에 차 있습니다.

또 패스워드를 잊어버려서 증권계좌에 로그인하지 못하는 그런 일이 발생하지 않도록 조심해야겠습니다.

어느 가을날 핫샨

이 책이 완성되는 최종단계인 2021년 9월 21일 기준으로 핫샨의 금융자산은 4억1571만 엔이 되었습니다. 처음으로 4억 엔대에 이르며 다음 목표도 생겼습니다.

누구에게나 '정답'이 되는 투자법은 존재하지 않습니다. 하지만 차근차근 계속해가다 보면 자신만의 '정답'에 이르게 될 겁니다. 이 책이 여러분의 투자 생활에 도움이 되기를 바라며, 이만 펜을 놓겠습니다.

역자 소개 | 이정은

중앙대학교 무역학과를 졸업하고 일본대학 문리학부 국문학과를 4년 수료하였다. 현재 번역 에이전시 엔터스코리아에서 일본어 전문 번역가로 활동하고 있다.

주요 역서로는 《주식 차트의 신 100법칙》《하루 10분 MBA》《오늘 내가 행복하지 않은 이유, 애착장애》《사람을 끌어당기는 자기 긍정의 힘》《그림으로 한눈에 보는 1페이지 전략 수업》《내가 나에게 하는 말이 내 삶이 된다》《내 뇌 사용법》《숫자센스로 일하라》등의 다수가 있다.

주식으로 자산 36억을 만든 샐러리맨 출신 투자자의 비법 대공개

결산서 3분 속독으로 "10배株주" 찾는 법

1판 1쇄 발행 2022년 9월 1일

지은이 핫샨(투자자VTuber, 개인투자자)
옮긴이 이정은
발행인 최봉규

발행처 지상사(청홍)
등록번호 제2017-000075호
등록일자 2002. 8. 23.
주소 서울특별시 용산구 효창원로64길 6 일진빌딩 2층
우편번호 04317
전화번호 02)3453-6111, 팩시밀리 02)3452-1440
홈페이지 www.jisangsa.co.kr
이메일 jhj-9020@hanmail.net

한국어판 출판권 ⓒ 지상사(청홍), 2022
ISBN 978-89-6502-002-8 03320

텐배거 입문

니시노 다다스 / 오시연

틈새시장에서 점유율 1위인 기업, 앞으로 높이 평가받을 만한 신흥기업을 찾아내 투자하는 것이 특기였다. 그 결과 여러 번 '안타'를 칠 수 있었다. 10배 이상의 수익을 거두는 이른바 '텐배거' 종목, 즉 '만루 홈런'은 1년에 한 번 있을까 말까다. 하지만 두세 배의 수익을 내는 주식…

값 16,000원 국판(148*210) 256쪽
ISBN978-89-6502-306-7 2021/10 발행

주식투자 1년차 교과서

다카하시 요시유키 / 이정미

오랫동안 투자를 해온 사람 중에는 지식이 풍부한 사람들이 있다. 그러나 아쉽게도 지식이 풍부한 것과 투자에 성공하는 것은 서로 다른 이야기다. 투자에서는 '잘 안다'와 '잘 한다' 사이에 높은 벽이 있다. 이 책에서는 '잘할' 수 있도록, 풍부한 사례를 소개하는 등 노력하고 있다.

값 15,800원 국판(148*210) 224쪽
ISBN978-89-6502-303-6 2021/05 발행

월급쟁이 초보 주식투자 1일 3분

하야시 료 / 고바야시 마사히로 / 노경아

무엇이든 시작하지 않으면 현실을 바꿀 수 없다는 것을 깨닫고 회사 업무를 충실히 수행하면서 주식을 공부해야겠다고 결심했다. 물론 주식에 대한 지식도 경험도 전혀 없어 밑바닥에서부터 시작해야 했지만, 주식 강의를 듣고 성과를 내는 학생들도 많았으므로 좋은 자극을 받았다.

값 12,700원 사륙판(128*188) 176쪽
ISBN978-89-6502-302-9 2021/04 발행

주식 차트의 神신 100법칙

이시이 카츠토시 / 이정은

저자는 말한다. 이 책은 여러 책에 숟가락이나 얻으려고 쓴 책이 아니다. 사케다 신고가를 기본으로 실제 눈앞에 보이는 각 종목의 움직임과 조합을 바탕으로 언제 매매하여 이익을 얻을 것인지를 실시간 동향을 설명하며 매매전법을 통해 생각해 보고자 한다.

값 16,000원 국판(148*210) 236쪽
ISBN978-89-6502-299-2 2021/02 발행

주식 데이트레이딩의 神신 100법칙

이시이 카츠토시 / 이정미

옛날 장사에 비유하면 아침에 싼 곳에서 사서 하루 안에 팔아치우는 장사다. '오버나잇' 즉 그날의 자금을 주식 시장에 남기는 일을 하지 않는다. 다음 날은 다시 그날의 기회가 가장 큰 종목을 선택해서 승부한다. 이제 개인 투자자 대다수가 실시하는 투자 스타일일 것이다.

값 16,000원 국판(148*210) 248쪽
ISBN978-89-6502-307-4 2021/10 발행

세력주의 神신 100법칙

이시이 카츠토시 / 전종훈

이 책을 읽는 사람이라면 아마도 '1년에 20%, 30%의 수익'이 목표는 아닐 것이다. '짧은 기간에 자금을 10배로 불리고, 그걸 또 10배로 만든다.' 이런 '계획'을 가지고 투자에 임하고 있을 것이다. 큰 이익을 얻으려면 '소형주'가 안성맞춤이다. 우량 종목은 실적이 좋으면 주가 상승을…

값 16,000원 국판(148*210) 240쪽
ISBN978-89-6502-305-0 2021/09 발행

주식의 神신 100법칙

이시이 카츠토시 / 오시연

당신은 주식 투자를 해서 좋은 성과가 나고 있는가? 서점에 가보면 '주식 투자로 1억을 벌었느니 2억을 벌었느니' 하는 책이 넘쳐나는데, 실상은 어떨까? 실력보다는 운이 좋아서 성공했으리라고 생각되는 책도 꽤 많다. 골프 경기에서 홀인원을 하고 주식 투자로 대박을 낸다.

값 15,500원 국판(148*210) 232쪽
ISBN978-89-6502-293-0 2020/09 발행

7일 마스터 주식 차트 이해가 잘되고 재미있는 책!

주식공부.com 대표 가지타 요헤이 / 이정미

이 책은 '이제부터 공부해서 주식투자로 돈을 벌자!'라는 방향으로 차트 및 테크니컬 지표를 보는 법과 활용하는 법이 담겨있다. 앞으로 주식투자에서 '기초 체력'이 될 지식을 소개하며, 공부 그 자체가 목적이 되면 의미가 없으므로, 어려워서 이해하기 힘든 내용은 뺐다.

값 16,000원 신국판(153*224) 224쪽
ISBN978-89-6502-316-6 2022/05 발행

세계경제 입문 :주식이 거품이라는 거짓말

아사쿠라 게이 / 오시연

현재 세계의 모든 정부는 막대한 자금이 필요하다. 하지만 어디에도 그럴 만한 재원이 없다. 결과적으로 정부는 윤전기를 돌려 계속 지폐를 찍어낼 수밖에 없다. 모든 의미에서 일단 자금이 필요하기 때문이다. 내가 속한 나라와 작금의 상황, 내 주변을 한번 둘러보라.

값 18,000원 국판(148*210) 272쪽
ISBN978-89-6502-317-3 2022/05 발행

세상에서 가장 쉬운 통계학 입문

고지마 히로유키 / 박주영

이 책은 복잡한 공식과 기호는 하나도 사용하지 않고 사칙연산과 제곱, 루트 등 중학교 기초수학만으로 통계학의 기초를 확실히 잡아준다. 마케팅을 위한 데이터 분석, 금융상품의 리스크와 수익률 분석, 주식과 환율의 변동률 분석 등 쏟아지는 데이터…

값 15,000원 신국판(153*224) 240쪽
ISBN978-89-90994-00-4 2009/12 발행

세상에서 가장 쉬운 베이즈통계학 입문

고지마 히로유키 / 장은정

베이즈통계는 인터넷의 보급과 맞물려 비즈니스에 활용되고 있다. 인터넷에서는 고객의 구매 행동이나 검색 행동 이력이 자동으로 수집되는데, 그로부터 고객의 '타입'을 추정하려면 전통적인 통계학보다 베이즈통계를 활용하는 편이 압도적으로 뛰어나기 때문이다.

값 15,500원 신국판(153*224) 300쪽
ISBN978-89-6502-271-8 2017/04 발행

만화로 아주 쉽게 배우는 통계학

고지마 히로유키 / 오시연

비즈니스에서 통계학은 필수 항목으로 자리 잡았다. 그 배경에는 시장 동향을 과학적으로 판단하기 위해 비즈니스에 마케팅 기법을 도입한 미국 기업들이 많다. 마케팅은 소비자의 선호를 파악하는 것이 가장 중요하다. 마케터는 통계학을 이용하여 시장조사 한다.

값 15,000원 국판(148*210) 256쪽
ISBN978-89-6502-281-7 2018/02 발행

통계학 超초 입문

나카하시 요이시 / 오시연

젊은 세대가 앞으로 '무엇을 배워야 하느냐'고 묻는다면 저자는 다음 3가지를 꼽았다. 바로 어학과 회계학, 수학이다. 특히 요즘은 수학 중에서도 '통계학'이 주목받는 추세다. 인터넷 활용이 당연시된 이 시대에 방대한 자료를 수집하기란 식은 죽 먹기이지만…

값 13,700원 국판(148*210) 184쪽
ISBN978-89-6502-289-3 2020/01 발행

문과 출신도 쉽게 배우는 통계학

다카하시 신, 고 가즈키 / 오시연

빅데이터, 데이터 사이언스, 데이터 드리븐 경영 등 최근 비즈니스 분야에서는 툭하면 '데이터'라는 단어가 따라다닌다. 그때 종종 같이 얼굴을 내미는 녀석이 통계학이다. 만약 수학을 싫어하는 사람들을 모아서 '아주 편리해 보이지만 잘 모르는 학문 순위'를 만든다면…

값 16,000원 신국판(153*224) 240쪽
ISBN978-89-6502-311-1 2022/02 발행

집공부 강화서 :1등급으로 가는 공부법

하이치 | 전경아

공부한다는 것은 '새로운 것을 아는' 것이다. 그것은 '자신의 서랍을 늘리는' 것이기도 하다. 일상생활 속에서 이해하고 아는 것을 늘려가는 것. 이를 통해 우리는 장래에 '풍요로운 인생을 살 수' 있다. 왜 '진작 공부했으면 좋았을 텐데!'라고 후회하는 어른들이 있어도…

값 14,700원 국판변형(140*200) 208쪽
ISBN978-89-6502-315-9 2022/04 발행

경매 교과서

설마 안정일

저자가 기초반 강의할 때 사용하는 피피티 자료랑 제본해서 나눠준 교재를 정리해서 정식 책으로 출간하게 됐다. A4 용지에 제본해서 나눠준 교재를 정식 책으로 출간해 보니 감회가 새롭다. 지난 16년간 경매를 하면서 또는 교육을 하면서 여러분에게 꼭 하고 싶었던…

값 17,000원 사륙배판(188*257) 203쪽
ISBN978-89-6502-300-5 2021/03 발행

생생 경매 성공기 2.0

안정일(설마) 김민주

이런 속담이 있죠? '12가지 재주 가진 놈이 저녁거리 간 데 없다.' 그런데 이런 속담도 있더라고요. '토끼도 세 굴을 판다.' 저는 처음부터 경매로 시작했지만, 그렇다고 지금껏 경매만 고집하지는 않습니다. 경매로 시작했다가 급매물도 잡고, 수요 예측을 해서 차액도 남기고…

값 19,500원 신국판(153*224) 404쪽
ISBN978-89-6502-291-6 2020/03 발행

설마와 함께 경매에 빠진 사람들

안정일 김민주

경기의 호황이나 불황에 상관없이 경매는 현재 시장의 시세를 반영해서 입찰가와 매매가가 결정된다. 시장이 나쁘면 그만큼 낙찰 가격도 낮아지고, 매매가도 낮아진다. 결국 경매를 통해 수익을 얻는다는 이치는 똑같아 진다. 그래서 경매를 잘하기 위해서는…

값 16,800원 신국판(153*224) 272쪽
ISBN978-89-6502-183-4 2014/10 발행

제로부터 시작하는 비즈니스 인스타그램

아사야마 다카시 / 장재희

인스타그램을 비롯한 소셜미디어의 본질은 SNS를 통해 발신이 가능해진 개인의 집합체라는 것이다. 한 사람 한 사람의 생활 소비자들이 자신의 브랜드에 대해 발신하는 것, 그것이 소셜미디어의 활용의 열쇠가 된다. 사람들이 긍정적으로 취급하는 상품이란…

값 16,500원 신국판변형(153*217) 168쪽
ISBN978-89-6502-001-1 2022/08 발행

영업은 대본이 9할

가가타 히로유키 / 정지영

이 책에서 전달하는 것은 영업 교육의 전문가인 저자가 대본 영업 세미나에서 가르치고 있는 영업의 핵심, 즉 영업 대본을 작성하고 다듬는 지식이다. 대본이란 '구매 심리를 토대로 고객이 갖고 싶다고 "느끼는 마음"을 자연히 끌어내는 상담의 각본'을 말한다.

값 15,800원 국판(148*210) 237쪽
ISBN978-89-6502-295-4 2020/12 발행

영업의 神신 100법칙

하야카와 마사루 / 이지현

인생의 고난과 역경을 극복하기 위해서는 '강인함'이 반드시 필요하다. 내면에 숨겨진 '독기'와도 같은 '절대 흔들리지 않는 용맹스러운 강인함'이 있어야 비로소 질척거리지 않는 온화한 자태를 뽐낼 수 있고, '부처'와 같은 평온한 미소로 침착하게 행동하는 100법칙이다.

값 14,700원 국판(148*210) 232쪽
ISBN978-89-6502-287-9 2019/05 발행

접객의 일류, 이류, 삼류

시치조 치에미 / 이지현

이 책을 통해서 저자는 그동안 수많은 사례를 통해 고객의 예민한 감정을 파악하는 방법을 《접객의 일류, 이류, 삼류》라는 독특한 형식으로 설명하고자 한다. 저자는 접객의 쓴맛, 단맛을 다 봤는데, 여전히 접객은 즐거운 일이라고 생각한다. 접객이 어려워서 고민하는 사람에게…

값 14,800원 국판(148*210) 224쪽
ISBN978-89-6502-312-8 2022/03 발행

영업의 일류, 이류, 삼류

이바 마사야스 / 이지현

저자는 이 책을 통해서 일류 영업 이론을 소개한다. 물론 이 책에 다 싣지 못하는 것도 많겠지만 '이것만은 꼭 알았으면 좋겠다'라고 생각한 이론을 엄선했다. 이런 미묘한 차이를 아는 것이 일류 영업맨의 길을 여는 열쇠다. '영업의 이런 미묘한 차이'를 알려주는 이는 좀처럼 없다.

값 15,000원 국판(148*210) 216쪽
ISBN978-89-6502-314-8 2022/04 발행

설명의 일류, 이류, 삼류

기류 미노루 / 이지현

어떤 분야든 '일류' '최고' '달인'이라고 불리는 사람들이 존재한다. 비즈니스 분야도 마찬가지다. 저자는 지금까지 1만 회에 달하는 '상대방에게 잘 전달하는 설명의 방법', '말하기 방법'에 관한 세미나를 진행했다. 그리고 셀 수 없이 많은 비즈니스맨과 경영인을 만나왔다.

값 15,000원 국판(148*210) 216쪽
ISBN978-89-6502-319-7 2022/06 발행